22인의 지성,
내일의 대한민국을 말하다

통일, IT, 사상, 문화, 사회
각 분야별 22인의 전문가들이 전하는
더 나은 대한민국을 위한 지침서

CMB 한강방송, 정호선 시 사원도우 출연자 22인

권천문·김갑용·김범수·김창수·김충환·노태구·박승권·박영숙·박찬희·석호익·성인제
손동현·손종익·오재영·윤현종·이근석·임승룡·장영희·정호선·조성자·조수범·채바다

2014년 4월 20일 1판 1쇄 인쇄
2014년 4월 20일 1판 1쇄 발행

지 은 이	CMB 한강방송, 정호선 시사윈도우 출연자 22인
발 행 인	이헌숙
편 집 인	조기준
디 자 인	HY
표 지	김학용
발 행 처	생각쉼표 & 주)휴먼컬처아리랑
	서울특별시 영등포구 여의도동 45-13 코오롱포레스텔 309
전 화	070) 8866 - 2220 FAX • 02) 784-4111
등록번호	제 2009 - 000008호
등록일자	2009년 12월 29일

www.휴먼컬처아리랑.kr
©22인의 지성 2014, Printed in Korea
ISBN 979-11-85111-24-7

- 이 책은 생각쉼표 & 주)휴먼컬처아리랑와 저작권자의 계약에 의해 출판된 것이므로, 무단 전재 및 유포, 공유, 복제를 금합니다.
- 이 책 내용의 전부 또는 일부를 이용하려면 반드시 저작권자와 생각쉼표 & 주)휴먼컬처아리랑의 서면동의를 받아야 합니다.
- 잘못 만들어진 책은 판매처에서 교환해 드립니다.

22인의 지성, 내일의 대한민국을 말하다

| 머리말

동방의 등불국가 건국의 지침서가 되기를……

　　CMB한강방송 "정호선시사원도우"에 출연하여 좋은 말씀 주신 사상, IT, 통일, 문화, 사회분야 전문가 22명이 "22인의 지성, 내일의 대한민국을 말하다"라는 저목으로 출판하게 된 동기는 "더 나은 대한민국을 위한 지침서"로서 조금이나마 정부의 정책과 비전으로서 국가 발전에 도움 도움이 되었으면 하는 뜻에서 시작하게 되었습니다.
　　우리들은 살아가면서 많은 사람들과 만나게 됩니다. 혹간 그 만남이 인생에 도움이 되지 않을 경우도 있지만 사람과 사람의 단남은 인생을 결정 짓는 중요한 계기가 되기도 합니다. 이 특별한 만남을 '인연'이라고 할까요? 저는 일생동안 살아오면서 2013년 2월부터 꼭 1년 동안 저의 프로그램에 출연하여 좋은 말씀을 주신 70여분의 "CMB시사동우회" 회원과의 만남이 아주 중요한 만남이었다고 생각합니다. 국가와 민족을 위해서 TV 방송을 통해 허심탄회하게 국민 앞에 토론을 하였기 때문입니다.
　　CMB한강방송국에서 배려를 해 즈셔서 2013년 5월 15일 여의도 동천홍 중국식당에서 출연자 상견례를 하였으며, 앞으로 더욱 유대관계를 돈독히 유지하고자 2013년 12월 12일에는 국회의원회관 국회의원 식당에서 "CMB시사동우회"라는 모임을 만들게 되었습니다. 그동안 방송에서 주장한 내용을 책으로 출판하여 국가의 정책으로서 청와대, 정부, 국회에 건의하고 저자들의 전국 순회강연을 준비하기로 하였습니다.

현재 우리의 당면 과제는 21세기 지식정보화시대를 맞아 창조적인 생각으로 남북조화(南北調和)통일, 민족교화(民族敎和)통일, 천하치화(天下治和)통일을 실현해야 할 때입니다. 이를 위해 국민의 지식과 지혜를 모아 똑똑한 국민(Genius Corean), 위대한 민족(Great Corean), 세계적인 대한민국(Global Corea)인 대고려연합국(Grand Corea Union)을 건설해야 하겠습니다. 신라 김춘추, 후고구려 왕건에 이어 세 번째 삼국통일을 이루어 낼 때가 되었습니다. 우리 한민족은 위대한 동방의 등불인 찬란한 역사와 세계적인 홍익사상을 근본으로 인류행복(人類幸福), 세계평화(世界平和), 우아일체(宇我一體)를 선도해서 전쟁, 기아, 공해가 없는 지구촌을 건설해나가야 할 사명을 가지고 있습니다.

이제 패거리정치가 아닌 민족과 국가를 위하는 큰 정치를 해야 할 때입니다. 몇 년 전 국제투명성기구에서 발표한 우리나라 부패인식지수 순위는 세계 180개국 중 43위이고, 행복지수는 세계 178개국 중 102위입니다. 팍팍한 서민의 삶에 비해 특권층의 부정부패는 연일 터져 나오는데 어찌 행복하겠습니까? 로마제국이나 통일신라가 멸망한 것은 외부침략 때문이 아니라 국민들에게 희망찬 비전을 제시하지 못했기 때문입니다.

시대는 올바른 지도자(救世主, 彌勒佛, 鄭道領)를 기다리고 있습니다. 새로운 종교관, 세계관, 우주관을 가지고 사상과 이념을 초월하여 남북한이 상생하는 통일을 이룩할 수 있는 영도자가 나와야 합니다. 청렴(Clean), 정직(Honesty), 성실(Sincerity)한 좋은 정치인을 발굴하여 직접민주주의, 참여민주주의, 양방향민주주의를 실현하고 정치선명화, 경제활성화, 국민정보화를 추진하여 국민이 행복하게 사는 나라, 세계가 부러워하는 나라, 해외동포도 긍지를 갖는 나라, 동방의 등불국가를 건국해야 합니다.

그러기 위해서는 '디지털 뉴딜' 정책으로 새 일자리를 창출하여 디지털 문화 르네상스 시대를 열어 IT 강국·콘텐츠강국·인재강국을 만들어 나가야겠습니다. 홍익사상인 카오스우주철학과 프렉탈생명 사상으로 1국가 2체제 유럽연합방식의 통일로 한민족의 숙원을 이뤄내야 합니다.

그동안 CMB한강방송 이한담부호장님을 비롯하여 프로그램 제작을 해주신 추선호 PD님과 프로그램 제작과 송출을 해주신 관계자 여러분, 원고를 정리하여 출판을 해주신 ㈜휴먼컬쳐아리랑 이헌숙 대표님께 진심으로 감사의 말씀을 드립니다. 그리고 지구별에서 인연을 맺어 왔던 많은 분들의 조언과 도움에 감사드리며, 격려와 성원을 보내주신 출연자 여러분, 특히 홍익단체와 통일단체 회원 여러분께 마음속 깊이 감사드리며, 우리들의 영적성장에 도움을 주신 여러 스승님께 경배 드립니다.

2014년 4월
아름다운 북한산을 바라보면서
저자 대표 鄭鎬宣 拜上

| 목차

머리말 5

1. 통일
전자국가 혁신을 통한 남북평화통일 13
민통선지역(CCZ)개발과 한반도세계평화포럼의 역할 24
천도교의 오늘과 내일 31
통일한국과 HUGE서울 비전 40

2. IT
디지털경영의 이해 51
스마트워크 강국을 꿈꾸면서 63
'정보통신'이라는 용어, 대한민국에서 세계 최초 75
한국지식정보관리공사의 필요성 86
21세기 지식혁명의 도구, 디지털도서관 93
시스템적 사고가 창조 융합의 시대를 이끈다 105

3. 사상
홍익국가 이념의 선언　　　　　　　　　　　117
"弘益人間思想홍익인간사상은 무엇인가?"　　　125
우리사상 동학 바로알기　　　　　　　　　132
위기시대의 홍익사상　　　　　　　　　　156
風水地理의 이하　　　　　　　　　　　　172

4. 문화
안전하고 성숙된 부동산 거래문화 정착을 위한 사회운동　187
학교폭력, 이대론 안 된다　　　　　　　　197
한류문화 진흥의 필요성　　　　　　　　　214

5. 사회
네델란드 국가 경쟁력과 성공신화의 교훈　　221
공무원은 국민을 기만하면 안 된다　　　　234
나의 꿈, 나의 사명 대한민국이 세계 1등 국가가　245
되기를 소망하며 나와 민족과 인류를 위해…
한국에서 10년 내 추락하는 7가지는?　　　258

1 통일

정호선   전자국가 혁신을 통한 남북평화통일

손동현   민통선지역(CCZ)개발과 한반도세계평화포럼의 역할

노태구   천도교의 오늘과 내일

김충환   통일한국과 HUGE서울 비전

전자국가 혁신을 통한 남북평화통일

전자공학 박사 **정호선** | 前 경북대 교수, 15대국회의원

　박근혜 정부 5년은 한민족과 대한민국이 진화를 하느냐, 퇴보하느냐의 기로에 있는 시기이다. 원칙 없는 정치, 도덕 잃은 경제, 정의 없는 사회, 역사 모른 문화, 자유 없는 교육, 철학 없는 과학, 진리 없는 종교로 국민은 신바람과 흥이 없는 하루하루를 지내고 있다.

　지구 최후의 분단국이자 동아시아의 지정학적 요충지인 한반도, 위기의 대한민국은 그야말로 대통령의 생각에 명운이 달려 있다. 생각의 구(球)는 역사, 과학, 철학의 세 개의 축에 의해 사람마다 그 크기와 모양이 다르다. 하지만 매일 매순간 깨우침에 따라 좁쌀, 수박, 열기구, 지구, 우주 등 모양이 둥근 사람, 또는 찌그러진 사람 그 형태가 천태만상이다.

역사적인 관점에서 통일의 방향

　"전쟁의 슬픔"이라는 책의 저자, 베트남 대표작가 바오 닌을 인터뷰한

어느 기자의 기사를 읽고 감동을 크게 받은 바가 있다. 작가가 이 책을 통해 우리에게 보내고 싶은 메시지는 "베트남은 전쟁이 끝난 지 이미 38년이 흘렀지만, 휴전상태인 한국에서는 아직도 전쟁의 슬픔이 진행 중이며, 한국이 이 문제를 적어도 무력으로 해결하지 않았으면 하는 바람이다." 라는 것이다. "아무리 좋은 전쟁도 가장 나쁜 평화보다 나을 순 없다"는 것이다.

한반도에서 전쟁이 일어난다면!

만일 베트남처럼 우리나라에서 전쟁이 일어난다면 6.25전쟁과는 비교도 될 수 없을 만큼 그 피해는 상상을 초월 할 것이다. 서울을 비롯한 수도권 가정의 도시가스관이 폭파되어 순식간에 불바다가 될 것이다. 또한 삼성과 현대 반도체공장, LG전자공장, 현대자동차, 포항제철과 같은 산업시설과 원자력 발전소 등이 폭파될 것이다. 우리의 경제는 파탄 나고 공든 탑은 무너져 지옥이 되겠지만 4대 강대국은 미소를 띠게 될지도 모른다. 무기 팔아서 좋고 IT강국이 무너지게 되면 이웃나라 경쟁국은 얼마나 좋아하겠는가?

우리 국민 누구나 마찬가지로 가장 염원하고 이루고 싶은 꿈이 우리 민족의 숙원인 남북평화통일이다. 한사람이 한두 번 꾸는 꿈은 일장춘몽이 될 수 있지만 장기간 여러 명이 꾸는 꿈은 반드시 이루어진다고 본다. 2013년은 대 변혁의 해이다. 남성보다는 평화를 좋아하는 여성 대통령이 당선되어 2013년부터 국운융성의 해가 시작 될 것이다.

이제 여성 대통령과 함께 남북평화통일을 위해서 패거리정치, 그들만의 정치가 아닌 민족과 국가를 위하는 큰 정치를 해야 할 때이다. 로마제국이나 통일신라가 멸망한 것은 외부침략 때문이 아니라 국민들에게 희망찬 비전을 제시하지 못했기 때문이다. 국민의 염원을 해결 해 줄 수 있는 통일대통령, 홍익대통령이 될 수 있도록 도와야 할 때이다. 시대는 올바른 지도자(救世主, 彌勒佛, 鄭道領)를 기다리고 있다. 새로운 종교관, 세계관, 우주관을 가지고 사상과 이념을 초월하여 남북한이 상생하는 통일을 이룩할 수 있는 영도자가 되도록 도와야 한다.

1국가 2체제 유럽방식 통일

남북평화통일은 1국가 2체제 유럽연합방식의 통일이 바람직하다. 골드만삭스(Goldman Sachs)사는 한국이 평화통일이 되면 북한의 자원과 노동력, 남한의 기술과 자본이 상생 결합하여 2025년에 1인당 GDP(Gross Domestic Product)는 3만 6,813달러, 2050년에는 8만 1,462달러로 미국에 이어 세계 두 번째로 잘 살 것이라고 예측한 바 있다.

지난 이명박 정부는 북한의 급변사태에 대비하기 위해 10~15년 기간으로 50조 원 규모의 통일세를 걷는 방안을 검토했다. 통일방안에 대한 합리적 청사진을 제시하지도 못하면서 국가 전체 부채 규모가 이미 1,000조 원을 넘었으며 가계부채가 1,000조 원 정도나 되어 국민의 조세부담이 엄청남에도 불구하고 통일이 벼락처럼 닥칠 수 있으며 자고나면 통일이 저절로 되는 것처럼 주먹구구식으로 접근한 것이 큰 문제였다.

하루빨리 국회와 정부는 20대 국회의원선거와 19대 대통령선거를 동시에 실시하기 위해 대통령 중임제와 분권형 집권제를 골자로 하는 헌법개정을 서둘러야 한다. 대통령과 국무총리역할을 분담하는 분권형 대통령제로서 대통령은 아버지, 국무총리는 어머니 역할을 조화롭게 하면서 국정을 펼쳐야 한다. 국무총리는 세종시로 내려가는 부처를 전담하고, 대통령은 유럽국가연합처럼 국방과 외교를 주로 담당하여 세종대왕과 같은 영도자가 되어야 한다.

앞으로 5년 동안에는 해외동포와 국민의 열렬한 통일여망에 따라 정치권은 통일을 원하는 세력과 반대하는 세력으로 재편될 것이다. 이번 정부는 북한과 통일에 대한 합일을 이끌어 내어 통일헌법을 제정하고 2017년 총선과 대선을 치루고 통일국가를 건국하여 2018년 동계올림픽을 공동개최해야 한다. 적어도 2017년 10월 3일에 남북평화통일이 되어 세계인이 부러워하는 나라가 세워 질수도 있도록 해야 한다. 신라시대 김춘추대왕, 고려 태조 왕건에 이어 세 번째 통일을 이룩하는 대통령이 나와야 한다.

과학적인 국가정책 제안

우리는 '신바람 민족'이다. 다소 배가 고프더라도, 돈을 좀 못 벌어도 '흥'이 나면 뭉치는 습성이 강하다. 88서울올림픽과 2002한일월드컵 때를 보라. 그 흥은 일자리 창출, 반값 등록금, 무상복지 등에서 나오는 것만은 아니다. 정치 지도자의 고결한 이상과 무한한 신뢰에서 나오는 것이다. 국가 비전과 이상이 중요하다. 지난 대선기간동안 여야 대통령 후보들은 큰 그림은 없고 국부적인 작은 공약들만 나열하고 있었다. 미래 지향적이고 꿈을 실현할 수 있는 '신바람'과 '흥'이 나는 정책을 준비해야 한다.

전자국가혁신 5개년 계획을 세워야!

국가경영 속도를 운송 수단에 비교해보면 1961년 박정희 대통령 시대는 농경사회로서 소달구지 속도, 군사정권과 YS대통령 시절엔 자동차의 속도, DJ정부는 지식정보화사회 초기단계로서 아날로그(Analog)에서 디지털(Digital)시대로 진입하는 기차속도로 달리는 시대였다.

이제 2013년부터 시작하는 18대 정부는 비행기 속도로 달리는 시대로서 국가경영이 세계 경영체제로서 지구촌 경영시대가 되었다. 밤낮 구별 없이 빛의 속도로 정보를 주고받는 전자국가 경영체제로 바뀌었다. 박정희 대통령은 경제개발 5개년 계획을 세우면서 국민들에게 비전과 희망을 주었는데 다른 대통령들은 이와 같은 계획을 수립하지 않고 국정을 다스려 왔으며, 마치 내비게이션 없이 달리는 자동차와 같은 경우로 비유된다.

박근혜 대통령은 서강대 전자공학과 출신이므로 전자공학의 꽃인 우리 휴대폰이 전 세계를 장악하듯이 전자행정, 전자정부, 전자국가를 기획하고 추진하여 우리나라가 세계적인 전자국가가 될 수도 있다는 강점이 있다. 국가경영을 비행기에 비유해서 대통령은 비행기 조종사처럼 청와대에 실시간 전자상황실을 설치하여 국정을 파악하면서 5년 동안 비행항로를 결정해야 한다.

전자국가운영의 특징
① 아날로그 경영시대에서 디지털경영시대로 전환
② 세계적으로 시공을 초월한 세계 국가운영
③ 국가운영정보의 실시간 검색과 진단 및 처방
④ 최첨단 IT국가로서 전자대통령, 전자국가 시스템 운영
⑤ 전자기술로 투명(Clean), 정직(Honesty), 성실(Sincerity)한 사회

(스마트한 정부) "전자통계 시스템"
① 청와대의 국정상황실에 통계청 자료 "실시간전자통계시스템"을 설치
② 15개 부처의 중요 자료를 비행기 계기판처럼 컴퓨터 모니터에 표시

③ 각 장관실에도 "실시간전자통계시스템" 설치, 인구, 가축, 수출입 자료

(투명한 정부) "전자회계 시스템"
① 청와대의 국정상황실에 국세청 자료 "실시간전자회계시스템"을 설치
② 15개 부처의 예결산 자료를 비행기계기판처럼 컴퓨터 모니터에 표시
③ 각 장관실에도 "실시간전자회계시스템" 설치, 매일 투명 결산처리

(부정부패 척결) "전자화폐 제도"
① "전자화폐제도" 도입, 종이 지폐 대신 전자카드 사용, 클린사회 정착
② 세계 최초 "전자화폐사용"으로 세계경제 주도
③ 부정부패 국가 이미지 쇄신, 외국 투자 유도

(서민 일자리) "정보화뉴딜정책"
① 2천만 권의 책, 그림, 음악 등을 각 가정에서 컴퓨터 입력 작업
② 수백만 명 일자리 창출, 누구나 1인당 월 100만 원 이상 수입
③ 3포(연애, 결혼, 출산)포기 세대에 희망, 책가방 없는 학생
④ 한자문화권 국가(중국, 일본 등)의 전자도서관 사업 수주

(통신망 고도화) "ICT융합 인프라"
① 국가 및 기업 40여개 정보통신망을 통합하여 국가 재정 확충
② 통신사간의 과도한 경쟁체제 조정으로 휴대폰 포함 통신비용 절감
③ 개인 및 지역, 산업 간의 정보격차를 해소하고 보편적 정보접근성 제공
④ 향후 통일에 대비한 국가주도의 정보망 구축 및 운용역량 확보

철학적인 사고의 필요성

나는 누구인가? 어떤 사명을 가지고 왔는가?

세상 사람들은 '나는 누구인가? 왜 나는 존재하는가? 인생의 목적은 무엇인가? 왜 나에게 답이 주어지지 않은가?'라고 자문을 한다. 인생이라 불리는 이 모든 것은 무엇인가? 나는 지구상에 무엇을 하러 왔는가? 살아 있는 동안 내가 원하는 것을 할 수 있는 여행 같은 것인가? 인생이 경험하는 모든 것에는 의미가 부여되는 어떤 목적이 있는가? 내가 지구에 올 때 내 인생 대본을 가지고 왔는가? 그렇다면 나는 왜 나의 역할을 잘 모르고 있는가? 내가 알 수 있는 그 어떤 것은 정확한 것인가? 나는 어디에서 출발해서 어디로 가는가?

옛날에는 우주와 생명 자체에 대한 정보가 무지했다. 이제 생각의 구를 최대한 크게 하여 상상력을 확장시켜야 한다. 역사, 과학, 철학 실력을 총 동원해서 생각의 구를 키워야 한다. 인간으로서는 상상할 수 없을 정도로 굉장히 큰 우주와 굉장히 작은 미세 우주가 카오스 프랙털 구조로 상호 연계해서 존재한다는 것을 인식해야 한다. 우리는 지구의 몸 안에 있는 작은 세포이며 지구는 우주의 세포로서 생명을 가지고 있다. 다른 행성들도 우리와 똑같이 살아 있으며 빛과 지혜를 가지고 있다.

우리가 누구인지에 대한 해답

우리는 영적인 존재로서 언제나 살아 있는 것이다. 우리는 나이가 없는 영원한 존재이다. 영적인 실체로서 우리는 지금의 생(生) 이전에 많은 경험을 거쳐 존재해 왔으며 이런 경험을 지구에서도 그대로 가지고 있다. 즉, 우리는 바로 육체 속에 살고 있는 영적인 실체이다. 우리는 사랑과 헌신으로 자신의 영혼을 성장시키기 위한 계획을 가지고 지구에 왔다. 우리는 이곳에 배우러 왔다. 우리의 영혼을 진화시키고 인류가족을 돕기 위해 인류 행복과 세계 평화를 실행하고자 지금 이 시대와 이 장소를 선택한 것이다.

우리의 생명은 끝없이 진행 중이다. 단지 죽음만이 인간에게 생명의 변형에 대한 자각을 가져다주는 것이다. 영혼이 육체를 입는다는 것은 영혼의 순수한 목적과 의지를 인성 속으로 옮겨 놓는 것을 의미한다. 우리는 사랑 속에서 성장하면서 더욱 지혜로워지는 것이다. 육체는 '물질을 지배하는 마음의 의복'이다. 마음속에서 만들어진 것은 원인이 되며 육체에서 경험되는 것은 결과인 것이다.

우리가 육체에서 벗어났을 때 마음의 힘을 순수하게 사용하는 법을 배우기 위해 지구에 머무르고 있다. 지구상에서 존재하는 균형과 불균형의 경험들을 신속하고 지혜롭게 체험함으로써 자신의 마음을 통제하는 것을 배우게 된다. 만일 어리석은 마음을 가진 자들이 조물주를 대신하여 다른 별에서 창조라는 높은 과업을 부여받게 된다면 지구상의 삶과 같은 대 파괴를 일으킬 것이다.

지구에서 우리의 역할은?

지구에서 우리의 역할은 가슴으로 느끼는 사랑의 능력을 갖지 못하는 은하계의 존재들이 보고 배울 수 있도록 물질의 형태로 시범을 보여 주는 것이다. 우리는 사랑과 지혜로 성장하고 있는 이 지구의 생활 속에서 우리의 행위가 스스로 어떻게 평가 받을 수 있는지 생각해 보아야겠다. 우리들이 가슴으로 사랑하는 방법을 우주의 다른 존재들에게 보여 줄 수 있을 만한 모범이 되고 있는가?

우주의 어떤 별에 있는 존재들은 정신 능력과 과학적, 기술적 수준이 많이 앞서고 있어 우리도 그들에게 배울 것이 많지만 도덕적인 감성에 대해서는 우리가 가르칠 것이 많다. 훌륭한 영적지도자들은 육신을 쓰고 있는 동안에 어떻게 신을 완전하게 사랑하는지를 우리에게 가르치고 있다. 지구에서 이 교육과정을 완전히 졸업한자들은 다른 행성인들을 가르치고 스스로 배운 것을 실천하기 위해 이곳을 떠날 수가 있다.

행동은 앎에 대한 시험이다. 은하계의 다른 생명들에게 우리는 무엇을 가르칠 수 있을 것인가? 지구에서 어떻게 전쟁보다는 평화를 성취하는가를 보여 주어야 한다. 극동인 한반도에서의 사상전쟁과 중동에서의 종교전쟁을 막아야 한다. 우주는 카오스 프랙털 구조로 되어 있으며 한민족의 천지인사상으로 무지를 깨우쳐 주어야 세계평화가 온다는 것을 지구인은 물론 전 우주인에게도 가르쳐야 한다.

2017년 10월 3일 통일국가 건국의 해로!

박근혜 대통령이 세종대왕보다 더 훌륭한 대통령이 되기 위해서는 지성 민주주의와 영성시장경제 체제로서 남북통일 · 민족통일 · 천하통일을 이룩하겠다는 생각으로 조선을 건국할 당시처럼 국가와 민족을 구할 제2의 건국팀(이성계, 정도전, 무학대사)을 결성해야 한다.

Cleanliness(청렴), Honesty(정직), Sincerity(성실)한 공무원과 국회의원들이 통일국가를 세우는데 전념을 다하도록 해야 한다. 평화통일국가의 건국을 위한 평화통일헌법 제정과 국가상징인 국호(國號), 국기(國旗), 국가(國歌)를 새로 제정해야 한다. 앞으로 꿈같은 일이 눈앞에 전개되도록 정부, 국회, 법조계 관계자들이 일심동체로 노력해야 한다.

신라 김춘추대왕, 고려태조 왕건에 이어 세 번째 삼국통일을 이룩하여 대고려국연합(Grand Corea Union)의 통일국가가 적어도 2017년 10월 3일에 건국될 수 있도록 대통령을 중심으로 우리 국민 모두가 노력해야 하겠다.

저자약력

성명   정호선 (鄭鎬宣)

핸드폰   010 – 3067 – 5053

E-mail   hosun5115@hanmail.net

http://cafe.daum.net/hosun2010

학력 및 경력

1969 인하대학교 전기공학과 공학학사

1975 서울대학교 대학원 전자공학과 공학석사

1980 프랑스 뚤루즈 공과대학(ENSEEIHT) 전자공학과 공학박사

1968 동양 TV방송국 기술국 기술감독(8년)

1976 경북대학교 공과대학 전자공학과 교수(20년)

1996 15대 국회의원

저서

저서 16권, 연구논문 250여편, 국내외 특허 109건

카오스아트 작품 활동

개인전 7회, 정호선–박남희(현 경북대학교 미술과 교수) 부부전(5회)

민통선지역(CCZ)개발과
한반도세계평화포럼의 역할

(재)한반도세계평화포럼 **손동현**(공동위원장)

대량 살상무기 개발이 극에 달한 현실에서 평화통일의 길은 ?
민간인 통제구역(MDL : 군사분계선, DMZ : 비무장지대)
생태환경 평화공원건설
한반도 접경지역 민간통제구역(CCZ)내 건설.
〈세계평화공원 건설. 세계평화도시 건설〉

공무원 34년의 생활 속에 저는 유별나게도 애국 애족의 마음이 많아 어느 정부 정책에도 추종하며 긍정적 마음 자세로 공직을 마감했으며 '법·국민생활실천연합'(애국애족 봉사단체)의 총회장 임명에도 최선을 다하는 와중에 한반도세계평화포럼을 접하게 되었다. 이 포럼의 면면을 살펴볼 때 한반도세계평화포럼이라는 단체는 정말 이 시대에 꼭 필요하다는 것을 절실하게 느끼고 최선을 다해서 정호선 추진위원장님의 정책에 적극 참여하여 뜻을 함께 하고자 다짐하면서 이 글을 적어 봅니다.

한반도세계평화포럼은 어떤 단체인가?

한반도세계평화포럼은 앞으로 재단법인을 설립해서 정부와 함께 민간통제구역(CCZ)내에 세계평화공원과 평화도시를 건설하여 남북 평화통일의 기폭제가 되도록 하기 위한 단체로서, 박근혜 대통령의 염원사업인

'DMZ 생태평화공원, CCZ 내 세계평화공원 세계평화도시 건설'을 성취하는데 있어서 일조하고자 한다.

박근혜 대통령이 발표하신(DMZ) 세계평화, 생태공원개발이란 어떤 것인가?

우리나라는 현저 전 세계적으로 단 하나뿐인 분단국가로 남아있는 바, 휴전선 비무장지대(DMZ)에 세계평화공원을 건설할 것을 박근혜대통령이 지난 제68주년 광복절 경축식에서 축사를 통해 제의하면서, "분단과 대결의 유산인 비무장지대(DMZ)에 세계평화공원을 조성하기를 북한에 제의"한다고 하셨다. 그동안 박대통령이 미국, 중국, 유엔 등 주변국가에 세계평화공원 건설에 동참할 것을 제안한 바 있으나 북한에 이를 직접 제안한 것은 처음이다.

DMZ 평화공원 건설은 박근혜 대통령의 강한 의지가 들어있는 중요한 사업으로 남북관계가 위기 속으로 떨어지고 있는 상황에서도 우리나라에서는 이를 구체화시키고 있었다. 박근혜 대통령은 2013년 5월 8일 미국 방문 일정 중 미 의회에서 "저는 한반도 신뢰프로세스를 유지해 나가면서 DMZ 내에 평화공원을 만들고 싶다."란 말씀을 공식적으로 제시하였으며, 버락 오바마 미국 대통령과의 정상회담 자리에서 이 구상을 설명하여 오바마 대통령의 지지도 받아냈다. 또한 방중 때에도 박 근혜 대통령이 자신의 계획을 북한에 전달해 줄 것을 요청한 부분에 대해 시진핑 주석 또한 반대하지 않는다는 뜻을 밝힌바 있다.

박근혜 대통령은 이후 유엔(UN)군 참전 및 정전 60주년 기념사에도 동일한 뜻을 피력하셨다. 이와 관련하여 북한의 김양건 통일전선부장은 "개성공단이 잘 된다면 DMZ 평화공원도 잘 될 수 있다."라는 취지의 발언을 한 바 있으며, 또한 2013년 8월 23일 반기문 UN사무총장이 청와대를 방문한 후 가진 기자회견에서 유엔이 DMZ 평화공원 조성을 위해 법적·정치적·제도적 측면 등을 내부적으로 협의하고 있음을 밝히기도 했다. 평화공원 내에서는 자연스럽게 평화지대가 구축돼 전쟁이나 군사적인 충돌이 방지되고, 남북한이 평화공존 할 수 있다는 신호를 전 세계에 보내게 될 것이다.

그러나 이 일은 각국의 수장들이 대찬성할지라도 북한의 의지가 있어야 된다고 본다. MDL 남쪽 CCZ의 자유진영에 우선 평화도시 건설하고, MDL 북쪽에는 구소련, 중국 등이 도시를 건설하여 평화도시가 형성되면 DMZ도 생태평화 공원이 되리라 본다.

민간통제구역(CCZ)과 비무장지대(DMZ)

우리나라와 북한은 여러 가지 규정을 철저히 유지하며 최소한의 안정을 지키고 있는 상황이다. 박근혜 대통령은 지난 미국, 중국 순방 중에 "한반도 신뢰프로세스를 유지해 나가면서 이곳에 세계평화공원을 건설하고 싶다."하시고 또한 대선공약으로 DMZ에 평화생태공원을 만들자고 했으나 북한의 호응 없이는 어려울 것이며, DMZ보다는 우리 땅인 민간통제구역(CCZ)에 건설하는 것이 효율적이라 본다.

민간통제구역(CCZ)은 한국 정전 협정(1953.7.27)에 의해 설치된 비무장지대(DMZ)와 함께 서해안 영종도공항에서 동해안 양양공항까지 250km

의 휴전선을 따라 DMZ의 남쪽으로 5~20km에 걸친 광활한 지역으로 서울시의 3배, 여의도의 1,140배에 달한다. 군사분계선(MDL: military demarcation line)은 휴전 또는 정전시(停戰時)에 대치하고 있는 양군의 태세를 고정시키거나 전선에서 병력을 분리시키기 위해서 설정한 기준선을 말한다.

한국전쟁 참전국 전통 문화마을 및 역사 건설

이 사업에는 한국전쟁 당사자인 남과 북을 포함하는 20개 참전국이 참여하여 전쟁의 긴장을 평화로 바꾸는 역할을 하고, 철길과 도로를 따라 각 참전국에게 마을을 조성할 수 있도록 수천 평의 토지를 무상으로 임대하여 각 나라 건축양식으로 건물을 건축하게 한다. 1단계로 남쪽지역에 자유진영 참전국의 마을을 조성하고, 2단계로 북쪽지역에 공산진영(구소련, 중국) 참전국 마을과 일본의 UN 마을을 조성한다.

세계평화공원과 세계평화도시 건설

평화통일과 세계자유도시 건설을 위한 CCZ 개발 프로젝트로써 양구 펀치볼 분지에 세계평화공원과 365층 지상 1,000M 높이의 세계 최대 원추형 상징 건축물을 건설한다. 그리하여 주거, 업무, 상업, 컨벤션, 호텔 및 UN 본부를 유치하고, 최상부에 세계 평화와 자유 수호의 상징인「자유의 눈」을 배치함은 물론 전망대 및 스카이라운지 등 편의시설을 설치하여 세계 자유평화의 상징적 수도로 건설한다.

365층은 1년 365일을, 원추형 돔은 세계자유평화 의지의 집결을, 최상부의「자유의 눈」은 세계 자유와 평화 수호를 각각 상징한다.

(세계에서 유명한 조형물 : 프랑스의 에펠탑, 미국의 자유의 여신상, 이집트의 피

라미드, 중국의 만리장성 등)

국제공항 및 항구 건설

세계평화도시에 국제공항 및 항구를 건설하여 무비자 입국 등 출입국 절차를 간소화한다. 서해지역으로는 기존 인천국제공항과 인천항을 활용하고, 동해지역은 신규 국제공항과 항만을 건설하여 국제 크루즈선을 정기운행하고, 해양 레저스포츠를 접목한 관광자원을 개발하여 운영한다.

평화포럼에 대한 재단설립의 필요성과 설립 진행사항(진행과정)

한반도 세계평화포럼은 재단법인을 설립하여 정부와 함께 CCZ내에 세계평화공원, 세계평화도시를 건설함으로써 남북평화통일의 기폭제가 되기 위한 단체로서 박근혜대통령의 염원사업을 성취하기 위한 단체이다. 그래서 아래와 같은 사업 행사를 추진, 전국은 물론 전 세계에 홍보하기 위한 재단법인을 설립해야 한다. 또 수시로 행사를 열어 전 세계의 많은 국가들을 참여시키고 세계평화를 위한 미니도시를 건설하는데 일조하는데 의의가 있다.

(재)한반도세계평화포럼은 2013년 6월 26일 서울 프레스센터에서 발대식을 가졌으며 7월 17일에는 종로구민회관에서 설립 선언대회를 개최하였고 대전을 비롯하여 대구 등 전국각지에서 한반도세계평화포럼 형성을 활발하게 추진하고 있다.

(재)한반도세계평화포럼(C W P) 추진 예정 행사
① 주한 외국 대사초청 포럼 및 세미나 개최
② 6.25 참전국 대상 C W P 사업설명
③ 국제 평화음악회
④ 국제 지도자 포럼
⑤ DMZ, CCZ 자연 사진전 및 미술전(과거.현재)
⑥ UN 참전용사 위령제(天風 21)
⑦ 한반도세계평화상 제정(대통령 수여)
⑧ 전국학생회장단 평화 발표대회
⑨ 접경지역 마라톤 및 자전거 대회
⑩ 국제평화 아카데미(세계석학초청)
⑪ 국제 기업인, 여성 지도자 대회
⑫ 한반도세계평화공원 및 평화도시 전 세계 디자인 공모

평화통일에 대한 이야기
(남북 평화통일 기대효과 및 비젼)

　남북이 최고조의 긴장감으로 대치하고 있는 민통선 지역을 세계평화도시로 개발하여 전쟁억지력 증대 및 한반도 평화 체제 구축으로 냉전의 마지막 산물인 한반도의 상징적 의미를 승화하여 인종, 이념, 종교, 빈부의 격차 등을 뛰어 넘는 세계적인 평화의 성지가 되도록 건설하여, 한반도 자주 평화통일, 천지인 공존, 번영의 상징이 되도록 한다. 그 후 유라시아 횡단 철도를 연결하여,

① 러시아 극동지방의 보스토니치, 나호트카, 블라디보스토크, 바니노 등 4개 항만에서 시작되는 TSR.
② 중국 연운항에서 시작되는 TCR.
③ 중국 천진에서 출발하여 북경과 몽골의 올란바토르를 거쳐 TSR에 연결되는 TMGR.
④ 대련에서 출발하여 하얼빈을 거쳐 TSR에 연결되는 TMR.
⑤ 유라시아 – 태평양시대의 중추국가 실현.

상기와 같이 세계평화공원, 세계평화도시를 건설하는 것은 한반도 평화, 세계 평화, 현지인 공존 번영이며, 유라시아 횡단철도 연결은 한반도 평화정착과 경제발전에 큰 기여를 하게 된다. 그렇게 되면 EU 방식, Grand Corea Union 연합통일 건국으로 정착하는데 효과적이라 본다.

비무장지대(DMZ)에 세계평화 생태공원 건설과 접경지역 민간통제구역(CCZ)에 세계평화 공원과 세계평화 도시를 건설하고, 군사분계선(MDL)이북 접경지역에는 구소련 중국 등이 공원건설을 하게 되면 북한에 온갖 살상무기는 무용지물이 되며 한국은 세계의 명소로서 살기 좋은 세계평화의 나라가 된다.

천도교의 오늘과 내일

談菴 **盧泰久** (수명포, 수우 · 도봉교구)

평화통일을 위하여

천도교와 나

대학에 들어오기 전에는 솔직히 동학이 무엇인지, 하물며 천도교가 무엇인지를 전혀 몰랐다. 대학 생활을 제대로 지내본 사람은 동아리 활동이 중요하다는 것을 새삼 알 수 있게 된다. 한사회(한국사상연구회) 동아리에 입회하면서 어렴풋이나마 천도교에 대해서 접하게 되었다. 이 이념 써클에 들어가지 않았더라면 내 전공(법학) 외에 민족사상과 민족종교를 제대로 알 수 있는 길은 없었을 것이다.

돌이켜 보면 분단된 한국 사회를 살아간다는 것이 쉽지 않아, 나 역시 외래종교의 어느 하나를 믿고 인적 · 물적 네트워크를 형성하면서 별다른 역사의식 없이 무사안일하게 하루하루를 영위하였을 것이다.

'한사회'에 들어간 후 훌륭한 선후배들을 만나게 되었다. 그들 중 나중에 장관, 국회의원, 교수들이 배출되었지만 이들과의 인연으로 대학원에 진학하여 학위논문을 동학사상과 관련된 주제로 글을 쓰게 된다. 동학사상과 민족통일에 관한 주제의 글을 쓰다 보니 자연히 천도교 중앙총부를 찾게 되었다.

　당시에는 최덕신 교령이 계셨다. 그분이 상해 임정요인이었던 최동오 선생의 자제라는 것도 후에 알았다. 나는 주로 논문관계로 허경일 교수, 김철 전 교령 등과 많은 대화의 시간을 가졌다. 동학(혁명)이 무엇인가를 두고 천도교 교인들을 접촉하면서 한국 민족사상의 그 무변광대한 깊이를 터득하게 되었다. 또한 그들의 신심도 독실하여 언행이 일반 시정인들과 다른 것을 깨닫게 되면서 입교를 하게 되었다.

　그때를 전후하여 이 광순 당시 『한국사상』 주간을 만나게 되고 또한 선생의 소개로 한찬, 원용문, 한재익 씨 등을 만나게 되었는데, 한때는 한찬 회장께서 이런 이야기를 들려주었다. 유신 정권이 계속되어 정국이 불안할 때인데 한국의 재력가들이 외국으로 자금을 빼돌리는 일이 허다하고 독재정권을 피해 이민을 가는 일이 많았는데 한 회장은 자신이 재산가임에도 불구하고 천도교인이기 때문에 그렇게 처신하지 못한다는 것이었다. 그래서 한국에서 여생을 보내며 뼈를 묻겠다고 하였다. 본인이 천도교에 입교한 동기 중에는 이러한 교인들의 보국안민(輔國安民) 정신을 몸소 실천하는 애국심을 보았던 이유도 있다.

　당시는 민주화가 정착되지 못해 정치·사회운동을 위해서는 주로 외래종교에 의탁하여 민주화운동을 하던 시절로 지도층의 엘리트들은 대부분 기독교, 가톨릭, 불교로 귀의하고 있었다.

　나는 30대에 대학교수가 되면서 이력서에 종교가 천도교라는 것을 넣곤 하였는데 그때마다 천주교로 착각하는 경우도 있었다. 좌·우 이념대결의 와중에서 민족주의 세력이 중심을 잡지 못하고 외세에 얹혀 사대주의가 득세하여 국가가 표류하고 있을 때 천도교의 간판을 지키고 있는 것만으로도 교인들의 모습은 대견스럽게만 보였다.

그래서 천도교의 미관말직이나마 맡아 민족의 통일이 이루어지는 그날까지 교단을 지켜야겠다는 심정으로 입도하여 동학공부를 시작하게 된 것이다.

천도교의 현 상황

지난 해 2월 30여년의 교수생활을 마치고 정년을 하였다. 그리고 수명포(受命包) 도정에서 지금은 직접도훈을 맡고 있는 오늘 천도교의 실정은 어떠한지를 살펴보자. 오익제 교령과 임운길 교화관장님이 주직으로 계실 때, 이들의 후원으로 경기대에 민족사상연구소를 만들어 동학사상을 통한 민족의 평화통일에 관한 세미나를 열고 논문집을 출간하였다. 돌이켜 보면 문제 제기만 하였을 뿐, 큰 진전을 이루어낸 것 같지는 않아 보인다. 그러나 이러한 노력으로 21집의 논문집을 만들어낸 것에는 나름대로 보람을 느끼고 있다.

김광욱 교령 당시에는 민족사상연구소를 전국적인 단위로 하여 통일운동을 도모한다는 의미에서 동학학회를 설립하게 된다. 인내천 이념으로 민족통일을 위한 학회로 운영 발전시켜 보자는 것이었다. 그러나 본인이 뜻한 대로 학회 설립 취지가 얼마만큼 제대로 반영되고 있는지는 의문이다.

이러한 일련의 상황을 회고해 보면서 천도교의 도정이라는 원직도 직접도훈으로 강등되었고 여기에서도 포덕천하가 얼마나 잘 이루어졌는지를 성찰해 보게 된다. 그러나 가능하면 지금부터라도 대학에서의 이론적 연구를 현실에 적용해 보았으면 한다.

본인의 생활환경이 이러할진대 천도교단의 실정을 무엇이라고 진단할 수 있겠는가. 누구는 교단의 활성화를 위하여 연원 조직을 탈피하여 교구 중심으로, 그리고 고호 중심에서 교인중심으로 교단을 운영해야 한다고 한다. 또 교령선거를 대의원들의 무입후보 무기명 비밀투표의 콘클라베 식 선출 방식에서 명실상부한 직접 선거 제도로 바꾸든지, 아니면 교황식 선거로 2/3의 동의를 얻을 수 있도록 제대로 추대해보든지 여러 가지 방안들이 거론되고 있다.

 한편 우리 교단의 현실은 어떤 형식의 선거이든 간에 제대로 자격을 갖춘 인물이 등장하여야 하는데 실정은 그러하지 못한 것 같다. 모두 자천으로 교령을 하겠다고 나서고 있는 것이다. 이 얼마나 부끄러운 일인가. 삼고초려를 해도 자신의 부덕을 말하고 극구 사양해야 할 것인데 오히려 앞장서 나서고 있으니 교령을 하더라도 임기를 제대로 채우기가 어렵게 된 것이다. 정통성을 갖지 못하고 당선된 교령이 되다 보니 임기 내내 자격시비에 영일이 없는 것이다. 정치 무대보다도 더 인신공격이 난무하는 것이다. 세속정치에서는 그래도 어떻게든 일단 임기는 보장해 주고 있는데도 말이다.

 참으로 어이없는 상황이 끝을 모르고 펼쳐지고 있는 것이다. 더 이상 추락할 곳도 없는 지경에까지 이른 것이다. 이런 실정을 두고 안타까운 것은 전문성을 가진 천도교의 인재들이 하나 둘씩 사라지고 있는 것이다.

천도교가 변해야 하는 이유

 역사를 보는 비교 방법론적 시각에서 천도교가 변해야 하는 환골탈퇴(換骨脫退)의 이유를 살펴보도록 하자.

 역사를 보는 자유주의적 견해는 진보에 대한 믿음으로 특징지어진다. 역사는 인간 사회가 더 높은 단계를 성취할 때 미래로 나아간다. 역사가 어두움에서 광명으로 나아간다는 가정은 무엇보다도 이성의 믿음에 기초한다. 이성은 인간을 과거의 집착과 관습과 전통의 무게로부터 해방시킨다. 각 세대는 인간의 지식과 이해의 총체가 증대할 때 과거를 넘어 진보할 수 있다. 역사는 이렇게 정치적 파쟁과 종교적 논박을 두고 자연법(합리적 이성)에 기초하여 정치와 종교, 국회와 교회를 통일시키는 교정일치(敎政一治)의 강력한 지도력을 추구하였다.

따라서 천도교도 사인여천, 보국안민, 포덕천하, 광제창생, 지상천국 건설 등의 5대 종지(宗旨 : 주요 지표)를 따라서 교정쌍전(敎政雙全)으로 나아가야 한다.

역사적으로 보아도 천도교는 동학혁명, 3·1독립운동, 청우당 운동 등이 모두 교정일치로 나아갔다. 이상과 현실을 하나로 소통·통합하였을 때 교단은 번영하고 발전하였다. 그런데 1945년 해방과 더불어 냉전 이데올로기로 민족이 분열되면서 천도교와 같은 민족종교는 쇠잔의 길로 접어들게 되었다. 남·북의 좌우 이데올로기 대결에서 민족주의 정치 세력이 제자리를 지키기가 힘들었다. 민족주의자들은 좌·우의 이념에 희생되고 외세 의존적인 사대주의 세력들이 한반도에서 극성을 부리게 된다.

자연 민족종교는 성장 번영할 수가 없으며 심지어는 현상 유지조차 힘든 상황이 되었다. 흑백논리의 이념적 정국에서 전국의 청년 인재들이 천도교를 외면하고 기존의 교인들까지도 외래 종교를 따라 기회주의, 출세주의로 교단을 떠나가게 된 것이다.

이러한 틈새를 노리고 별로 전문성도 없고 그렇다고 도력도 있어 보이지 않는 사람들이 고령이 되어 보겠다고 우후죽순으로 나서게 되다 보니 천도교는 침체일로를 면치 못하게 된 것이다.

이제 천도교는 내일을 위해 환골탈퇴를 해야 한다. 전문성을 갖춘 교인들이 지도자로 나서야 한다는 것이다. 이 시대의 교정쌍전의 역사의식은 민족의 평화통일인데 여기에 신명을 바치며 민족통일을 위해 인문학을 비롯한 사회과학에 일가견이 있어야 할 것이다. 물론 천도교의 이론과 역사에도 깊은 성찰이 있어야 한다.

또한 천도교의 성공 여부가 민족통일의 미래와도 직결된다는 것을 천도교인은 사명의식을 가지고 유념해야 할 것이다. 봄이 왔는데도 파종을 하지 않는다면 우리 교단이나 국가민족의 장래도 희망을 걸기가 쉽지 않다. 이제 천도교가 어떻게 변해야 하는가는 우리들 마음먹기에 달려있다고 할 것이다.

발전을 위한 방안

천도교가 발전하기 위해서는 보국안민을 하는 교정쌍전의 지도력을 발휘해야 한다. 이런 의미에서 지금까지의 수도 중심의 교회 운영은 한계가 있는 것으로 보여진다. 천도교의 뿌리가 동학(혁명)사상에서 유래한다고 본다면 지금부터라도 이 시대의 정치적 당면과제인 민족의 평화통일에 초점을 맞추는 교단 운영이 되어야 한다. 단순히 주문을 외우고 경전공부를 하는 기복적 수준에 머문다면 기존의 신흥종교와 다를 것이 무엇이겠는가.

천도교가 민족종교이자 고등종교로서 중원 포덕을 주창하며 세계화에 자부심과 사명감을 갖게 되는 것은 구한말 민족의 운명이 봉건 정치와 제국주의로 위기에 직면하였을 때 전봉준 장군을 위시하여 동학교도들이 동학혁명을 일으켰기 때문일 것이다. 그러므로 우리는 동학이 민족의 운명개척을 위해 노력한 데서 민족의 역사와 영원히 함께 할 수 있었듯이, 오늘의 천도교도 이러한 역사적 사실에서 민족의 운명과 더불어 발전할 수 있는 교훈을 찾을 수 있어야 할 것이다. 일제치하에서 민족의 운명이

위기에 처했을 때 천도교가 있어서 3·1독립운동을 주도하여 민족자결을 외침으로써 근대 민족국가 건설의 정치사상적 단초를 제공할 수 있었다.

이 시대의 천도교의 정치의식은 당연히 민족의 평화통일이다. 현하 한·미 키리졸브 군사훈련으로 한반도에는 전쟁의 가능성이 그 어느 때 보다 높아져 있다. 어떻게 단군의 천손민족인 배달겨레가 6·25동란으로 동포의 희생이 있었으면 그것으로 되었지, 지금도 이렇게 같은 겨레끼리 총 뿌리를 겨누고 있단 말인가. 이는 전적으로 대통령을 비롯 정치권의 정치력 부재로 밖에 볼 수 없다. 북한은 전 인민이 김정은 정권과 일사불란한 체제를 갖추고 있는 반면에, 남한은 국민이 무사안일하기가 이를 데 없다. 교정쌍전의 사상교육이 전무하여 정치사상전에서 지고 있는 것이다. 또 남·북 모두가 군사력 확충에 여념이 없으니 이것 모두 배달겨레의 입장에서 보면 국력낭비가 아니고 무엇인가.

돌이켜 보면 지난 10년간의 진보정권 때 북정권의 보장을 전제로 개혁·개방으로 나아가는 한반도에서 군축과 휴전협정을 평화협정으로 체결하지 못한 것이 여한으로 남는다.

지금부터라도 한국정부는 대형(大兄)의 입장에서 한반도의 긴장 완화에 앞장서는 게 좋겠다. 일부 진보 세력이 있기는 하지만 친북주의라며 국민의 지지를 받지 못한다. 또 일부 우익인사들이 통일과 평화, 선진화를 말하고 있으나 독일식 흡수통일을 의미하니 북에서 받아들일 리 만무하다. 그리고 독일의 사례에서 보듯 통일 비용이 너무 과도하기 때문에 남한의 국력으로는 한계가 있으므로 현실적으로 이러한 반공통일 방식은 가능하지 않다.

그래서 천도교가 다시 한 번 동학혁명과 3·1독립운동의 정신을 되새기면서 선봉에 나서야 한다. 동학혁명을 동학당이 주도하였고 3·1독립운동 이후 청우당이 전위단체로서 그 혁명정신을 계승해 갔다면 오늘 다시 인내천주의(人乃天主義)의 통일이념에 기초한 제2의 청우당 재건으로 그 역할을 담당하여야 한다는 것이다.

본인의 생각으로는 배달통일당의 건설로 사회·정치 운동의 모범이 되지 않고서는 이제 성미를 내는 교인이 5천명도 되지 못하는 천도교단의 교세를 극복하기는 쉽지 않을 것으로 보인다. 전위단체로 동학민족통일회가 있지만 교단 내부에서만 아는 사람이 있지 일반 국민은 잘 모른다. 전문성과 임전무퇴의 종교적 신념을 갖춘 지도세력의 등장이 시급하다.

대중으로 나아가기 위한 노력

앞에서 대중적 접근을 위하여 연원회 운영 대신 교구 중심의 제도 개혁을 거론한 바 있다.

개인적으로는 연원회 조직으로 교단이 구성되고 운영되는 것이 역사적으로나 이념적으로 합당하다고 사료된다. 연원회 구성의 취지를 잘 해석하고 운영을 여하히 해가는 것이 급선무이지 피상적 접근으로는 응당한 결론을 얻을 수 없을 것이다. 본인이 도정과 직접도훈을 하면서 피부로 느낀 것이다. 하물며 교정일치의 역사적 정치적 의식이 결여된 사람들이 교단 운영을 좌지우지하여서는 결국 무책임한 교단 행정이 될 것이므로 기존의 연원조직으로 천도교단이 운영되는 것이 그래도 현상유지라도 해가는 의미에서 더 나은 것으로 여겨진다.

대중으로 나아가기 위한 노력에 있어서 이제는 천도교인 각자가 자기의 위치에서 신심을 다해 동학 정신을 공부하면서 지행일치(知行一致)를 해가는 방도밖에 없어 보인다.

천도교단이 이렇게 쇠잔하게 된 것은 한국민족주의가 미·소 냉전의 와중에서 제 목소리를 낼 수 없었던 데서 그 원인을 찾을 수 있다. 그러나 국제 정세는 냉전이 무너지고 평화와 민주주의, 세계화의 시대가 전개되고 있다. 이제 우리는 더 이상 누구를 탓할 수는 없다. 2013년 4월 2일 교령선거를 맞아 이제라도 우리 천도교는 교정일치의 진리를 보여주어 본인도 그러하였듯이 일반 민중이 천도교단을 다시 찾을 수 있도록 우리 스스로 겸손하며 봉사하는 낮은 자세의 환골탈태의 모습을 보여주어야 하겠다.

통일한국과 HUGE서울 비전

김충환 | 국회의원 2선, 구청장 3선

    최근 골드만 삭스사와 경제조사전문회사인 IHS글로벌인사이트의 분석에 의하면 한국이 평화적으로 통일될 경우 한국경제는 2050년에는 일본과 독일을 능가하게 될 것이라고 한다. 반면 현재와 같은 분단 상태가 지속되면 한국 경제는 2031년에는 성장률 0%가 되어 더 이상 성장능력이 없게 될 것으로 예상된다고 한다(2013.8.15, A채널, 여러 신문, 정동영 글). 만약 이러한 예측이 근거가 있는 것이라면 우리는 이에 대한 정책적 대비책을 강구하지 않으면 안 될 것이다.

    즉 한시 바삐 평화통일 정책을 수립하고 평화통일을 위해 노력해야 할 것이고, 또 통일한국과 서울의 발전계획을 수립하는 것이 매우 중요할 것으로 생각된다. 오늘날 한국의 현실을 살펴볼 때 통일한국과 세계적 경제중심으로서의 한국 경제를 끌고 갈 견인차는 서울이 될 것인데 과연 서울은 어떻게 발전해야 할 것인지 하는 것이 문제가 되지 않을 수 없다.

    시민의 지지를 받으면서 한국 경제와 세계 경제를 끌고 갈 수 있는 서울은 어떤 도시가 되어야 할까? 나는 그런 역할을 수행할 수 있는 서울을 HUGE서울(시민행복Happy, 일류서울Upgrade, 세계화Globalized, 추진력 Efficient)이란 개념으로 서울의 비전을 실현하는 것이 필요하다고 생각한다. 서울에는 한국을 대표하는 지식인들과 대기업의 본사, 국가의 주요 정책결정 기구들이 총집결되어 있기 때문에 서울의 역할은 한국의 견인차라고 할 수 있다. 또한 해외에 있는 한국인들에게 서울이 자랑스러운 고향과 같은 도시이며 국내적으로는 정치, 경제, 사회, 문화를 이끄는 도시이다.

따라서 평화 통일과 서울 발전은 보완적이면서 동시에 추진해야 할 중요한 국가 목표가 되어야 할 것이다. 통일이 국가발전과 국민 행복을 위해 절대적으로 필요하지만 통일된 한국에도 서울의 역할이 절대로 중요하기 때문이다. 동시에 평화적 통일은 서울의 안전과 발전이란 면에서도 절대로 중요하고 필요한 목표가 된다.

서울 도시정책의 초점

수도 서울은 대도시이면서 지방자치단체이다. 대도시로서 발전하기 위한 정책을 잘 수립하여 추진해야 하고 동시에 지방자치단체로서 특색 있게 발전해야 한다.

서울이 추구해야 할 도시정책의 초점을 요약하면 지방자치, 복지, 세계화, 안전, 편리, 도시미, 쾌적성, 문화, 경제성, 응집성 등이다.

완전한 지방자치

서울은 재정적으로 자립기반이 갖추어져 있고 또 시민의식도 상대적으로 높기 때문에 지방자치를 완전하게 실현할 수 있는 충분한 조건이 갖추어져 있다. 대도시로서 자율성 있게 발전되어야 하고 동시에 자치 구청과 잘 협력하여 도시행정을 추진해야 한다. 시장과 시의회 그리고 구청장과 구의회가 협력하고 다양한 시민단체가 동참하는 진정한 지방자치가 실현될 때 시정이 잘 발전될 수 있다. 아울러 세계의 주요 대도시와의 활발하고 긴밀한 교류협력을 통해 세계적 선진도시로 발전해야 한다.

시민이 고루 잘 사는 복지도시

가난한 시민들, 노숙자, 외국인 근로자, 탈북동포, 혼혈인, 다문화가족을 보살피는 복지정책이 잘 마련되어야 한다. 또한 장애인과 노인, 어린이와 여성들을 보호하기 위한 정책도 충분히 준비되어야 한다. 전체 학생들을 위한 무상급식이나 전체 여성을 위한 보편적 복지정책은 예산 사정에 맞추어 무리가 없도록 추진되어야 한다. 무엇보다 먼저 가난하고 소외된 시민들을 보호하기 위한 복지정책이 우선적으로 마련되어야 한다.

세계화된 일류도시

세계 10대 경제대국, G20의장국, DAC회원국인 대한민국의 수도 서울은 세계화 수준이 너무 떨어진다는 평가다. 그렇지만 외국인들이 관광을 오거나 투자를 하려고 할 때 의사소통이 잘 되지 않고 또 외국인에 대한 차별이 많은 도시로 평가받고 있다. 세계적 도시로 발전하기 위해서는 우선 언어소통이 잘 되어야 하고 거리에 표지판이 외국어로 되어 있어 외국인이 혼자 다니기가 편리해야 하며 외국인에 대한 규제가 가능한 적어야 한다. 세계화가 이루어지면 우선 관광객이 급증하게 되고 외국인 투자가 늘어나게 된다. 관광객이 2000만 명은 넘어야 일류 도시로 인정받을 수 있다. 그리고 외국인 투자가 늘어나야 일자리도 창출되고 경기도 활성화 될 수 있다.

안전한 도시

도시는 안전해야 한다. 오늘날 세계에는 자연재해와 건물 다리의 붕괴, 화재와 폭발 등 도시 재난이 늘어가고 있다. 서울은 자연재해나 범죄로부터 비교적 안전한 도시로 평가받고 있지만 40km 북쪽에 북한 공산군 120만 명이 무장을 하고 한국군과 대치하고 있고 거리에서 일어나는 묻지마 범죄도 늘어가고 있다. 이러한 상황에서 남북관계의 안정에서부터 범죄예방까지 도시의 안전을 위한 대책을 총체적으로 강구해야 한다.

편리한 도시

도시계획이 잘 되어 근린 생활권이 잘 형성되고 주거, 시장, 학교, 위락, 문화시설이 적절하게 배치되어야 한다. 각종 도시 시설들이 잘 관리되어야 하고 접근성이 좋아야 한다. 요즘 서울의 도로는 균열이 심하고 지하철 에스컬레이터도 고장 난 곳이 많이 있다. 이처럼 불편하게 관리되고 있거나 고장 난 도시시설은 즉시 고치고 개선해야 한다.

아름다운 도시

도시 건물의 형태, 배치, 칼라, 도로, 하천, 공원 등 도시 시설의 적정한 배치와 관리로 아름다운 서울의 이미지를 잘 살려야 한다. 건물 하나하나의 디자인도 도시 전체의 아름다움과 조화되도록 관리해야 한다.

쾌적한 도시

환경오염을 최대한 줄이고 쾌적성을 높이는 일은 무엇보다도 중요하다. 특히 환경오염으로 아토피, 조류독감 등 각종 질병이 발생하지 않도록 도시 위생을 강화하는 것도 매우 중요하다.

개성이 있는 문화 도시

수도 서울은 대한민국의 최고급 문화가 집중되어 있는 도시이다. 우선 서울은 민족문화의 정수를 보여줄 수 있도록 해야 하고 전통과 현대, 동양과 서양의 문화가 조화롭게 공존할 수 있도록 해야 한다. 시민들의 문화에 대한 관심과 수요가 높을 때 수준 높은 문화가 이루어진다. 구슬이 서말이라도 꿰어야 보배라는 말이 있듯이 서울의 문화도 잘 배치되고 연계될 때 그 진면목을 보여줄 수 있을 것이다. 시민문화가 활짝 꽃피는 문화도시 서울을 만들 수 있도록 최선을 다해야 한다.

경제가 발전하는 도시

도시는 경제다. 경제가 발전하는 도시는 성장하고 경제가 쇠퇴하는 도시는 소멸한다. 서울은 대한민국의 기관차와 같은 도시다. 그런데 서울의 경제는 쇠퇴하고 있다. 서울이 발전하기 위해서는 경제를 활성화해야 한다. 관광산업과 서비스 산업, 그리고 도시형 2차 산업의 활성화가 절실히 요구된다. 이를 위해서는 장사 잘되는 도시, 취직 잘되는 도시를 만드는데 노력해야 한다. 관광 산업을 발전시키려면 외국인들이 선호하는 도시가 되어야 하고 외국인들의 투자를 늘리기 위해서는 외국인에 대한 차별과 규제를 없애야 한다. 그리고 도시 2차 산업이 발전하도록 무공해 도시산업의 유치를 위해 시정부는 적극 노력해야 한다.

응집력이 있는 도시

도시의 응집력은 도시와 시민이 서로 일체감을 느낄 수 있도록 하는 데서 나온다. 현재 서울은 OECD 수도 중 자살율 1위의 도시이다. 시민이 고독한 군중으로 변질되었다는 의미이다. 이 말이 나온 지도 벌써 한 세기가 가까워 오고 있다. 도시사회는 이익추구와 경쟁, 바쁜 생활과 분업 등으로 인간관계가 단절되었다. 그리고 지역사회와 시민과의 관계도 단절되고 있다. 이를 막고 시민과 시민, 시민과 도시사회가 응집력을 갖도록 하기 위한 노력이 적극 강구되어야 한다. 도시는 고독한 대중의 도시가 아니라 응집력 있는 시민의 공동체로 되살아나야 한다.

서울의 비전

통일 한국의 수도 서울은 뉴욕, 런던, 홍콩, 도쿄와 경쟁하는 대도시가 될 것이다. 이들 국제적인 대도시와의 경쟁에서 이기기 위해서는 〈큰 서울 HUGE Seoul〉의 비전이 실현되어야 한다. 큰 서울(huge)서울의 뜻은 무엇인가? H는 시민행복(Happy citizen) U는 최고 수준의 도시(Upgraded city) G는 세계화된 도시(Globalized city) E는 능력 있는 도시(Efficient city)의 머리글자를 모은 것이다.

통일 한국의 경제가 일본 경제를 능가하게 될 경우 이에 비례해서 서울의 역할도 더욱 커질 것으로 예상된다. 우선 통일 한국에는 북한에서 내려오는 300만 정도의 북한 출신 국민들의 진입이 예상되고 전 세계에서 몰려오는 관광객들과 투자자들이 서울에 집중하게 될 것이기 때문이다. 또한 서울은 국제정치와 문화의 중심지가 되어 많은 국제회의와 스포츠

행사 등이 빈번히 열리는 도시가 될 것이다.

　서울의 비전은 시민이 행복한 세계화된 일류 도시를 만드는 것이다. 이를 구현하기 위해서 다음 네가지 목표를 잘 추진해야 하다.

　H : HAPPY CIZEN(행복 시민)
　U : UPGRADED CITY(일류 도시)
　G : GLOBAL STANDARD(세계적 기준)
　E : EFFICIENT GOVERNMENT(깨끗한 도시정부)

시민이 행복한 서울(H : HAPPY CIZEN)

　시민이 행복한 서울을 향해 갑시다! 어떻게 하면 시민이 행복한 서울이 될 수 있을까? 서울이 세계 5대 국제경쟁력 도시에 진입하기 위해서는 첫째, 경제가 활성화되고 삶의 질이 개선되어야 한다. 일자리 창출과 나누기 등으로 청년실업을 해소하고 장사가 잘되는 서울을 만들어야 한다. 둘째 어려운 시민, 도움을 필요로 하는 시민들을 잘 돕는 도시가 되어야 한다. 이를 위해 복지 도시를 만들어야 한다. 장애인, 어린이, 노인, 여성, 가난한 사람들을 잘 보호하고 도와주는 도시가 되어야 한다. 셋째, 고향 같은 응집력 있는 도시를 만들어야 한다. 시민들이 도시를 사랑하고 도시가 시민을 자기 가족처럼 보호하고 돌보는 도시, 사랑과 우정이 있는 서울을 만들어야 한다. 이런 서울이 시민이 행복한 서울이다.

세계 일류도시 서울(U : UPGRADED CITY)

　발전하는 도시, 서울. 서울을 발전시키자. 세계 일류도시가 되려면 무엇보다 시민 생활이 안전하게 보호받고, 도시 시설이 편리하게 운영되고 도시 환경이 아름답고 쾌적하게 관리되어야 한다. 이렇게 되기 위해서는 우선 서울의 환경을 개선해야 한다. 지금까지 내륙에 갇혀 있는 이미지를 주는 서울을 바다와 접한 열린 서울로 만들어야 한다. 즉 〈바다가 있는 서울〉을 만들어야 한다. 서해바다가 서울의 앞마당에 있는 큰 호수라고 생각해 보라. 얼마나 아름답겠는가? 아름다운 바다와 저녁노을 그리고 파도소리, 해수욕장이 있고 요트를 탈 수 있는 바다와 접한 서울의 이미지. 얼마나 시원하고 아름다운가? 시원한 바닷바람이 사시장철 불어오는 서울은 공기가 얼마나 깨끗하겠는가?

다행히 서울은 서해에 인접해 있는 만큼 강화도를 서울시로 편입하여 도시 시설을 확충하고 기존 도시 시설의 양적, 질적 향상을 이룩한다면 서울은 뉴욕, 런던, 홍콩, 상해, 도쿄에 버금가는 아름답고 쾌적한 일류 도시로 발전될 수 있을 것이다. 강화에서는 인천공항과 김포공항이 10분 거리에 있고 개성도 10분 거리에 있으니 얼마나 편리하겠는가? 고인돌과 참성단이 있고 전등사와 보문사가 있는 강화, 고려의 수도 개성과 강화 그리고 서울이 융합한 대도시를 생각해 보라. 크루즈를 타고 상하이, 홍콩, 싱가폴, 도쿄를 다닐 수 있는 서울이 얼마나 환상적인가?

세계화된 서울(G : GLOBALIZED CITY)

국제경쟁력을 갖춘 일류 도시, 세계를 향하여 나갑시다. 통일시대의 서울, 세계 2대 경제대국 서울은 세계화에 적극 노력해야 한다. 생활환경을 세계 기준에 맞도록 개선하고 외국인에 대한 차별을 완전히 없애야 한다. 청소년들에게 외국어 교육을 강화하고 서울시의 행정제도를 국제 기준에 맞춰 개선해야 한다. 지금의 뉴욕, 파리, 런던보다 더 많은 외국인들이 거주하고 드나드는 국제도시 서울이 되도록 해야 한다.

E : EFFICIENT CITY GOVERNMENT(깨끗한 행정)

변화, 개혁하는 깨끗한 서울행정, 도시는 변화해야 합니다. 세계적 도시 서울은 중앙정부의 통제를 벗어나서 자유롭게 발전해야 한다. 외교와 국방 이외에 지방도시에 대한 운영은 완전한 지방자치를 통해 해야 한다. 시민과 소통하는 추진력과 순발력이 있는 시청이 되어야 한다. 공무원에 대한 공직윤리를 함양하고 제도를 개선하여 행정서비스의 질을 획기적으로 개선해야 한다. 이렇게 되면 서울의 행정은 세계 최고의 행정을 할 수 있으며 세계 수도의 모범도시가 될 수 있을 것이다.

결론

21세기는 아시아의 시대, 한민족의 시대이다. 평화적 통일을 해서 국토와 민족이 통합되고 세계 2위권의 부자 나라가 되고 서울이 세계 최고의 도시가 되도록 해야 한다. 서울은 600년의 역사를 자랑하는 우리 민족의 수도이다. 서울은 1000년을 내다보며 뉴욕, 파리, 런던, 동경, 베이징과 경쟁하는 세계 최고의 도시로 발전해야 한다.

안전하고 편리하고 아름답고 쾌적하며 문화적이고 경제적인 응집력 있는 HUGE 서울을 만들어야 한다. 시장과 공무원과 시의원과 구청장과 구의원 그리고 시민단체들이 서울에 대한 애정을 가지고 함께 노력하면 반드시 실현할 수 있는 우리의 꿈이요 비전이다. 이러한 비전의 실현을 통하여 나라와 국민이 모두 행복한 통일한국을 만들 수 있도록 힘을 모아야겠다.

2 IT

김창수	디지털경영의 이해
박승권	스마트워크 강국을 꿈꾸면서
석호익	'정보통신'이라는 용어, 대한민국에서 세계 최초
손종익	한국지식정보관리공사의 필요성
김갑용	21세기 지식혁명의 도구, 디지털도서관
이근석	시스템적 사고가 창조 융합의 시대를 이끈다

디지털경영의 이해

영남대 **김창수** 교수 | 사단법인 한국디지털경영학회 회장 | 재단법인 한국디지털융합진흥원 이사장

새로운 세기를 맞이하여 인류는 디지털혁명(Digital Revolution)이라는 새로운 패러다임의 전환기를 맞이하고 있다. 세계는 바야흐로 디지털경영에 기반을 둔 창의경제(Creative Economy) 시대로 진입하고 있으며, 개인, 기업, 공공조직에게 새로운 발상과 전략적 접근이 요구된다. 이에 본 소고에서는 디지털경영이 무엇이며, 어떻게 가속화되고 있는지를 살펴본다. 이어서 디지털경영의 확산으로 인해 야기되는 패러다임의 변화와 빅 데이터와의 관계에 대하여 이해를 도모하고자 한다.

1990년 후반부터 급속하게 진행된 인터넷과 정보통신기술의 발전은 디지털경영의 등장에 핵심적인 동인(Enabler)으로 작용하고 있다. 정보통신과 관련된 다른 발명품과 비교하였을 때 인터넷의 확산은 혁명적이라고 할 수 있다. 6,000만 명의 사용자를 확보하는 데 라디오는 35년, 텔레비전은 15년이 걸린 반면에, 인터넷은 3년 만에 9,000만 명의 이용자를 확보하였다. 이와 같은 인터넷의 폭발적인 이용에 비례하여 디지털경영도 빠르게 확산되고 있다.

디지털경영에서는 인터넷과 정보통신기술의 발전에 따라 콘텐츠(Contents)가 점점 디지털화되어 가고 있다. 신문에서부터 음악까지 모든 것이 디지털기술을 이용하여 생산된다. 예를 들면, 신문은 워드프로세스와 출판 소프트웨어를 사용하여 생산되며, 음악은 디지털 형태로 저장된다. 이것은 콘텐츠가 디지털로 생성되기 때문에 인터넷과 같은 네트워크에 의해 상대적으로 손쉽고 저렴하게 전송이 가능하기 때문이다.

예를 들어, 개인용 컴퓨터의 경우, 몇 년 전과 비교하여 컴퓨팅 속도와 저장 능력에서 매우 빠르게 향상되고 있으며, 심지어 스마트 폰의 저장 능력과 처리 속도는 초창기의 컴퓨터보다도 빠를 정도로 급격히 향상되고 있다. 이러한 컴퓨터의 성능 향상과 비례하여 소프트웨어 측면에서도 급속한 향상이 있었다. 또한 그래픽 사용자 인터페이스(Graphical User Interface : GUI)의 이용은 다음과 같은 두 가지 측면에서 중요한 의미를 가진다. GUI를 이용함으로써 사람들이 보다 쉽게 컴퓨터를 사용할 수 있게 되었다. 또한 GUI의 사용으로 인해 웹 브라우저를 보다 쉽게 사용하게 되고, 문자, 그래픽, 그리고 다른 매체의 혼합사용으로 인해서 웹 항해를 수행함에 있어 흥미유발과 편리한 사용을 가능하게 했다.

디지털경영에서의 주요한 기술적 영향 요인 중의 하나가 네트워크 전송(Network Transmission) 기술이다. 디지털경영의 성공적인 트랜잭션을 수행하기 위해서는 방대한 용량의 데이터가 인터넷과 같은 네트워크를 통하여 전달되어야 한다. 브로드 밴드 케이블과 같이 매우 빠른 전송 기술의 사용으로 인해 대기업, 중소기업, 그리고 심지어 가정에까지 빠른 데이터 전송이 가능하게 되었다. 또한 지난 몇 년 동안 네트워크 액세스 디바이스 기술이 괄목하게 진보를 하였다. 불과 몇 년 전에는 네트워크 액세스 디바이스가 주로 컴퓨터와 터미널에 국한되었지만, 현재는 개인용 컴퓨터, 노트북, 태블릿, 스마트폰 등 매우 다양하게 사용되고 있다. 이러한 네트워크 액세스 디바이스의 광범위한 사용은 두 가지 측면의 기술적 진전에 의해 가능하게 되었다. 먼저, 가장 광범위하게 사용된 네트워크 액세스 디바이스의 특징은 용량(Capability)의 확장과 쉬운 사용(Ease of Use) 면에서 급속하게 향상되었다는 것이다. 두 번째, 액세스 디바이스의 가장 큰 변화는 새로운 지역에 네트워크 도달능력의 향상을 들 수 있다. 지금도 유비쿼터스 컴퓨팅과 같이 새로운 정보기술들이 계속적으로 출현하고 있으며 기존의 정보통신 기술들도 빠르게 향상되고 있다. 이와 같이 컴퓨터와 통신기술의 발전에 의해 디지털경영이 빠르게 확산되고 있으며, 비즈니스와 고객의 측면에서도 많은 변화가 전개되고 있다.

디지털경영의 특징

디지털경영(Digital Business Administration)은 통신 네트워크, 컴퓨터, 소프트웨어, 그리고 기타 정보기술에 기반한 실시간 경영이다. 디지털경영에서 디지털 네트워킹과 통신 인프라스트럭처는 사람과 조직이 상호 교류하고 통신하며, 협력 및 정보를 찾기 위한 글로벌 플랫폼을 제공한다. 이러한 플랫폼에 기반을 두고 뉴스, 정보, 책, 잡지, TV, 영화, 전자게임, 음악, 그리고 소프트웨어와 같은 디지털제품을 언제 어디서나 전달할 수 있게 되었다. 이러한 디지털경영의 특징을 경제적, 사회적, 문화적, 비즈니스적 측면으로 구분하여 주요한 특징을 살펴보면 다음과 같다.

첫째, 산업혁명(Industrial Revolution)이 농업경제의 생산성을 급속히 향상시킨 것처럼, 디지털경영에서는 디지털화되고 네트워크화된 정보와 지식이라는 새로운 생산 요소가 변화를 주도하고 있다. 즉, 디지털경영의 동인으로 정보의 디지털화와 인터넷을 통한 디지털정보의 네트워크화를 들 수 있다. 그러므로 경제적인 측면(Economic Aspect)에서 정보(Information)는 디지털경영에서 주요한 경제적인 가치(Economic Value)를 창출하고 있다. 이에 따라 전통적인 생산자, 유통업자, 소비자 간의 관계가 파괴되고 있으며, 제품거래에 있어 거래비용(Transaction Cost)과 탐색비용(Search Cost)이 감소되면서 새로운 부가가치 창출과 생산성 증대에 의한 경제적 측면의 변화가 촉진되고 있다. 그러므로 대량생산의 전통적 물적 자원에 기초한 아날로그 경영이 수확체감의 법칙(Diminishing Returns to Scale)에 따라 운영된다면, 지식과 정보의 디지털화를 통해서 제품을 생산해 내는 디지털경영은 수확체증의 법칙(Increasing Returns of Scale)에 의해 지배되고 있다. 수확체증의 법칙이란 기업의 규모 및 사업범위, 그리고 고객의 수가 증가함에 따라 수익이 점점 커지는 현상으로서, 경영의 중심이 생산 지향적이기보다는 미션 지향적으로 바뀌고 있다.

둘째, 사회적 측면(Social Aspect)에서 디지털경영에서는 정보통신기술과 인터넷, 그리고 웹과 모바일 기술의 발전으로 인해 개인과 조직들이 밀접하게 연계(Intensely Interlink)가 이루어지고 있다. 그러므로 국가의 경계나 지리적인 거리는 디지털경영에서는 별로 중요한 요인이 되지 못한다. 즉, 인터넷과 정보통신기술에 기반을 두고 지역이나 시간에 상관없이 자유롭게 정보를 액세스, 처리, 전달, 그리고 저장하게 되었으며, 조직들은 좀 더 쉽고 저렴하게 그들의 행위를 조정하고 협력하게 되었다. 예를 들면, 조직들은 전자시장(Electronic Marketplace)을 통하여 다양한 기업들과 연계가 가능하게 되었다. 이러한 연계된 사회(Wired

Society)로 인하여 작업 방식, 비즈니스 프로세스, 일상생활, 레저, 기타 인류의 모든 생활에 일대 혁신이 일어나고 있다.

셋째, 문화적인 측면(Cultural Aspect)에서 정보와 정보통신기술에 의해 개인들의 삶이 영향을 받고 있다. 예를 들면, 필요한 정보를 입수한다든지, 영화를 본다든지, 책을 읽는다든지, 음악을 듣는다든지, 다른 사람들과 인간관계(Human Relationship)를 형성한다던가, 기타 등등의 일들을 가정을 벗어나지 않고도 집에서 하는 것이 가능하게 되었다. 이러한 변화에 수반하여 직업적인 영역에서 많은 변화가 일어났다. 즉, 인터넷을 통하여 지식 근로자들은 그들의 작업 대부분을 온라인으로 처리하고 있으며, 기업들의 제품과 서비스도 전자적으로 제공되고 있다. 그러므로 정보통신기술 기반구조와 인터넷과 웹 사이트에 기반을 둔 새로운 유형의 신종 직업군이 계속 등장하고 있다.

마지막으로, 비즈니스 측면에서 디지털경영의 주요한 특징으로 무형의 제품(Intangible Product)을 들 수 있다. 디지털경영에서는 무형의 디지털제품이 빠르게 국가 간 경계를 넘나들며 판매와 구매가 이루어지고 있다. 예를 들어, 소프트웨어와 같은 무형 제품의 본질은 아이디어(Idea)이다. 비록 소프트웨어는 정신적인 노력과 창의성의 산물이지만, 어떠한 물리적인 형태도 취하고 있지 않다. 그러므로 소프트웨어, 영화, 음악, 애니메이션 등과 같은 디지털제품의 거래가 이루어질 때, 판매자의 서버에서 구매자의 컴퓨터로 디지털제품을 전자적으로 전송하는데 있어 어떠한 방해도 받지 않는다. 예를 들어, 뮤직과 비디오와 같은 디지털제품을 유/무선 인터넷을 통하여 전 세계에 산재한 소비자들과 별도의 비용을 들이지 않고도 제품 판매를 할 수 있게 되었다.

이와 같이 인터넷과 정보통신기술에 기초를 둔 디지털경영은 개인과 조직들이 정보통신기술, 정보와 지식, 네트워크화된 연계, 그리고 디지털 제품 거래 등에 기반을 두고 새로운 부(Wealth)와 가치(Value)를 창출하면서 글로벌한 변혁을 촉진시키고 있다.

디지털경영의 영향

디지털경영을 지배하는 키워드는 외형적 팽창보다는 그 속에서 일어나는 거대한 패러다임(Paradigm)의 변화이다. 디지털경영의 확산으로 인해 야기되는 주요한 패러다임의 변화를 정리하면 다음과 같다.

대기업과 중소기업

디지털경영에서는 모든 기업들에게 동일한 비즈니스 환경이 제공된다. 중소기업들은 대기업들과 비교하여 상대적으로 낮은 간접비 부담 때문에 보다 저렴한 가격의 제품과 서비스를 인터넷을 통해 제공함으로써 온라인 거래를 선호하는 고객들을 유인할 수 있게 되었다. 예를 들면, Amazon.com, eBay.com, Facebook.com 그리고 Naver.com과 같은 성공적인 닷컴(Dot.com)기업들은 아날로그 경영의 거대한 기업으로부터 디지털경영의 신생기업으로 고객의 선호도가 전환될 수 있음을 입증한 예라고 할 수 있다. 그러나 디지털경영에서 중소기업들은 대기업과의 경쟁에서 경쟁 우위를 확보하기 위한 전략적 접근이 요구된다. 예를 들면, 중소기업들은 유연성(Flexibility), 사용자 친화력(User-Friendliness), 개인화(Personalization)와 같은 분야에서는 장점을 더욱 강화해야 될 필요가 있고, 보안(Security), 물류(Logistics), 기술혁신(Technology

Innovation), 그리고 디지털경영기획(Digital Management Planning)과 같은 이슈(Issue)에 대해서는 보완하는 노력이 요구된다.

구매자와 판매자

디지털경영에서 판매자(Sellers)와 구매자(Buyers)와의 관계는 기존의 아날로그 경영과 비교하여 매우 다르다. 기존의 아날로그 경영에서는 구매자는 제품을 구매하거나 혹은 하지 않거나 상관없이 비즈니스에서 수동적인 존재였으며, 판매자는 구매자와의 관계에서 능동적인 위치에 있었다. 이 당시에는 고객충성도(Customer Loyalty)가 비교적 안정적이었기 때문에 판매자들은 그들의 시장점유율(Market Share)을 향상시키기 위해 고객들을 유인하는 것이 주요한 업무 중의 하나였다. 이러한 구매자와 판매자와의 관계가 인터넷에 기반을 둔 디지털경영에서 변화되었다. 즉, 디지털경영에서는 인터넷을 이용하여 자기들이 원하는 적정 가격대의 제품을 쉽게 탐색할 수 있는 고객들을 판매자들은 항상 의식해야만 한다. 그러므로 조직들은 고객들의 신뢰도와 충성도를 유지하기 위하여 구매자 행위를 분석하거나 효과적인 전략을 개발하여야만 한다. 이에 수반하여, 구매자들은 선호하는 제품이나 요구조건 등을 구체화하는 경향이 있다. 가격구조 측면에서도 아날로그 경영에서는 하나의 제품이 생산되기 위해 얼마 정도의 원가가 소요되는가에 의해 가격이 결정되었지만, 디지털경영에서는 고객들이 어느 정도 지불할 의사가 있는지에 따라 가격이 결정되고 있다.

고용자와 근로자

디지털경영에서는 인터넷에 기반하여 세계적으로 우수한 양질의 인력

채용이 가능하게 되었다. 웹에 기반한 온라인 광고를 통하여 기업들은 적절한 후보자들과 단기 계약을 체결한다든가 혹은 각지에 흩어져 있는 근로자들을 모아서 특정 기술을 보유한 프로젝트 팀을 구성할 수 있다. 디지털경영에서 고용자(Employer)들이 유의해야 될 몇 가지 사항을 정리하면 다음과 같다. 먼저 투명한 경영과 유연한 노사관계를 정립하여 근로자들에게 동기의식을 고취해야 된다. 둘째, 고객지향적인 기업문화를 정립해야 된다. 셋째, 조직 내의 정보나 데이터를 공유할 수 있는 시스템과 기업문화를 만들어야 한다. 넷째, 웹이나 모바일 그리고 기타 IT관리 및 운영 등에 필요한 교육은 수시로 제공해야 된다. 또한 디지털경영의 확산으로 인해 야기되는 근로자(Employee) 측면의 기회 요인은 다음과 같다. 즉, 팀 작업과 지식공유는 근로자들로 하여금 작업에서의 유연성 증진, 향상된 자율성, 보다 높은 책임감, 공동 작업자들과의 유대감 향상, 그리고 높은 작업만족 등을 가능케 한다. 디지털경영의 확산에 의해 고용자와 근로자 모두에게 새로운 기회가 존재하는 것이 사실이다. 그러므로 새로운 기회를 인식하고 새로운 도전을 준비하는 고용자와 근로자는 계속적인 성장과 발전을 도모할 수 있을 것이다.

기성세대와 젊은 세대

인터넷에 기반한 디지털경영의 확산에서 기성세대(Old Generations)들은 컴퓨터의 이용에 있어 낮은 흥미를 느끼고 있는 경우가 대부분이다. 그러므로 디지털경영이 점점 확대될수록 새로운 정보통신기술에 대해 낮은 이해와 지식을 소유한 기성세대들은 그들의 생활의 폭이 점점 줄어들 것이다. 반면에 젊은세대(New Generations)들은 인터넷 및 컴퓨터와 함께 성장하였기 때문에 삶의 모든 측면에서 사회생활을 위한 자연적인 수단으로서의 컴퓨터를 인식하고 있다. 그러므로 디지털경영의 확산은 젊은 세대들에게 새로운 부를 창출할 수 있는 기회를 제공하고 있다. 예를 들면, Facebook.com과 같은 주요 닷컴(Dot.com) 기업들은 신세대에 의해 대부분 창업되고 있다. 그렇지만 젊은 세대 역시 인터넷에 기반을 둔 디지털경영에서 새로운 문제를 야기시키고 있다. 예를 들면, 많은 젊은 세대들이 디지털 게임의 과다 사용에 따른 중독에 빠져 있는 경우도 있다. 그러므로 디지털경영의 확산으로 인해 발생할 수 있는 기성세대와 젊은 세대 간의 문제점들에 대한 적절한 대책이 요구된다.

디지털경영과 빅 데이터와의 관계

역사적으로 볼 때 인류문명의 성장과 진보는 지적인 창조와 기술적 혁신에 의해서 많은 영향을 받았다. 새로운 정보와 지식을 습득하는 능력은 인류문명의 발전을 가능하게 하는 근본적인 동인(Enabler)으로 작용하였다. 농업경영에서 가장 중요한 기반구조는 농토, 가축, 그리고 농기구였다. 산업경영에서는 산업엔진과 연료가 핵심적인 기반구조였다. 반면에, 디지털경영에서의 핵심적인 기반구조는 컴퓨터와 인터넷과 같은 정보통신기술이며, 정보와 지식은 디지털경영의 핵심 콘텐츠라고 할 수 있다.

지식과 정보의 출발점은 조직의 비즈니스 트랜잭션에 의해 생성되는 데이터(Data)에서 부터 출발한다. 이렇게 축적된 데이터는 보다 유용한 형태의 정보(Information)로 변환되고, 이러한 정보가 쌓여서 지식(Knowledge)으로 축적되며, 축적된 지식은 조직의 경영진들에게 효과적인 의사 결정을 지원하는 지혜(Wisdom)로 활용된다. 상위의 지혜 단계에 양질의 지식을 제공하기 위해서는 조직 전체에서 양질의 정보와 데이터를 생성해야만 가능하다. 그러므로 디지털경영에서 조직들의 핵심 역량 중의 하나는 양질의 데이터 확보와 축적, 그리고 축적된 데이터를 얼마나 효과적으로 잘 이용하느냐에 달려있다고 할 수 있다.

최근에 디지털 경영의 확산으로 많은 정보가 생산되는 '빅데이터' 환경이 도래하였다. 빅데이터(Big Data)란 디지털 경영 환경에서 생성되는 데이터로서 그 규모가 방대하고, 생성 주기도 짧으며, 형태도 수치 데이터뿐 아니라 문자와 영상 데이터를 포함하는 대규모 데이터를 말한다. 최근의 빅데이터 환경은 과거에 비교하여 보았을 때 데이터의 양이 폭증했다는 점과 데이터의 종류도 다양해져 사람들의 행동은 물론 위치정보와 SNS를 통해 생각과 의견까지 분석하고 예측할 수 있다는 측면에서 다르다.

빅데이터는 산업혁명 시기의 석탄처럼, 디지털 경영에서 기업경쟁력 강화뿐만 아니라 생산성 향상을 위한 중요한 원천으로 활용되고 있다. 예를 들면, 구글의 자동번역 시스템, IBM의 슈퍼컴퓨터 왓슨, 아마존의 도서 추천 시스템 등은 방대한 고객 데이터를 분석하여 다양한 마케팅 활동을 수행하고 있는 대표적인 예라고 할 수 있다. 그 이외에도 이베이(eBay.com)는 고객의 소셜미디어 활동 내용을 분석하여, 기념일 등에 지인에게 선물할 제품을 추천하는 서비스를 시행 중에 있고, 포드 자동차는 500만대의 차량에 설치된 센서를 통해 운전자의 주행 습관뿐 아니라 주행 환경에 대한 데이터를 수집하여 운전자 형태를 분석하고, 이를 신차 개발에 반영하기 위하여 빅데이터를 활용하고 있다. 그러므로 빅데이터는 디지털경영의 경쟁력을 좌우하는 핵심적인 '자원'이기 때문에 이에 대한 정확한 이해는 물론 이를 효과적으로 활용하기 위한 빅데이터 활용 전략의 수립이 요구되고 있다.

결언

　최근 디지털경영의 가장 뚜렷한 특징은 경영과 정보통신기술의 상호작용성이 크게 강화되고 있다는 것이다. 최근에는 모바일과 유비쿼터스 컴퓨팅이라는 새로운 디지털 컴퓨팅의 활용이 확대되고 있다. 이러한 디지털경영 환경에 능동적으로 적응하지 못하는 국가와 기업은 도태되고 말 것이다. 역사가 말해 주듯이 새로운 시대적 변화에 적절하게 대응하지 못하고 기존 방식에 안주하는 개인과 조직은 새로운 혁신을 수용하는 집단에게 그 자리를 양보해야만 했다. 즉, 농업경영에서는 비옥한 농경지를 많이 확보하고 이를 효과적으로 활용한 국가가 세계의 중심 국가로 군림했으며, 산업경영에서는 제조기술을 주도한 국가가 번영하였고, 디지털경영에서는 컴퓨터와 통신, 그리고 빅데이터와 클라우드 컴퓨팅 등과 같은 디지털 컴퓨팅에 동시에 강한 국가와 기업만이 일류가 될 수 있다.

　인터넷고- 정보통신기술에 기반을 둔 디지털경영은 개인의 삶의 방식, 기업의 경영방식, 사회와 국가의 관계 등에 커다란 변화를 불러일으키고 있다. 이러한 새로운 변화의 물결은 개인과 기업, 그리고 국가 모두에게 새로운 도전과 응전을 요구하고 있다. 비록 산업화는 늦었지만 디지털 경영에서는 세계적인 선도 국가 중의 하나인 우리나라가 가까운 장래에 세계 5강의 국가로 성장하기 위해서는 디지털 경영에 관련된 이슈를 국가의 최우선 아젠다로 선정하여 개인, 기업, 공공조직에 적용하는 새로운 발상과 전략적 접근이 요구된다.

저자 약력

김창수 교수는 한국 중앙대학교에서 경영학 박사와 영국 런던정경대학교(LSE)에서 전자상거래 박사 학위를 취득하고, 현재 영남대학교 경영학부 교수로 재직 중이다. 2007년도에는 영국 런던대학교 객원교수, 2010년도에는 미국 Harvard Business School (HBS) 객원교수, 그리고 2012년도에는 미국 MIT의 Sloan School of Management에서 객원교수를 각각 역임하였다. 현재 사단법인 한국디지털경영학회 회장과 재단법인 한국디지털융합진흥원 이사장을 맡고 있다.

스마트워크 강국을 꿈꾸면서

한양대학교 **박승권** 교수 | sp2996@hanyang.ac.kr

    2013년 12월 초에 스위스 제네바에 소재하고 있는 UN의 특별기구인 ITU-T 표준화 회의를 최근에 다녀왔다. 표준화 기구는 국내에서도 분야별로 다 있는 것으로 알고 있다. 정보통신분야는 분당 서현동에 있는 TTA(정보통신기술협회)이다. 기술 표준은 법률은 아니지만, 민간사업자가 반드시 지켜야 하는 정부의 기술기준이 관련 표준을 채용하는 경우가 많으므로 상당히 중요하다.

    스위스는 프랑스, 독일, 이태리, 오스트리아 사이에 끼어 있다. 유럽의 초강대국들 사이에 끼어 있어, 어떻게 보면 항상 불안하기 짝이 없는 지리적 조건을 가지고 있다. 또한 인구도 800만 밖에 안 되고 약하기 짝이 없는 국방력을 가지고 있다. 그럼에도 불구하고, 이제까지 단 한 번도 다른 나라에게 공격당하지 않았고, 당연히 다른 나라를 공격해 본 적도 없다고 한다. 위키피디아를 찾아보니, 일인당 GDP가 4만 6천 불이라고 한다. 올해 한국의 개인당 GDP가 2만 4천 불이라고 하니 우리보다는 훨씬 잘 사는 나라임에 틀림없다.

정보통신분야의 국제 표준화 기구로서 ITU가 세계에서 규모가 가장 클 것이다. ITU는 ITU-R과 ITU-T로 분리되어 무선분야와 유선분야를 구분하여 표준화를 진행한다. 국내에서 필자는 2000년도 초, 국내 디지털케이블방송의 표준과 기술 기준을 총괄 관리했던 당시 정보통신부 산하 디지털케이블방송추진위원회 위원장을 4년간 역임한 적이 있어서 표준화 과정은 남다른 조예가 있다고 자부하고 있었다.

제네바에 처음 도착한 날은 이미 밤이 되어 공항에서 숙소인 Ibis Geneva 호텔로 택시를 타고 갔다. 공항에서 숙소까지 불과 15분 남짓 갔는데, 40 스위스 프랑이 나왔다. 1프랑이 1,200원이니까, 4만 8천 원이 나온 것이다. 아 역시 비싼 동네에 왔구나 하는 생각이 퍼뜩 났다. Ibis 호텔은 비지니스 호텔로 한국에도 선릉역 근처에 하나 있다. 미래부 연구비로 여행비를 감당하고 있었는데, 연구비로 책정된 호텔비로 잘 수 있는 ITU 근처의 적절한 호텔은 없었다. Ibis 호텔 방 크기는 화장실 포함해서 15㎡인데, 동경 Ibis 호텔보다 그래도 크다. 하루에 20만 원씩 내야하고 5일간 머물러야 한다. 그래도 다행인 것은 Ibis 호텔 안에서는 WiFi가 무료였고 대중 교통권을 무료로 주었다. 제네바시내의 모든 시내버스 및 기차가 그 대중 통행권으로 체류하는 동안은 무료로 자유롭게 다닐 수 있는 것이다. 아침식사는 별도이고 하루에 15프랑이라고 한다. 보통 음식점 점심이 20프랑 정도하는 것 같고, 잘 먹으려면 끝도 없겠지만 일반 식당에서 저녁은 40~50프랑 정도 드는 것 같았다. 보통 커피 한 잔이 2프랑 정도 한다. 맥도날드의 빅맥이 12프랑 정도 하는 것 같았다. Ibis 호텔 안에는 하다못해 커피 믹스 하나 없었다. 당연히 커피 Pot도 없었다. 머리 빗 하나도 없었다. 오로지 샤워와 세수할 때 한꺼번에 사용하는 비누와 화장지 밖에 없었다.

다음 날 아침식사를 하기 위하여 근처 식당에 찾아갔다. 보통 Cafe라고 하는 곳이 밤이면 술을 팔고 아침이면 간단한 식사를 팔았다. 내가 식당에 들어가니 아줌마 한분이 식사를 팔았다. 내가 스탠드바에 앉아 기다리니 나에게 프랑스말로 뭐라고 하는데, 내가 영어로 메뉴를 달라고 하니까, 한심하다는 듯이 뭐라고 하더니 가버리는 것이었다. 아 이럴 수가! 제네바 쪽 사람들은 프랑스어를 하는 것이었다. 그리고 일반 서민들은 영어를 모르는 것이다. 나중에 알았지만, 스위스에서 가장 큰 도시는 쥬리히이고, 수도는 베른이라고 한다. 그리고 스위스 사람들 대부분이 독어를 하고 제네바는 프랑스 접경지라 프랑스어를 하는 것이다. 스위스의 공식 언어는 독어, 프랑스어, 이태리어, 그리고 로만어라고 한다. 언어 경쟁력 면에서 정말 대단한 나라인 것이다. 하여간 나는 설마 하며 아줌마를 기다렸다. 10분쯤 지나도록 오지를 않는다. 내 옆에 앉아있던 50대 스위스 아저씨가 아줌마보고 왜 나에게 서비스를 하지 않느냐고 따지는 것 같았다. 그제야 아줌마가 나에게 왔다. 그래서 내가 아저씨가 먹고 있는 것을 손가락으로 가리키면서 Same 하니까, 그제야 웃으면서 가져왔다. 와 스위스에도 영어가 안 통할 수 있구나 황당해 하면서 식사를 마치고 나를 도와준 아저씨에게 고맙다는 인사를 하고 나왔다.

ITU 빌딩을 찾아 갔다. UN 본부 건너편에 있었다. 숙소에서 걸어서 15분정도 걸렸다. 물론 8번 버스가 있는데, 여행하다 보면 운동 부족이라 일부러 걸었다. 날씨가 꽤 춥다. 길거리에는 별로 사람이 없다. 프랑스와 스위스 사람들은 일반적으로 키가 크다. 그리고 비만인 사람을 거의 찾아볼 수가 없다. 미국에서는 "어떻게 저러고도 살아갈 수가 있지?" 할 정도의 한심한 비만인들을 흔히 찾아볼 수가 있는데, 적어도 프랑스와 스위스 사람들은 비만인 사람이 적을 뿐만 아니라, 와 날씬하다 할 정도의 사람을 흔히 찾아 볼 수가 있었다. 얼굴 생김새도 완전 백인도 있었지만 동양적인 인상을 가진 사람들도 많았다. 머리가 검은 사람이 흔히 보였고, 얼굴색도 백인치고는 약간 검은 사람도 많았다. 물론 흑인들도 간간히 보였다.

　ITU-T 본관 건물에 당도하였다. ITU 건물은 약 15층 정도의 건물로 그 근처에서는 제일 높은 건물이었다. 본관 건물로 들어가서 수위에게 SG(Study Group)-9 회의 때문에 왔다고 영어로 말하고 어디로 가야하느냐고 물었는데, 이 아저씨는 영어를 하긴 하는데, 거의 프랑스 어 풍으로 하니까, 둥굴둥글 알아듣기가 어려웠다. 찾아가라는 건물이름이 Montbrilliant 였는데, 몽브릴리옹 빌딩이라고 발음하니까 알아듣기가 어려웠다. 다시 본관건물에서 나와서 좀 헤매다가 몽브릴리옹 건물로 찾아 갔다. 건물은 큰데, 행사를 알리는 안내장이나 현수막도 없고, 사람들도 별로 보이지도 않고, 등불도 별로 안 켜져 있어서 컴컴해 보이고 도무지 여기서 국제적 회의가 있는 것 같지 않았다. 입구에 한 사람의 안내원이 있었다. 그리고 일반인은 들어갈 수 없도록 지하철 회전문 같은 시설이 되어 있었다. 안내원에게 어떻게 하면 들어갈 수가 있느냐고 하니까, 옆을 가리키면서 저기 있는 전화기를 들면 안내가 나오니 거기다가 얘기하면 사람이 나와서 안내해 줄 거라고 한다. 이런, 해리포터 영화 같은 얘기가 아닌가! 시키는 대로 전화를 드니, 또다시 불란서 말이 나왔다. 좀 기다렸더니, 그제야 영어가 나온다. 내가 어떻게 하면 건물로 들어갈 수가 있느냐고 하니 좀 기다리라고 해서 기다리니 사람이 하나 나왔다. 나의 이름을 묻고, 여권을 확인하고, 나의 사진을 찍더니 내 사진이 들어간 UN 건물 출입 신분증을 만들어 주었다. 이 신분증만 있으면 제네바 UN 건물은 어디나 들어 갈 수가 있었다. UN에서 사용하는 공식 언어는 6개라고 한다. 영어, 프랑스어, 스페인어, 러시아어, 중국어, 아랍어이고

Working 언어는 영어와 프랑스어라고 한다. 회의 언어는 영어 혹은 프랑스어를 선택할 수 있고, 6개 언어로 동시통역이 되고, 6개 언어로 모든 문서가 나온다고 한다. 일어도 독어도 공식 언어가 아닌데, 중국어가 이미 UN 공식 언어라고 한다. 한국어가 UN 공식 언어가 될 가능성은 미래에도 거의 없겠지 하고 생각하니까 서글퍼진다.

건물 내로 들어가서 엘리베이터를 타고 회의장에 들어가니, 아! 사람들이 바글바글 모여 있는 것이 아닌가? SG-9 본회의인데, 미국인이 의장이었다. 책상에는 국가명이 적힌 명패가 적혀 있었다. 한국은 프랑스어로 Coree여서 일본의 Japon보다 순서가 앞에 있어 일본대표단 앞좌석에 앉았다. 영어로 하면 Korea니까, 일본 뒤에 앉아야 하는 것이다. 거기서 한국의 ETRI 연구원 3분을 만났다. 무척 반가웠다. 본 회의에서는 SG-9 전체 회의 결정사항을 주로 다루었다. SG-9는 Broadband Cable and TV 분야를 다루는 Study Group이다. ITU-T에는 총 17개의 Study Group이 있다. 이번 기간 동안 ITU-R의 Study Group 일부와 ITU-T SG-9이 동시에 회의를 하는 것이다. 하루에 20개 정도의 회의가 이뤄지고 있었다. 외부에서 보면, 아무런 일도 없어 보이는 한적한 곳이었는데, 건물 안에서는 전 세계 대표단들이 모여, 각국의 치열한 기술경쟁 아니 전쟁을 하고 있는 것이었다. 각 회의장에는 이어폰이 모든 책상에 놓여있어, 누구도 소리치는 사람도 없었고, 이어폰 없이는 소리도 잘 안 들릴 정도로 조용했다. 모든 회의 자료는 ITU 홈페이지에 올라가 있었다. 모든 회의장 의장들은 홈페이지에 Log-In해서 회의 문서를 열고, 회의에 참여하는 대표들도 본인 노트북 컴퓨터로 동일한 홈페이지에 Log In해서 회의 자료를 공유하며 Beam Projector로 회의를 진행하고 있었다. 회의장에는 단지 ITU WiFi 접속 암호만을 알려주는 안내장이 있었고, 다른 어떠한 종이도 없었다. 그야말로 Paperless 회의였다.

아! 그런데 나는 ITU 홈페이지에 Log In 할 수가 없었다. 사용자 이름과 암호가 없는 것이다. 그래서 다시 ITU 홈페이지에서 사용자 이름과 암호를 등록하려고 하니, 한국의 미래부의 승인이 있어야 한다고 한다. 어차피 내가 미래부 한국 대표단으로 왔기 때문에, 승인을 해 줄 것이라고 생각했다. 그런데, 한국과 스위스의 시간차로 인해, 그 다음 날이 되어서야 승인이 났다. 승인이 나는 즉시, 나에게 해당 사용자 이름과 암호가 발급이 되어 이메일로 날아왔다. 이러한 등록과정에서 일체의 사람 접촉이 없이 이뤄진 것이다. 전화를 걸어 물어 볼 데도 없었다. 미래부 담당자에게 등록허용 여부를 묻는 이메일이 날아가서 미래부 담당자가 나를 이메일로 승인하는 순간, 바로 ITU는 사용자이름과 암호를 나에게 자동으로 발급하는 것이다. 나중에 생각해 보니, ITU는 사람을 최대한 줄이기 위하여 사람이 직접 접촉하는 것을 거의 없앤 것이다. 대부분 자동화되어 있었고, 꼭 필요한 곳은 사람이 앉아 있기 보다는 다른 일을 하고 있다가 전화를 하면 만나도록 되어 있는 것이었다. 안내장도 없고, 국내에서 흔히 쓰는 현수막도 없고, 회의 안내문서도 없이 오로지 홈페이지와 이메일로 이뤄지고, 등불도 전기를 아끼려고 컴컴하고, 사람도 꼭 필요한 곳 이외는 없기 때문에, 처음 온 나에게는 ITU회의장이 그토록 썰렁하게 보였던 것이다. 사실은 6년 전쯤인가에 ITU 전체회의에서 내가 한국의 케이블TV 기술 현황에 대해서 발표한 적이 있다. 그 때 나는 일반 표준 회의에는 가지 않았기 때문에 자세한 것을 파악할 수가 없었다.

그날 저녁 때는 시간차와 더불어 몸이 피곤해서 일찍 잤다. 눈을 뜨니 현지 시간으로 밤 1시 한국시간으로 아침 9시 정도였다. 일주일도 있지 않으니 구태여 시간 적응하기도 그렇고 해서 일어나 일을 좀 보다 다시 갔다. 내가 제출한 기술기고문에 대한 검토는 오후 2시 반에 있었다. 국제 표준화의 첫 번째 절차는 이러이러한 기술을 표준화하자고 기고문을 통하여 제안하는 것이다. 기고문을 작성해서 해당 SG로 보내면, 해당 SG의 Rapporteur라고 불리는 소의장들이 있는데, 이들이 모여서 제출된 기고문을 읽고 소회의에 기고문을 배정한다. 기고문 제출도 ITU홈페이지에 제출하게 되어 있다.

다음 날 회의가 오후 2시 30분에 잡혀 있어, 그 회의장에 갔다. Q1의 Rapporteur는 일본인이었다. 나는 회의장에서 미국서 교수생활을 6년이나 하였고, 한국에서도 영어 강의를 하니까 영어는 큰 문제없이 새로운 국제표준을 제안하는 기고문을 잘 발표를 하였다. 기고문을 발표하면 큰 문제없이 그 기고문이 받아들여질 것이라 예상했었다. 그런데, 중국대표단이 본국에서 유사한 것을 하고 있는 것 같으니, 다른 중국인을 만나보고 상의한 후에 결정하자고 한다. 일본인 Rapporteur도 그렇게 하라고 한다. 그래서 내가 그 중국친구를 본적도 없는데 어떻게 만나느냐고 했더니 사람들이 픽 웃고 대답도 없었다. 나로서는 기고문이 바로 Accept가 되지 않아 언짢아하고 있었는데, 이 짧은 체류기간 동안에 얼굴도 모르는 사람을 만나라고 하니 상당히 황당했다. 나중에 알았지만, ITU-T 회의에서 만나고자 하는 사람이 있으면, ITU-T 홈페이지에서 이름 탐색이 가능하고 바로 email과 연락처가 나온다. 그 중국인 핸드폰도 Roaming 해서 왔겠지만 국제 전화는 못하고, 그에게 email을 보냈다. 그랬더니 놀랍게도 10분도 안 되어서 email 연락이 왔다. 그래서 건물 내에서 생전 처음 만나는 사람을 만날 수 있었다. 거기에 참석하고 있는 모든 사람들은 수시로 email을 확인하고 있는 것이었다.

이렇게 해서 중국인들을 3사람이나 연거푸 만나서 내가 제출한 표준안을 설명해 주었다. 물론 하루 종일이 걸렸지만 말이다. 이렇게 하여 마지막 회의에서는 중국대표가 큰 문제를 제기하지 않았다. 6년 전에 내가 ITU-T에 왔을 때만해도 중국인을 찾아 볼 수가 없었다. 이제는 ITU-T 빌딩 내에서 중국인을 흔히 볼 수 있다. 중국 국력의 신장을 느낄 수가 있었다. 이제 중국인들이 반대하는 한 국제 표준도 처리하기가 어려워진 것이다. 중국대표단을 살펴보니까, 전면에는 중국 공무원들이 회의에 대표로 참석하고 후방에는 중국 업체, 예를 들자면 후아웨이나 ZTE같은 통신 장비 업체의 직원들이 나와 있었다. 한국은 정보통신 강국이라고는 하지만 중계기나 기지국, 그리고 핸드폰을 제외하고, 통신망 장비는 거의 만들지 않는다. 중국이 통신망 장비의 세계 Market Share 70%를 이미 가져갔다. 이러니 중국의 존재가 클 수밖에 없는 것이다.

모든 회의록은 Rapporteur가 회의장에서 직접 작성하여 참석자들과 공유하고, 바로 ITU-T 홈페이지에 올라간다. 회의 참석자는 그 회의록을 바로 홈페이지에 접속해서 볼 수가 있다. 다시 말해서 종이를 아예 쓰지 않는 것이다. 회의에 참석하지 못하는 다른 나라에서도 필요할 경우, ITU-T 홈페이지에 들어와서 가상회의 형태로 회의에 참석할 수 있다. Rapporteur가 발언하는 모습을 다 볼 수 있는 것이다. 중형 이상의 회의에서는 모든 발언자의 모습을 인터넷으로 보여 준다. 이미 Smart Work 형태로 일하고 있는 것이다.

언제 어디서나 정보통신 기술을 이용하여 실지로 회사에서 일하고 있는 것처럼 느끼면서 작업효율을 떨어뜨리지 않는 것이 Smart Work의 기본 정신이다. Smart Work가 본격적으로 도입이 된다면 매일 출근을 하지 않아도 되고, 회사 내 사용 공간도 줄어들 것이고, 출퇴근 때문에 고생하지 않아도 되고, 그러므로 교통체증도 줄어들고, 따라서 에너지 소비도 줄어들 것이고, 여성이나 장애인들도 일하기가 편해지는 등, 단점보다는 장점이 훨씬 많다. 다 그런 것은 아니겠지만, 상당히 많은 국내기업들이 새벽에 출근하여 밤에 집에 들어오는 것이 현실이다. 이러한 생활을 오래하면 일과 인생 즉 Work and Life의 균형이 참 어려운 경우가 많다. 내가 알고 있는 삼성전자의 임원은 영식이가 많다고 들었다. 집에서 단 한 끼의 밥도 못 먹는 것이다. 그러나 Smart Work를 도입한다면 출퇴근 시간도 줄이고, 가정일도 어느 정도 신경 쓸 수 있어서 Work and Life 균형을 잡기가 쉬워질 것으로 보인다.

미국 Pittsburgh에 10년 전쯤에 안식년으로 내가 일 년간 체류한 적이 있었다. 그 때 내가 사는 동네에 한국인 2세로 Pittsburgh 대학의 영상의학과 의사가 한 분 계셨는데, 병원에는 1주일에 하루 간다고 들었다. 집에서 X-Ray나 초음파, MRI, CT 영상을 인터넷으로 수신하여 판독하여 병원으로 소견서를 보내면 되는 것이다. 연봉은 20만불 정도 받는다고 들었다. 이렇게 당연히 집에서 할 수 있는 일도 국내에서는 집에서 일한다는 얘기를 들어 본 적이 없다. 유럽에서는 EU 연합을 통해서 EU에 속해 있는 나라 간에는 취업이 자유롭다. 취업을 다른 나라에서 하는 것이 일상화되어 있고, 그러다 보면 일을 반드시 회사에서 해야 하는 경우가 아니면 Smart Work 형태로 모국에서 하는 것이 일상화 되어 있다. 스위스 ITU-T의 최근 경험에서처럼, 반드시 혼장에 있을 필요가 없는 것이다.

이러한 Smart Work 도입을 국내에 촉진하기 위하여 Smart Work 포럼이 2010년 12월에 발족되어 3년째 일하고 있는데, 국내 민간 도입 및 활성화가 쉽지 않다. 2010년 말 당시 정보통신부와 행정안정부가 협력하여 만든 포럼이다. 정보통신부는 민간 활성화 그리고 행정안전부는 공공기관의 활성화의 임무를 가지고 있었다. 나는 Smart Work 포럼의 운영위원장을 그 때부터 지금까지 맡고 있다. 의장은 현재 KT의 김 홍진 사장님이 맡고 있다. 그나마 다행인 것은 공무원의 Smart Work 도입은 상당히 늘어나고 있는 것 같다. 특히 정부 부처가 세종시로 분리되어 공무원들이 서울과 세종시 사이를 왕복하면서 근무해야 하는 상황이 되다보니, Smart Work 센터 활용이 빠른 속도로 늘어나고 있다.

회사 경영주는 직원이 회사에 나와 있는 게 좋고, 마음대로 얼굴을 보면서 언제든지 보고 받고, 일하는 것을 눈으로 확인할 수가 있기 때문에 Smart Work 도입에 대해서는 아직 미온적이다. 이러한 민간도입의 애로 사항은 Smart Work를 한다고 해서 인건비가 줄어들지 않으므로, 회사주 입장에서는 특별히 Smart Work를 도입해야 한다는 강한 확신이 없는 것이다.

그런데 이번 스위스 방문으로 스위스에서는 적어도 ITU-T에서는 Smart Work에 우리보다 더 가까이 간 것이 아닌가. 사람 접촉을 최대한 줄이고, 종이가 없고, 모든 서류가 인터넷에 올라가 있고, 원격 화상회의로 참여할 수 있었다. 다시 말해 Smart Work가 필요하다면 누구든지 할 수가 있게 되어 있는 것이다. 한국은 아직도 법률적인 문제뿐만 아니라, 정부 주무부처도 정해져 있지 않다. 미래부를 예를 들자면, 미래부가 아직도 Smart Work 주무 부처라고 법률에 정해져 있지 않기 때문에 Smart Work 진흥 예산을 편성할 수가 없다고 한다.

한국에 귀국하여 온통 문서로 가득한 나의 방에 들어오니 답답했다. 오자마자 대학에서 귀국보고서를 제출하라고 하여 보고서를 작성하여 학부 사무실로 전해 주었다. 한숨이 나왔다. 사실 한국이 정보통신강국이라고 하지만, 그리고 중진국 대열에 서있으면서 선진국으로의 발돋움을 하고 있는 상황에서, 일하는 방식은 옛날과 똑같고, 인터넷 활용면에서 OECD 국가 중에서 최하위라고 한다. 이제는 혁신을 해야 한다. 얼굴을 봐야하는 대면 문화를 버려야 하고, 문서가 있어야 한다는 사고방식도 버려야 할 것이다. 일하는 방식을 선진국화해야 한다. 그래야만 한국이 선진국 대열에 들어갈 수가 있을 것이다.

Smart Work 도입은 일하는 문화를 바꿔야 하므로, 우리의 기본 문화 중의 하나를 변경해야 하는 것과 같다. 매일 쌀밥 먹다가 햄버거를 매일 먹으라고 하면 엄청 고통스러울 것이다. 이와 같이 Smart Work를 도입하려면 새마을 운동과 같은 의식개혁을 해야 하는 것이다. 한국이 정보통신 강국인데, 정보통신을 이용해서 학생들이 게임이나 하고 야한 동영상이나 다운 받아 본다면 정보통신강국인 것이 오히려 독이 될 수 있는 것이다. 정보통신을 이용한 일하는 방식의 변경으로 우리나라의 고질적 문제, 즉 도시 인구집중, 환경, 남녀평등, 에너지, 그리고 부동산 문제들을 많이 해소할 수 있다. 그러나 전통적 습관 때문에 변경하는 것을 거부하고 있는 것이다. 그럼에도 불구하고 KT, 유한킴벌리, 포스코 및 SDS 등이 국내에서는 Smart Work를 열심히 도입하고 있다고 들었다.

신정부는 2013년 초부터 미래창조를 하겠다는 Catch Phrase를 내밀었다. 그리고 신정부 10대 공약 중에, 첫 번째로 Smart Work가 들어 있다. 그러나 아직 관련법 하나 통과시키지 못하고 있다. 의식 혁신을 위한 노력이 아직 많이 부족해 보인다. 가능하다면 스마트워크를 특정부처가 전담하게 하지 말고, 총리실 수준에서 전담하게 해야 할 것이다. 왜냐하면 Smart Work 도입은 모든 부처에서 다 추진해야 하는 것이다. 고용노동부, 여성부, 미래부, 물론 행안부, 직간접적으로 관련 되지 않은 부처가 없는 것이다. 하루 빨리, 신정부의 공약대로, Smart Work 도입을 추진했으면 하고, 총리실내에 도입 추진체를 구성했으면 한다. 스마트워크 강국이 된 대한민국은, 가정에 행복이 가득하고, 공기가 깨끗하고, 도심에 집중하지도 않으면서, 생산성은 높고, 출산율도 올라가고, 교통체증도 없는 이상적인 국가가 될 것이다. 이러한 멋있는 나라를 만들기 위하여 정부가 정말 크게 노력해 주었으면 한다.

'정보통신'이라는 용어, 대한민국에서 세계 최초

통일IT포럼 회장 **석호익** | 한국전자통신연구원 초빙연구위원

지금 우리나라는 정보통신 일등국가, IT 강국 코리아라고 불린다. 우리나라가 눈부신 속도로 선진국의 대열에 진입하는 데는 6, 70십년 대의 압축 성장을 비롯해서 한강의 기적 등 수많은 원인들이 있겠지만 정보통신의 발전도 그 동인의 하나임은 아무도 부정하지 못할 것이다.

나는 정보통신 불모지였던 우리나라가 정보통신의 첫 삽을 뜨기 시작한 80년대부터 오늘날의 'IT강국코리아'가 되어가던 지금까지 그 역사의 현장, 최일선에 있었다. 내가 행정고시를 합격한 후 첫 발령을 받은 곳은 체신부였는데 산업사회였던 당시에 권력과 금력에서 비껴있던 체신부는 정부부처 중 힘없는 부처로 분류되어 있었다. 그 체신부가 오늘날 IT 강국의 씨앗을 잉태하고 있었음을 당시는 아무도 상상조차 하지 못했다.

체신부에 들어가 정보통신의 출발점에 서 있던 나에게는 그 중에서도 중요한 일을 할 수 있는 기회가 남달리 많이 주어졌던 편이다. 그러다보니 어렵고 힘든 난관도 남들보다 많이 겪어야했다. 한 단계 올라서려면 기존 상식을 깨어야 할 때도 있었지만 그만큼 강한 저항도 온몸으로 감당

해내야 했다.

나의 좌우명은 我와 非我의 일치이다. 내 삶의 마지막 순간 我와 非我를 일치시키고자 최소한의 노력은 했다고 내 자신에게만은 말할 수 있어야한다는 것이다. 어떠한 모함이나 외부의 압력이 있어도 나 자신에게만은 떳떳하기 위해 나를 굽히지 않으려 노력했고 나의 진심을 알아주는 많은 사람들은 나를 지지해주었다. 그러나 피하지 않는 만큼 정면으로 바람을 맞을 수밖에 없었기에 역경도 많았고 복지부동하지 못했던 나의 공직생활은 평탄한 편은 아니었다. 하지만 공직자들이라면 누구나 국민과 국가를 위해 도움이 되고 싶어 할 것이고 오늘날 우리나라 정보통신 발전에 중요한 역할을 맡을 수 있었던 나는 운이 좋은 공직자였다고 생각한다.

80년대에는 우리나라만이 아니라 세계적으로도 정보통신의 개념이 정립되어 있지 않았고 일제 강점기와 한국전쟁 등을 거치며 산업화에 늦어버린 우리나라는 그 중에도 후진국으로 분류되던 상황이었다. 그때 나는 '산업화는 늦었지만 정보화는 앞장서자'라는 주장을 하였고 이후 그것은 김영삼, 김대중 정권에 걸쳐 캐치프레이즈가 되어 정보통신 분야만은 다른 나라보다 한 발 앞서 시작하는데 한 역할을 할 수 있었다.

정보통신의 출발선에 서 있을 때 나는 우리나라는 물론 세계에서도 최초라는 기록을 세운 것들이 몇 가지 있다.

먼저 정보통신이라는 용어를 세계 최초로 만들었다. 지금은 상식처럼 된 용어 '정보통신'이나 'IT'이지만 80년 대 초까지만 해도 용어는 고사하고 세계적으로 그런 개념조차 없었다. 그 용어가 세계에서 최초로 나온 곳이 바로 대한민국 체신부에서 제정한 '전기통신법'인데 나는 그 법의 초안을 입안했다.

전두환 대통령의 연두기자회견이 예정되어 있었던 1982년 새해 초, 우리 체신부에서는 앞으로의 통신정책방향을 제시하게 되는 연두기자회견 내용에 처음으로 '데이터 통신'의 중요성을 기자회견내용에 넣었다. 인터넷이 생활화된 지금의 눈으로 보면 당연해 보이겠지만, 당시 컴퓨터는 '전자계산기'라는 이름으로 불리던 지금의 기능 중 일부만을 수행할 수 있는 단순한 기기였으므로 컴퓨터와 통신을 결합한다는 '데이터 통신'은 당시로는 매우 생소한 개념이었다.

그러나 대통령이 한 연두기자회견에 '데이터통신'의 중요성에 대한 이야기는 빠지고 말았다. '데이터 통신'이라는 용어대신 '자료통신'이라는 용어를 썼기 때문일 수 있었다. 당시는 공식문서에 특별한 경우가 아니면 외래어를 쓰지 않는 것이 원칙이었다. 그래서 데이터를 한국어로 직역하여 '자료통신'이라는 어설픈 용어를 쓴 것이었다. 대통령 회견 작성자들의 입장에서 볼 때 그들이 '자료통신'이라는 이름에서 어떤 미래 비전적 가치를 느꼈겠는가.

정책을 정확하게 전달할 수 있는 용어의 필요성을 절감한 순간이었다.

그 해 1982년은 한국전기통신공사가 분리되고 체신부는 통신정책의 총책을 담당하고 전신전화 업무 같은 통신사업은 한국통신이 맡기로 되었던 중요한 해였다. 그동안 없던 새로운 기구가 탄생되었으므로 그 분리작업이 쉬운 일은 아니었는데 당면 문제는 법의 재정비였다. 기존에 '전기통신법'이 있지만 전기통신관리주체가 체신부라는 정책부서와 한국전기통신공사라는 사업부서로 분리되면서, 여건 변화에 따른 문제점과, 국가통신자원의 종합관리 및 조정 근거가 미흡한 것으로 드러났다. 따라서 체신부의 정책기능을 강화하고 체계적인 통신 발전을 유도할 수 있도록 이 법을 새로 개정할 필요가 생겼던 것이다.

그런데 그 법을 재정비해야하는 중요한 임구가 신입 사무관 3년 차, 당시 제도담당사무관이었던 내게 떨어졌다.

그리하여 1982년 3월 우리국은 실무 추진을 위해 '법률개정 전담팀'을 설치하여 전면개편 작업을 착수하였는데 삼십대 초반이던 나는 전담팀장이지만 가장 젊었고 나보다 더 나이 많은 사무관들과 현업에서 파견 나온 사람과 대학교수 등 5명도 전담팀에 배치되었다.

그날부터 나는 거의 밤을 새다시피 일에 매달렸다. 당시만 해도 통금이 있던 때라 자칫 늦어지면 집으로 갈 수가 없어 아예 여관으로 자리를 옮겨 일을 계속했으니 말 그대로 밤을 새울 수밖에 없었다.

그런데 일을 시작하면서 부딪친 문제는 앞에서와 같은 용어문제였다. 세계 최초로 시작한 일이라 이 작업에 마땅한 용어가 없었던 것이다. 가장 유사한 것으로는 앞에서 말한 바와 같은 '데이터 통신'이 있었지만 그것도 영어라는 문제만이 아니라 우리가 앞으로 지향하고자 하는 미래사업적인 사업에 적합한 용어는 아니었다.

법을 제정하는 과정 중에 나는 마땅한 용어부터 찾아야한다는 생각을 하였다. 단순한 용어만의 문제가 아니라 앞으로 수행될 모든 정책의 기초이며 미래를 내다 볼 수 있는 용어라야 했으므로 신중하게 결정해야 했다. 수많은 용어가 후보군에 들었다가 사라지길 여러 차례, 마침내 내린 결론은 '정보'와 '통신'의 결합이었다.

마침내 '정보통신'이라는 용어가 탄생하는 순간이었다.

그러나 이 말은 많은 반대에 부딪쳤다. '정보'라는 말 때문이었다. 이미 '정보'라는 용어를 사용하고 있는 정부 부서가 있었는데 바로 중앙정보부였다. 당시는 군사정권시절이었고 중앙정보부가 가지는 힘은 막강했다. 그러다보니 중앙정보부 이외에는 '정보'라는 단어를 쓰는 것 자체가 무의식적으로 금기시 되어 있었던 것이다.

그러나 나는 굽히지 않고 주장의 타당성을 다른 사람들에게 설득시키기 위해 데이터(Data)와 정보(Information), 지식(Knowledge)을 구분하여 이론화하기도 했다.

'데이터는 일반적으로 있는 그대로 흩어진 자료나 현상이고 지식은 1+1=2나 태양은 동쪽에서 떠서 서쪽으로 진다처럼 모든 사람들에게 일반화된 보편타당한 정보이고 이론 체계이며, 정보는 증권시세정보처럼 필요치 않는 사람에게는 무의미한 자료이지만 필요한 사람에게는 매우 중요하므로 특정인에게 의미 있게 가공한 자료(data)이다.'라고 설명하였다.

그리고 정보통신에서 정보란 Information이고 중앙정보부의 정보는 엄밀한 의미로는 첩보(Intelligence)인데 첩보부라는 것은 어감도 좋지 않고 정부 부처로 사용하기에는 부적절하므로 순화시켜 중앙정보부로 한 것이라고 하며 정보통신의 '정보(information)'는 중앙정보부의 '정보(intelligence)'와는 분명히 다른 의미라고 설득했다. 반대는 있었지만 미래를 내다보면 '정보'라는 용어만은 절대 양보할 수가 없었다. 그것은 앞으로 이 사업이 나아가야 할 방향인 것이다.

이론화까지 하여 정립한 나의 주장은 마침내 받아 들여졌다. 1982년 전기통신 기본법에 '정보통신'이란 용어가 처음으로 사용되었고 1983년 법이 통과되면서 '정보통신'이라는 용어가 세계 최초로 탄생 된 것이다.

지금 정보통신의 유엔(UN) 공식 용어는 ICT이다. 1996년도에 유엔, 정확히는 국제전기통신연합 (ITU)에 우리나라는 정보통신에 대한 보고서를 제출하기로 했다. 나는 처음에는 '정보통신'이라는 말을 그대로 번역하여 Information Communication 으로 했다. 그런 후 영어에 능숙한 분에게 자문을 구했더니 콩글리시라서 영·미인들은 무슨 뜻인지 모를 거라고 했다. 그래서 영어식으로 만들어진 단어가 ICT (Information & Communication Technology)이다. 그때까지 정보통신에 대한 국제적 용어는 없었으므로 우리나라의 '정보통신'을 번역한 'ICT'가 그대로 유엔의 공식용어가 된 것이다.

이렇게 '정보통신'이라는 새로운 용어가 만들어지는 한 편에서는 「전기통신법」 개편 작업도 급물살을 타고 있었다.

우리나라 전기통신에 관한 법령은 1885년 전신업무가 개시된 이후 일제 강점기시절의 일본법령과, 해방 후 의용법의 적용을 받아오다가 1961년 전기통신법이 제정된 후 비로소 체계를 갖추게 된 것이었다. 이 법은 일본법을 거의 그대로 모방한 수준이어서 조문규정은 물론 용어도 일본어를 그대로 옮겨다놓은 부분이 많았다. 그래서 무슨 뜻인지 알기가 어려운 경우도 많았다. 이를테면 "~에 이용하기 위하여"를 '용(用)에 공(公)하기 위해' 같은 식이었다.

법령개편작업을 위해 일본은 물론 미국, 불란서 등 선진국의 법들도 번역해서 참고하였는데 미국 법을 번역한 경우는 더 난해했다. 영어에는 능통하지만 전기통신에 대한 전문적 지식까지 갖추지는 못한 사람이 번역한 것이어서 이해하기 힘든 번역이 많았다. 이를테면 '커먼 케리어 (common carrier)' 같은 것은 우리식으로 하자면 '기간통신사업자' 인데 그대로 직역을 해서 '보통 중계업자'로 되어있었다. 그래서 영어가 짧은 나도 어떤 건 영어와 같이 봐야 무슨 말인지 이해되곤 했다.

정책부서와 사업부서가 나눠진 만큼 전기통신법도 '전기통신기본법'과 '공중전기통신사업법'으로 분리 개편해야했다.

이때 '기본법'은 국민과 정부에 대한 관계를 규율하도록 하는데, 국민이란 일반 이용자인 국민과 통신사업자 제조업체 등을 포함한 업계 등의 사람, 또 언론 사회단체 등 모든 국민들을 포괄하는 의미이다. 그리고 '사업법'은 통신사업자와 이용자와의 관계를 규율하는 법으로 원칙을 정했다. 그런데 이렇게 선을 분명히 그을 수 없는 것도 있어서 논의를 거치기도 했는데 예를 들면 '자가통신' 같은 것이 그것이었다.

자가통신이란 통신사업자가 일반이용자에게 보급 하는 공중통신과 달리 자기가 건설해 자기가 쓰는 것을 말하는데 이 자가통신은 사업자와 이용자 간의 관계라기보다 광의의 정부와 국민의 관계로 규정해서 기본법에 넣기로 최종적으로 결정 했다.

분리 개편이라고 하나 사실상 새로운 법을 만드는 것과 같았으므로 일본, 미국, 유럽 등 많은 나라의 법을 번역하여 참고로 했으나 나를 비롯한 우리 작업반에서 견지한 기본 원칙은 우리나라 실정에 맞는 법이었다. 그러기 위해 나는 우리나라에 있는 기본법이라고 있는 것은 거의 다 보다시피 했다.

이를테면 정보통신과는 아무 상관도 없는 '농업 기본법'과 상공부의 '기계공업육성법'과 '전자공업육성법' 같은 것들도 모두 참고로 한 법들이었다. 그래서 법의 보편적 기준도 지키며 정보통신이라는 특수성과 우리나라 고유성까지 반영하여 실현 가능하고 미래지향적인 법을 만들려고 노력했다.

전기통신기본법 초안에는 이전에 전 세계 어느 나라에도 없는 획기적인 조문을 많이 포함시켰다. 대표적인 것이 '체신부장관은 정보화 사회를 대비한 시책을 강구해야한다. 그렇게 하기 위해 필요한 경우에는 이 법의 다른 규정은 준수하지 않아도 된다'는 법률 부칙이었다. 당시에는 상상하기도 어려운 법조문이었으므로 이 규정은 타부서는 물론 체신부 내에서조차 장관에게 너무 많은 재량권을 준다는 점에서 법률상식에도 어긋난다며 많은 반대가 있었다.

나는 일반적인 법 상식을 깨는 이런 규정이 왜 필요한지를 이해시키기 위해 단말기 자급제, 국가 기간 통신망 통합 등, 정보통신의 기술과 환경은 급격한 속도로 변하고 있는데 법이 뒤따라가지를 못하고 있는 많은 부분에 대해 설명하였다.

"기술발전과 사회변동의 속도에 따라 능동적으로 대처하지 못하면 통신은 물론 다른 분야에서도 선진국을 이룩할 수 없습니다. 통상 2년 이상 소요되는 법률 개정이 걸림돌이 되어 적기를 놓치게 됩니다."

그리고 장관에게 많은 재량권을 주는 것에 대한 우려에 대해서도 설득하였다.

"재량권에 대한 문제는 국민의 권익을 해칠 위험이 있을 때 하는 염려가 아닙니까. 하지만 이것은 정치적 문제와 상관없는 것이므로 그런 것과는 성격이 다릅니다. 그 재량권을 줌으로써 오히려 국가 발전과 국민의 편익을 증진할 수 있을 겁니다."

또한 이 법에는 전기통신 기본계획을 수립토록 체신부 장관에게 의무와 책임을 부여하고 기본 계획에는 서비스 발전 계획법뿐만 아니라 기술개발 및 표준화, 인력향상, 통신기밀 및 부품육성, 산업단지 육성, 수출 및 금융지원 등, 정보화 사회 진전과 정보통신산업육성 등을 위한 조문도 총망라해 규정되어 있었다.

마침내 우리의 주장이 받아들여져 이법은 관계부처, 특히 상공부의 동의까지 얻어내는데 성공하였다. 그리하여 내가 처음 내놓은 초안 그대로 거의 통과될 뻔 했는데 상공부의 반대로 마지막 통과할 때는 산업단지조성, 수출지원등 몇 가지 조항들은 빠져 버리고 말았지만 당시 우리가 만든 초안의 90퍼센트는 반영되었다.

안타깝게도 그 초안은 우리나라에서는 기록을 찾아 볼 수 없다. 하지만 일본에 가면 아마 그 자료가 남아 있을 것으로 생각된다. 당시 이 법은 일본 우정국에서도 지대한 관심을 가지고 있었고 법률 초안과 내용이 바뀔 때마다 일본 대사관과 일본 NTT의 한국지사에 의해 일본으로 보내지곤 했다.

새로 만든 '전기통신기본법'과 '공중전기통신사업법' 법안을 본 일본 우정성에서 일본법을 베꼈던 한국이 자기들보다 더 앞선 뛰어난 법을 만들었다면서 매우 놀라워했다. 그래서 법안 초안을 가지고 갔던 것이다. 일본은 자료를 쉽게 버리지 않고 기록 보관을 잘하는 나라이니 당시의 기록도 잘 보관되어 있을 것으로 믿는다.

그렇게 해서 국회의 의결을 거쳐 마침내 1983년 12월 새로운 '전기통신기본법'과 전기통신사업법이 제정되었다.

이렇게 만들어진 전기통신기본법과 사업법에는 「정보통신」이란 용어를 처음으로 사용했다는 의의도 크지만 아울러 정부와 이용자, 사업자, 업계, 학계 등과 국민과의 관계를 규율하는 사항과, 종합적인 통신정책을 수립하기 위한 기본적이고 종합적인 사항과, 국가통신자원의 통합관리에 관한 사항이 규정되었다는 데도 그 중요성이 있다.

또한 정보화 사회를 위한 기본계획의 수립, 통신 산업육성과 기술진흥 등을 규정함으로써 후일 우리나라를 '정보통신 일등국가', 'IT 강국 코리아(Korea)'를 만든 초석의 역할을 톡톡히 해낼 수 있었다.

실제 전 세계 어떤 전기통신 관련 법령에도 정부가 정보화시대를 대비한 시책을 강구하고, 산업육성과 기술진흥을 해야 한다는 조항을 규정한 것은 우리나라 외엔 없었고 이 또한 내가 세계 최초로 한 것이다. 그때 만든 공중 전기통신사업법은 전기통신사업자와 이용자의 관계를 규율하는 규정, 즉 공중 전기통신 서비스의 이용관계에 관한 사항을 규정함으로써 한국전기통신공사 이외에도 공중전기통신사업을 경영할 수 있는 길을 열어 두었고 발전하는 통신환경에서 전문성과 능률성을 발휘할 수 있도록 한 것이다.

그리고 또 다른 내가 한 세계 최초의 일로는 전파법에 주파수 할당 대가를 정통부 장관이 받도록 하고 세계 최초로 일반회계가 아닌 '정보화촉진기금'으로 편입토록 규정한 것이 있다.

세계 다른 나라는 주파수를 할당한 대가를 일반적으로 일반 재정 수입으로 편입하게 되어 있다. 그러나 이와 달리 우리나라에서 이렇게 확보한 '정보화촉진기금'은 우리나라가 정보통신 강국이 되는데 원동력이 된 중요한 기금이 되었다.

아무것도 없던 무에서 출발하여 눈부신 발전을 한 지금까지 정보통신의 역사를 같이 한 나는 정보통신에 대한 애정이 그 어느 누구에게 뒤지지 않을 것이라 생각한다. 나는 이후에도 이 '정보화촉진기금'을 비롯한 우리나라 통신 산업을 지키기 위해 끊임없이 노력을 하였다. 하지만 정치적 환경이 계속 바뀌면서 입장을 달리하는 이들도 있을 수밖에 없었다. 그리하여 스스로 정보통신의 지킴이를 자처한 나의 공직생활은 평탄할 수가 없었다. 제일선에 서서 개혁적으로 일을 추진한 이유로 정권이 바뀔 때마다 대검중수부등 여러 수사기관의 조사를 받기도 했다. 결과적으로 보면 나쁜 것만은 아니었다. 그 바람에 내가 일을 해나가는 과정에 어떠한 이해관계도 개입된 것이 없고 오로지 정보통신 발전에만 바치고자한 나의 애정이 밝혀져 나를 조사한 사람들에게 오히려 신뢰와 존경을 얻게 되는 계기가 되기도 했다.

심지어 나의 강의가 미래를 내다보는 좋은 강의로 알려져 여러 곳에서 강의하던 중에 누군가가 본 내용은 의도적으로 모두 빼고 책에서 인용한 어귀에서 달랑 한 단어만 빼내 본뜻을 왜곡하여, 인격 살해를 시도하는 일까지 생겨났다. 인터넷에서는 강의 내용이 무엇인지 알기보다 누군가가 의도적으로 만든 비난으로 넘쳐났다. 내가 지키고 봉사해왔던 국민들로부터 받는 오해는 그 어떤 고비보다 참아 넘기기가 힘들었고, 또 어떤 경우에도 소신을 잃지 않으려 했던 나의 의지는 그보다 더 큰 어려움에 부딪힌 적이 없었다.

나는 지금까지 한 번도 쉬운 길을 걷지 못했다. 거칠고 힘든 길이었지만 그것은 나 스스로 선택한 길이었다. 그러므로 내 삶이 다하는 날까지 정보통신을 지키며 키워나가는데 바쳐야겠다는 생각은 결코 변하지 않을 것이다

한국지식정보관리공사의 필요성

세계상생정치포럼 대표 **손종익** | 한국지식정보관리공사 설립추진위원회 수석부위원장

취지 및 목적

20세기까지 아날로그시대였다면 21세기는 디지털시대입니다. 디지털시대, 스마트시대, 정보화시대를 맞이하여 인터넷 보급과 스마트폰 보급 1위, IT 강국인 대한민국이 디지털시대의 선두국가가 되어야 합니다. 중산층을 70%로 만들기 위해서는 정보화뉴딜정책으로 전자도서관을 빨리 설립해야 합니다. 이미 구글, 아마존 애플 등 세계적인 IT 회사들이 책 2천만권을 디지털화하여 전자책 시장을 이끌고 있습니다.(2013년 글로벌 IT 업계인 애플, 구글, 페이스북이 경쟁적으로 실리콘밸리에 초대형 사옥을 마련하고 있다. 구글은 실리콘밸리 마운틴뷰 지역 5만 2000평, 애플은 21만 5000평, 페이스북은 멘로 파크 지역에 있는 본사에 추가로 건설.)

박근혜 정부 국정 비전인 국민 행복, 희망의 새 시대를 열고 국정목표(1.일자리 중심의 창조경제 2.맞춤형 고용, 복지 3.창의와 교육과 문화가 있는 삶 4.안전과 통합의 사회 5.행복한 통일시대 기반 구축)를 달성하기 위해서는 IT 강국인 대한민국에서도 교육 도시인 대구 동구 혁신도시 또는 경제자유구

역인 수성의료지구에 한국지식정보관리공사를 설립해야 합니다.

대통령께서 안거낙업이라는 말씀을 하셨는데 그 말씀을 실천할 수 있는 길은 한국지식정보관리공사를 정부(중앙정부와 지방정부)와 민간 자본을 공동출자하여 설립해야 합니다. 세계 최대 전자도서관을 건립한 후 국공립 도서관에 있는 우리나라 역대 모든 역사책 자료를 디지털화하는 길 외에는 안거낙업할 수 있는 길이 없을 것이라 생각됩니다.

창조경제를 통해 경제 활성화, 일자리 창출, 생산적인 복지를 할 수 있으며 또한 전 국민 일자리 70% 달성을 이룩할 수 있다고 생각합니다.

박근혜 정부 복지재원 135조 원을 증세 없이 할 수 있는 방법은 전자화폐로 화폐 개혁하여 지하경제를 양성화하는 것입니다(증세 없이 재원 마련. 소득공제 20% 줄여도 연간 5조 원 세수 확보. 박근혜 정부에서는 예산을 절감하고 세출구조를 조정해 71조 원을 절약하고, 복지행정과 공공부문을 개혁해 16조 원을 개선하고, 지하경제를 양성화해 28조 5천억 원을 거두고, 불필요한 비과세감면을 없애 15조 원을 아낌. 금융소득 과세를 강화해 4조 5천억 원을 징수해 135조 원 확보).

대구시 경제자유구역인 수성의료지구에 IT 융·복합클러스터를 조성하여 이곳에 공사를 설립할 수 있으며 또한 예산도 1,000억 원을 확보한 상태라고 알고 있습니다. 부족한 예산은 미래창조과학부로부터 예산을 확보할 계획입니다.(박근혜 대통령의 대구지역 8대 공약에 포함된 'SW 융합산업 클러스터 조성사업'은 2013년부터 추진되었다. 경제자유구역인 대구 수성의료지구에 들어서는 SW융합산업 클러스터는 '신산업창출을 위한 SW융합기술고도화사업'이란 이름으로 2012년 정부 예비타당성조사를 통과했다. 이 사업은 2017년까지 5년간 총 997억 원이 투입되는 대형 국책프로젝트로, SW융합산업 클러스터가 추진되는 수성의료지구 내 SW 융합기술지원센터 건립을 비롯해 테스트베드 구축, 기술개발, 기업 지원서비스 등을 골자로 하고 있다. SW융합기술고도화사업이 선정될 수 있었던 것은 대구가 자동차와 조선, 기계, 전자 등 핵심국가산업 중심에 있어 IT·SW산업 융합에 유리하고, 수도권을 제외하면 전국적으로 가장 우수한 SW산업기반을 보유한 최적지로 평가받았기 때문이다. SW융합기술지원센터는 2013년 착공. 3천 300㎡ 부지에 6층 규모로서, 테스트 장비와 공동 연구실, 융합기술 연구실, 세미나실과 함께 대구디지털산업진흥원의 일부 사무실 등으로 채워졌다. 2014년 준공 예정이다. 본격 운영되면 지역산업이 고부가 가치 산업으로 전환되는 데 필요한 테스트베드 역할을 할 것으로 기대된다.)

한국지식정보관리공사 설립계획은 한국지식정보관리공사 설립을 위한 기초연구로서 공사 설립에 관한 기본구상을 구체화하는 계획입니다. 예를 들면, 한국지식정보관리공사는 미래창조과학부 산하의 조직으로 설립될 것이며, 설립재원은 국고 51%, 민간자금 49%로 충당해야 합니다.

한국지식정보관리공사는 지식정보자원의 효율성과 공공성을 조화시키기 위해 한국지식정보관리공사를 정부자금과 민간자금의 공동출자로 민간투자공기업으로 설립함으로써 지식생태계의 상생적 순환에 기여할 수 있도록 설계될 것입니다.

한국지식정보관리공사 설립계획에는 대구광역시가 전략적으로 추진하고자 하는 공사의 설립목적과 비전이 명확히 드러나야 하고 민간투자 공기업으로서의 투자방향과 사업타당성 등에 대한 검토가 들어가야 합니다.

○ 지식정보자원은 공공재적 성격이 강하기 때문에 정부(공단)의 역할이 매우 필요
○ 지식정보자원의 효율적 관리가 국민의 삶과 국가경쟁력의 원천이 됨
○ 지식정보자원의 분류체계의 확립과 디지털 정보의 관리체제의 강화
○ 지식정보자원의 생산, 유통, 소비체제의 개선 : 투명성과 효율성

추진 방법

『전자국가혁신위원회』에서는 전자행정, 전자정부, 전자국가를 추진하여 한국을 세계적인 첨단 지식정보국가로 만들기 위해 정보미디어 혁신 정책을 개발하고 홍보하여 왔으며, 특히 〈국가지식정보관리법〉을 특별법으로 제정하여 국가지식산업을 발전시키기 위해 〈한국지식정보관리공사〉를 교육도시인 대구에 설립하도록 추진하고자 합니다.

본 사업의 핵심은 제2 새마을운동과 같은 "정보화뉴딜정책"을 추진하여 지식정보 댐을 구축하는 것으로서 전국 도서관에 있는 책, 약 2,000만권을 컴퓨터에 입력하여 전자도서관을 만들자는 것입니다.

전자도서관을 구축하는데 여성, 노인, 장애우, 청년 등이 각 가정에서 컴퓨터로 입력 작업을 하게 되면 수백만 명의 일자리가 창출되어 민생경제가 활성화되고 생산적 복지시스템이 정착됩니다.

선진국에서 강탈해간 우리 문화재의 내용을 사진 찍어서 전자 자료화하고 한자문화권 국가(중국, 일본 등)의 전자도서관 사업을 수주 받아오면 일거리는 얼마든지 있습니다. 따라서 사회문제가 되고 있는 여성의 출산과 육아문제, 노인의 치매문제, 장애우와 청년의 실업문제가 해결될 수 있습니다.

MB정부에서 분산 해체시켜버린 정보통신부 업무를 담당할 〈전자국가혁신위원회〉를 신설하여 "국가지식정보관리법"을 특별법으로 제정, "정보화뉴딜정책"의 일환으로 민관투자공기업인 "한국지식정보관리공사"를 시급히 설립해야 합니다.

한국지식정보관리공사를 설립하면 중국의 동북공정(중국 땅에 살고 있는 소수민족의 모든 역사는 중화)과 일본이 우경화해서 과거사를 부정하고 역사를 왜곡하는 것을 막을 수 있게 될 것입니다.

기대효과

① 전국의 책 약 2,000만 권과 외국의 한자 문화권 자료를 컴퓨터에 입력하여 세계에서 제일 큰 전자도서관을 구축

② 주부가 아기를 돌보면서 집에서 일할 수 있으므로 3포기(연애, 결혼, 출산)문제가 해결되어 저 출산 문제의 해결

③ 노인들도 집에서 컴퓨터 입력 작업을 할 수 있어 용돈도 벌고 치매도 예방되고 컴퓨터 실력이 향상

④ 전자도서관구축 비용 약 20조원은 서민 가계에 보탬이 되어 내수시장이 살아나고 민생경제가 활성화

⑤ 각 정당에서 내 놓은 시혜성 복지에서 모두가 일하는 생산적 복지시스템으로 전환되어 국가 부도를 예방

⑥ 개인 및 지역, 세대 간의 정보격차가 해소되고 세계적이고 보편적인 정보 접근성이 개선되어 한류가 전 세계로 퍼져 나감

⑦ 초·중·고생은 책가방 없이 전자책으로 공부하고 국민 모두 휴대폰으로 독서할 수 있음

⑧ 외국에 반출된 문화재를 컴퓨터로 입력하면 학자들에게 좋은 자료가 되고 일본, 중국의 한자로 된 책을 전자책으로 출간, 잃어버린 역사 복원

⑨ 대학생들도 전자책을 완성하는데 참여하여 등록금을 벌 수 있어 반값등록금 문제도 해결

⑩ 〈전자국가혁신위원회〉를 신설, 〈국가지식정보관리법〉을 특별법으로 제정하여 〈한국지식정보관리공사〉를 교육도시인 대구에 설립, 제2 새마을운동으로 전개하여 세계적인 지식정보국가가 되도록 하고자 합니다.

○ 민생경제활성화에 기여 : 국민경제발전에 기여

○ 일자리 창출에 기여 : 실업문제해결에 기여

○ 생산적 복지에 기여 : 국가경쟁력을 향상시킴

한국지식정보관리공사의 대구 설립은 박근혜 대통령님과 최문기 미래창조과학부 장관님의 의지에 달렸다고 생각합니다.

한국지식정보관리공사는 대구만이 살자고 하는 것이 아니며 박근혜 정부의 대선공약인 민생경제 활성화와 전 국민 일자리 창출, 시혜적인 복지가 아닌 생산적 복지로 하여 노인, 주부, 장애우, 청년, 학생들 일자리 창출을 위해서라도 반드시 설립되어야 합니다. 공사설립을 위해서는 대구시민 모두가 화합. 단결, 상생하는 마음으로 관심을 갖고 동참해야 합니다.

저자 약력

세계상생정치포럼 대표(상생정치연구원장)

한국지식정보관리공사 설립추진위원회 수석부위원장

전 새누리당 대구 동구 갑 국회의원 예비후보

박 근혜 대통령 후보 중앙위 사회복지 총괄부본부장 겸 대구경북지역 본부장

전 이 명박 대통령 후보 정책특보

민주평화통일자문회의 자문위원(대통령 직속 헌법기관)

대한민국 사이버 국회의장(민의원)

한반도 세계평화포럼 공동추진위원장

세계 상생정치 포럼 대표(상생정치연구원장)

국제 인권옹호 한국연맹 대구경북본부 부위원장

한국지식정보관리공사 설립추진위원회 수석부위원장

좋은 정치인 추대연대 공동대표(대구)

환구단복원추진위원회 추진위원장

새 세상운동(상생 · 행복 · 평화) 추진위원장

사단법인 2.28 민주운동 기념 사업회 이사

전자국가혁신위원회 부위원장

문화시민운동협의회(미소, 친절 대구) 이사

전 국채보상운동기념사업회 이사

2014 국민평화상 수상자 선정

2011 대한민국을 이끄는 혁신리더 선정

대한민국을 빛낸 21세기 한국인상 수상

위크리피플(주간인물) 표지 모델 선정

대한민국 국민평화상 제정위원

21세기 지식혁명의 도구, 디지털도서관

진한엠앤비 대표 **김갑용**

전자도서관^{디지털도서관, digital library; electrcnic library}이란 무엇인가?

전자도서관이란 지금까지는 도서관에 소장된 도서가 종이책으로만 되어 있었고 종이책을 이용하였지만, 전자도서관은 종이책을 전자적 매체로 변환한 것은 물론 다양한 디지털 콘텐츠를 PC, 스마트폰, 태블릿PC, 스마트TV 같은 단말기를 통해 언제, 어디서나 이용할 수 있게한 서비스를 말한다. 문헌정보학 용어사전에 보면 전자도서관에 대해 다음과 같이 말한다.

① 컴퓨터와 네트워크를 이용하여 도서관의 각종 기능을 유기적으로 결합하고 새로운 디지털 서비스 기능을 부가한 형태의 도서관.

② 전자자원을 이용하도록 하는 기능 이외에 디지털 정보제공서비스, 원문정보 제공서비스, 상호대차 서비스. 기술적인 지원 등의 서비스를 전자적으로 수행하는 도서관.

③ 표준 통신 프로토콜인 Z39.50* 기반의 표준 범용 문서 생성 언어 형태의 다양한 정보자원(전문, 이미지, 동영상 등)을 검색하거나 혹은 뷰,

내려 받기 등을 할 수 있는 가상공간.

　데이터베이스 검색이나 목록의 열람, 검색 결과의 검토, 접속 제어 등에 대하여 규정하고 있다. Z39.50에는 클라이언트가 요청한 질문을 표준 조회 형식으로 변환해서 서버 측에 보내면, 서버 측에서는 독자적인 조회 형식으로 검색해서 그 결과를 다시 표준 형식으로 클라이언트에 되돌려 보낼 수 있도록 작업 절차를 규정하고 있다. 인터넷에서 상용 데이터베이스의 공개가 진행된다면 복수의 상용 데이터베이스를 동시에 검색, 그 검색 결과를 조합해서 좁혀 가면 사용 방법을 구할 수 있다. Z39.50의 응용으로서 이와 같은 사용 방법에 대응하는 기술이 크게 발전될 것으로 보인다.

전자출판과 전자도서관 이용자의 관계

출판사

　지금까지는 종이에다 인쇄를 하여 책을 제작 판매하다가 제작해 놓은 책을 다 팔면 또 만들어야 팔수 있었는데 전자책은 한번만 어떤 형태로든 만들어 놓으면 숫자에 관계없이 무한정 판매할 수 있는 것이 장점이고 종이책은 만약 창고에 재고가 남아 있다면 그 관리의 비용이 계속 발생하는데 전자책 경우에는 재고 관리를 할 필요가 없다. 서버에 한번 올려놓고 특별한 문제만 발생되지 않는다면 영구적이라고 할 수 있다.

---

*Z39.50 : 정식명칭 ANSI/NISO Z39.50 세계 각국의 디지털도서관들이 서로 다른 기종의 컴퓨터를 사용하고 있지만 호환이 가능하게 하는 표준화된 정보검색 프로토콜. 미국표준협회(ANSI)가 정한 정보 검색 서비스에 관한 규격

전자도서관

지금까지의 도서관은 종이책을 계속 구입해서 관리를 했고, 엄청난 책의 숫자만큼 공간과 서가 및 분류시스템 관리인원 등 많은 비용이 필요했다. 열람공간과 대출 반납 등 많은 복잡한 요소가 있었는데 전자도서관으로 운영된다면 많은 공간이 필요 없고 대출반납이 아이디로 이루어지기 때문에 어느 곳이든지 빌려보고 반납하면 된다. 도서관 자체는 종이책처럼 복잡한 일이 없어진다. 또 같은 책이라도 여러 형태로 된 전자책을 이용할 수 있게 해줄 뿐만 아니라 보충자료까지 검색해 볼 수 있다.

전자도서관 이용자

지금까지는 종이책을 빌려 보려면 도서관에 가서 빌려와야 되고 또 빌려온 책을 돌려주려면 다시 도서관에 가야 되었는데 전자책은 언제 어디서나 시간과 공간의 제약 없이 아주 자유로운 이용이 가능하다. 예를 들면 야간에 어떤 급한 일을 하다가 자료가 필요해서 도서관을 이용하려면 도서관 문이 닫혀있어서 어떻게 할 수가 없었지만. 전자도서관은 그런 것은 아무 문제가 되지 않는다. 본인이 소유하고 있는 단말기 PC나 스마트폰 아이패드 등 다양한 단말기 서비스가 가능하기 때문에 아주 편리하게 이용할 수 있다고 브면 된다.

> 하와이 주립도서관에 한국어 e-book 시스템 구축...미국 내 최초
> 미국의 하와이 주립도서관에 한국 홍보관이 확장 운영된다.
>
> 외교부는 12월5일 미국 하와이즈립도서관(McCully Library)에서

도서관 내 'Korea Corner'의 확장 및 한국어 전자책(e-book) 시스템 개통식을 닐 에버크롬비(Neil Abercrombie) 하와이 주지사를 비롯한 현지 정·관계 인사 등이 참석한 가운데 성황리에 개최하였다고 10일 밝혔다.

'Korea Corner'는 외교부가 재외공관을 통하여 해외 주요도서관·대학 등에 일종의 '한국 복합 홍보관'을 개설하고, 선진 IT 기술을 활용하여 한국에 관한 정보와 교육자료, 문화컨텐츠 등을 다양한 형식으로 제공함으로써 현지인들에게 한국을 소개하는 공공 외교 사업으로, 하와이주립도서관을 비롯하여 전 세계 14개 지역에서 개설 또는 추진 중에 있다.

이번에 확장된 'Korea Corner'는 최신 한국어 서적 2만여 권 및 한국 영화·드라마 DVD 500여점을 보강하는 등 하와이주립도서관에 있는 기존 'Korea Corner'를 확장한 것으로, 하와이 주 도서 지역에 거주하는 우리 동포는 물론, 한국 문학과 역사에 관심 있는 많은 미국인들이 쉽게 접근할 수 있도록 한국어서적 전용 전자책(e-book) 시스템도 구축·개통한 것이다. 이를 위한 재원은 외교부와 하와이 주가 매칭 펀드를 조성해서 해결했다.

에버크롬비(Abercrombie) 주지사는 축사를 통해, "한국의 뛰어난 기술력으로 미국 내 최초로 주립도서관에 한국어 전자책(e-book) 시스템이 구축되었고, K-Pop으로 시작된 한국에 대한 관심이 한국 문학과 역사로까지 확산될 것"이라고 평가하였으며, 백 기엽 총영사는 "한인 이민 110주년을 맞아 우리 정부가 하와이 주민의 수요에 부응할 수 있게 되어 뜻 깊다"라고 말했다.

- 2013.12.11. 머니위크 강인귀 기자

전자책 산업 개요

전자책 산업 특징

전자책 산업은 콘텐츠(책, 잡지, 신문, 만화, 사전, 교과서·참고서 등), 단말기(e잉크단말기, 스마트폰, 태블릿PC, 스마트TV, 전자사전), 소프트웨어기술(뷰어, 제작 툴, DRM, 플랫폼기술), 통신네트워크 등 4가지 산업이 결합하는 첨단 융합산업임(지식산업과 IT기술 융합).

국내 전자책 산업 동향

교보문고, 예스24, 인터파크, 유페이퍼, 바로북, 리디북스 등 전통적인 업체에서 최근 삼성전자, SK텔레콤, KT, 팬택, 신세계아이앤씨, CJ 등 대기업과 카카오페이지 등 신규 진출. 전자책 산업이 미래 성장 동력으로 떠오름에 따라 1인 전자책 기업 급증. 태블릿PC 보급에 따라 앱북(APP-Book) 개발업체 참여 급증(지식경제부, 중소기업청의 경우 전국 20여개 앱 교육센터에서 4천여 명 교육 중). 교육과학기술부 2015년까지 서책형의 모든 교과서를 '디지털교과서'로 전환할 계획에 있음.

전자책 산업이 점증적으로 발전함에 따라 한국전자출판협회 뿐만 아니라 전자출판학회, 부산/울산전자출판협회, 대전전자출판협회, 경남전자출판협회, 한국전자출판협동조합, 한국중소출판협회, 스마트 앱 콘텐츠 사업 협동조합 등 관련 단체 설립 가속화되고 있음.

해외 전자책 산업 동향

(미국)아마존, 아플, 구글, 반디앤 노블스, (중국)방정아파비, (일본)파피레스, (유럽)피어슨, 스프링거 등 글로벌 기업들과 국가별 전략 사업으

로 단말기와 콘텐츠를 중심으로 한 치열한 경쟁 구도 형성.

아마존, 애플, 구글 등 아시아 법인으로 시장 진출 중(※아마존코리아, 애플코리아, 구글코리아, 애플재팬 등)

미국
- 전자책 시장이 이미 종이책 매출을 추월. 성장세도 가파른 상황.
- 미국출판인협회(AAP)에 따르면 2012년 1월과 2월 전자책 매출은 전년 동월 대비 각각 116%와 200% 성장.
- 글로벌 IT기업인 구글이 지난해 12월 '구글 e북스'를 오픈하며 전자책 시장 선점에 나선 상태.
- 디지털교과서 시장도 2012년부터 2015년까지 연평균 80~100% 성장세로, 2015년 이후에도 연평균 25~40% 성장할 전망

중국
- 정부 주도형 정책으로 지난 1997년부터 미래 신 시장 가운데 하나인 전자책 산업 육성에 발 벗고 나서고 있으며, 관련 법 제도의 정비와 DB와 플랫폼 구축을 통해 전자책 기반을 넓히고 있는 상황

유럽
- 유럽 전자책 시장도 연평균 53% 내외의 가파른 성장세
- 유럽연합의 e-콘텐츠와 프로그래밍의 경우, 디지털콘텐츠 이용과 개발과정을 간편하게 하고, 콘텐츠 제공자와 이용자 사이에 최적의 관계를 형성, 디지털 콘텐츠의 질적 개선을 촉진, 디지털 콘텐츠의 이해 관계자 사이에 협력 강화

국내 현황과 문제점

정책 부재

세계 각국이 전자책 산업의 성장세에 주목하며 활발한 움직임을 보이고 있는 반면, 국내는 민간과 정부 모두 이렇다 할 가시적인 움직임을 보여주지 못하고 있는 상황.

교육부 스마트 퍼블리싱 정책 추진 중. 교육부의 '스마트 교육 추진 전략'의 중심인 디지털교과서 정책 추진 중. 2015년까지 총 2조 2281억 원을 투입하는 정책으로, 교과내용과 학습참고서, 사전, 공책, 멀티미디어 자료 등을 연계한 미래형 교과서라는 콘셉트로 디지털교과서를 개발, 보급할 예정이다.

국방부국군인쇄창은 2015년이면 군대 내에서도 스마트 기기로 '전자책'을 볼 수 있도록 국군인쇄창과 한국전자출판협회가 스마트 퍼블리싱 관련 업무협약 체결. 국방부의 국군인쇄창은 군에서 쓰이는 각종 출판물을 지원하는 곳으로, 국방부 산하 육·해·공군 모든 기관의 전자출판물에 IT 기술이 접목된 스마트 퍼블리싱 기술을 도입하고 관련 전문 인력 양성이 절실히 필요한 상황임에도 불구하고 관련 예산 全無.

이와 같이 현재 스마트 퍼블리싱 전반에 대한 장기적이고 범부처적인 방향 설정이 되어 있지 못하고, 이를 조정하거나 관리할 수 있는 핵심적 구심점 역할을 할 기관 역시 없는 것이 현실이다.

문화체육관광부는 전자책 콘텐츠 기반 확충을 담당하고 있고, 지경부가 전자책 단말기를 비롯한 기술 표준에 대한 지원을 닫고 있음. 교육부는 최대 공공 전자책 시장인 디지털교과서를 전담하는 등, 전자책과 관련된 3개 유관 부처가 각각 제 갈 길을 가고 있는 상황.

통합 정책 필요

스마트 퍼블리싱 관련 정책 및 지원예산과 공유 및 활용, 유통 및 체계적 관리가 미흡. 때로는 유사한 내용의 정책이 동시에 여러 부처에서 발표되기도 하고, 동일한 지원정책이 중복되는 상황도 발생하므로 실질적 통합, 조정자 역할을 할 기구가 필요.

추진 전략 및 과제

전략 : 스마트 퍼블리싱 분야의 세계 선도적 기술과 시스템 구축 및 산업 활성화 인프라 구현

과제 : 클라우드 기반 한국형 스마트 퍼블리싱 활성화 환경을 위한 6대 핵심 추진 과제 완성

① 공공 스마트 퍼블리싱 클라우드 기반 환경 범부처 공유
② 스마트 퍼블리싱 관련 법, 제도 정비로 추진동력 확보
③ 수요자 활성화 문화 조성 및 유통 산업 선진고도화
④ 스마트 퍼블리싱 기술 고도화 및 표준화
⑤ 우수 콘텐츠 창작, 공급 환경조성
⑥ 국제 경쟁력 강화 및 시장선도

향후 전망

① 구글의 넥서스 7이나 애플의 아이패드 미니 등 최근 출시된 태블릿 PC들의 성능과 디자인이 향상된 데다 이들이 앞 다퉈 전자책 단말기보다 좋은 스마트 퍼블리싱 기능을 선보이고 있어 전자책 전용 단말기 판매 부진 및 감소 추세 가속화 전망
② 스마트 퍼블리싱의 활성화를 마련하기 위해서는 잠재력이 높은 교

육 분야나 전자책 수요가 늘고 있는 신흥시장 공략 필요
③ 전자책 시장이 안정된 미국과 영국을 비롯해 비교적 최근 전자책이 뜨고 있는 독일과 신흥시장이라 할 수 있는 브릭스 국가들(브라질, 인도, 중국, 러시아)과 아랍 국가의 전자책 시장 진출 필요.
④ 스마트 퍼블리싱 환경의 최적 솔루션 개발 촉진 및 클라우드 기반 환경 확산. 국가 간 스마트 퍼블리싱 저작 및 유통, 전자 결재, 협업 출판 시스템 등 조성.

정책 제언

새로운 기회 선점을 위한 정책 제언
① 글로벌 경쟁력을 선도하기 위해서는 국가차원의 국제 스마트 퍼블리싱 저작, 유통시스템을 도입해야 하고, 이를 위한 컨설팅, IT 인프라, 법률 자문 및 클라우드 공간을 패키지화하고 정부 간 협업 솔루션을 활용토록 표준화.
② 글로벌 스마트 퍼블리싱 협력 추진체계 구축 및 해외 진출 지원.
③ 스마트 퍼블리싱 활성화 촉진법의 조기 제정과 범부처가 참여하는 국가 스마트 퍼블리싱 인프라 및 활성화 전략 수립.
④ 국내 스마트 퍼블리싱 산업이 규모의 경제를 갖추기 위해서는 부처별로 제각기 진행되고 있는 사안을 통합한 종합적인 범부처 육성책 필요.
⑤ 국무총리실 산하에 스마트 퍼블리싱 육성 통합 태스크포스를 구성하거나, 한 기관으로 전자책 육성 권한을 집중해 세계 스마트 퍼블

리싱 시장에 적극 대응 필요.
⑥ 스마트 퍼블리싱 인재 육성을 강화하기 위한 정책 필요. 민간 활성화를 위한 실효성 높은 정책 개발. 우수 비즈니스 모델 발굴, 전파 및 스마트워크에 대한 인식 제고.
⑦ 스마트 워크센터 구축. 단계적, 안정적 스마트워크 확산을 위한 제도적 장치 마련 등에 우선 적용. 단계적으로 전 분야에 확산하려는 전략 필요.

정책과 법제에 필요한 제언
① 스마트 퍼블리싱과 관련된 산업 전반의 기반 강화를 위한 거시적 관점의 스마트 퍼블리싱 육성정책 방향 제시.
② 글로벌 플랫폼 환경에 적합한 전자책 유통질서의 신뢰성 증진 및 해외진출 지원 강화를 위한 법 제도 구축.
③ 스마트 퍼블리싱 환경의 특성상, 정책추진의 유연성 지닌, 각 부처 간 스마트 퍼블리싱 정책 공유 및 유통과정 체질 개선 등 콘텐츠 생태계의 전략적 육성 및 생산자, 독자 중심의 정책방향 제시.
④ 융합형 출판 중심의 가치사슬 단계 주체 간 상생 생태계를 아우를 수 있는 중립적 제도 개선.
⑤ 범부처간 '스마트 퍼블리싱 공용 촉진법' 입법 제안 및 대통령의 지속적 관심 유도.

전자출판 시장 활성화 촉진법(가칭) 제정 필요
① 스마트 퍼블리싱 산업 활성화를 위한 기반 구축. 출판법 내 별도 스마트 퍼블리싱 법, 각종 세제혜택 등 지원 방안 법적 근거 마련.

② 범국민 스마트 퍼블리싱 활성화 문화 확산 및 여건 조성, 스마트 퍼블리싱 활성화 촉진법 제정.

③ 스마트 퍼블리싱 활성화 촉진 시행계획 수립 및 시행과 연계한 충분한 예산 반영을 위해 우선적 배정토록 조치.

④ 현재 교육부와 문화체육관광부, 국방부에서 각각 추진함으로 정책 수행의 이중화 및 중복예산 지원 등으로 행정의 혼선과 낭비가 초래되므로 범부처 스마트 퍼블리싱 추진 독립 기관 주도 필요.(※예시 - 영호-진흥위원회)

⑤ 안전행정부의 공공분야 클라우드에 기반을 둔 전자문서 관리 담당, 문광부의 스마트 퍼블리싱 기반 인프라 조성과 스마트 퍼블리싱 문화기술의 개발 및 민간분야 활성화 담당, 교육부의 디지털 교과서 지원 사업 결과물인 솔루션의 타 부처 공용 지원 확대에 대한 조정기관 역할, 그리고 국방부의 전 군의 최첨단 교육, 인쇄, 출판의 스마트 퍼블리싱 시스템 선진화 주도에 대한 공용 솔루션 활용 등.

⑥ 다른 부처에 나누어져 있는 전자출판 관련 예산 및 정책 부분을 일원화 하는 것이 바람직함.

⑦ 스마트 퍼블리싱 조기 활성화 정착을 위해 부처 간 최고위급 참여, 관심 및 적극적 지원 체계 제도화.

⑧ 정부기관과 공공기관부터 스마트 퍼블리싱을 제도화 규정을 만들고 정부평가 지수에 반영.

저자 약력

(사) 한국과학기술출판협회 감사역임

(사) 한국콘텐츠학회부회장 · 고문역임

(사) 한국문화콘텐츠학회 사무총장 역임

(재) 대한민국 클린콘텐츠 국민운동본부 출판위원장(현재)

(사) 국제미래학회 미래 출판위원장(현재)

(사) 위즈덤 교육포럼 산학부회장(현재)

(사) 정보통신 윤리지도자협회 출판분과 위원장(현재)

(사) 한국 유비쿼터스 협회 부회장(현재)

(사) 도산아카데미 회원(현재)

(사) 한국 전자출판 협동조합 이사(현재)

(사) 한국 전자출판학회 감사(현재)

시스템적 사고가 창조 융합의 시대를 이끈다

행정학 박사 **이근석** | 정책시스템연구원 원장

 우리사회 전반에서 '시스템'이란 용어가 사용되고 있다. 시스템이라는 말은 부정선거가 발생하면 선거 시스템이 잘못되어서 그렇다, 재범률이 높아지면 교도 시스템이 잘못되어서 그렇다는 등 시스템이라는 말은 사회 전반에 걸쳐 사용되는 낯설지 않은 낱말이다. 실제로 교육 시스템, 창의(창조) 시스템, 토지 시스템 등으로부터 사회 시스템, 경제 시스템, 정치 시스템 등 주변에 널려 있는 것이 시스템이다. 우리는 어떤 종류의 시스템이든 시스템 속에서 시스템을 운용하며 살고 있다.

시스템과 시스템적 사고

 시스템(system), 체제(體制) 또는 체계(體系)라는 것은 무엇인가? 현재 우리나라에는 이에 대한 전문서는 물론이고 개념 해설서나 소개서도 별로 없다. 대표적 시스템 학자인 von Bertalanffy는 시스템에 관해서 "상호작용하고 있는 요소들의 복합체(complexes of elements standing in interaction)"라고 정의하고 있다(Bertalanffy 1968 : 32). 이것은

Churchman(1968: 28~29)의 지적과 같이 '시스템의 목표, 환경, 자원, 하위 시스템 또는 구성요소, 시스템 관리'의 다섯 가지를 고려하는 것을 시사한다. 즉, 시스템은 "상호작용 하는 부분들로 이루어진 하나의 통일된 융합체이며 복합체"라고 할 수 있다. 따라서 시스템적 사고는 각각의 부분(시스템)이 가지고 있는 고유한 속성을 복합적으로 융합하고 상호작용하도록 만드는 것을 말한다. 이를 통해 창조적 시너지를 창출해 내는 것이다.

그러나 사회과학적인 문제의 복잡성은 시스템의 경계를 찾아내거나, 상호작용할 수 있도록 융합하는 일을 어렵게 한다. 따라서 시스템적 사고에 기초를 제공하는 몇 가지 특징(이준형 2000, 11~35)들을 살펴볼 것이다. 이러한 특징은 시스템의 속성을 파악하고, 사람, 자원, 에너지, 기술 등을 융합하는 시스템적 사고력을 갖는데 도움을 줄 것이다.

<!--[if !supportEmptyParas]--> <!--[endif]-->

첫째, 전체로서의 시스템은 하나 또는 그 이상의 명시적인 속성(property)이나 기능(function)을 가지고 있다. 예를 들어, 기업의 명시적인 속성은 부(富)를 생산하고 분배하는 데에 있다. 병원의 명시적인 속성은 병자와 장애자에 대한 치료와 보호를 제공하는 데에 있다. 그런데 시스템이 하나 또는 그 이상의 속성이나 기능을 가지고 있다는 것은 그 시스템이 보다 큰 시스템의 부분으로 존재할 수 있다는 것을 시사한다. 따라서 병원은 의료 시스템의 부분이며, 기업은 경제 시스템의 부분이다.

둘째, 시스템의 각 부분(part) 또는 구성요소(components)는 그에 속한 전체의 행태(behavior)나 속성에 영향을 미친다. 예를 들어, 인간의 심장, 폐, 위, 뇌, 간장 등은 인간의 신체적 업무수행과 속성에 영향을 미친다. 반면에 맹장 또는 충수(appendix)는 신체에 영향을 미치기보다는 그 명칭이 시사하듯이 신체에 첨부(添附)된 것이다. 맹장을 떼어놓고도 사람은 신체적 기능에 이상이 없다.

셋째, 하나 또는 그 이상의 환경에서 전체가 명시적 기능을 수행하는데 충분한 부분들의 부분집합(subset)이 있다. 이러한 부분집합은 명시적 기능을 수행하는 데에 필요조건이지만 충분조건은 아니다. 이러한 부분들은 시스템의 긴요한(essential) 부분들이다. 이들이 없으면 시스템은 명시적인 기능을 수행할 수가 없다. 예를 들어, 자동차의 엔진, 연료 주수기, 타륜(舵輪), 전지(電池) 등은 자동차가 움직이는 데에 있어서 긴요한 것들이다. 이들이 없으면 자동차의 기능을 수행할 수 없다. 그렇지만 이 부분들이 각자 독립적으로 기능을 수행하는 것은 아니다.

넷째, 시스템의 긴요한 부분이 시스템의 행태나 속성에 영향을 주는 방식은 적어도 다른 하나의 긴요한 부분(의 행태나 속성)에 달려 있다. 즉, 시스템의 긴요한 부분들은 하나의 연결된 집합을 형성하기 때문에 그 집합 속의 두 부분 사이에는 하나의 연결 경로(path)를 발견할 수 있다. 이 통로를 통해 순환적인 투입과 산출이라는 순환적(circular) 관계가 생성된다. 그리고 이 순환적 관계에서 나타나는 오류를 시정하기 위해서, 순환적 관계인 '부정적 환류(negative feedback)'와 오류가 발생치 않는 순환적 관계인 '긍정적 환류(positive feedback)'가 발생한다. 이러한 긍정적 환류와 부정적인 환류는 우리 사회의 모든 곳과 모든 정책에서 나타난다.

다섯째, 시스템의 긴요한 부분들로 구성된 하위집합이 그 시스템에 주는 전체적인 영향은 적어도 시스템의 다른 긴요한 부분들로 구성된 하위집합의 행태에 달려있다. 시스템의 개별적인 부분들과 마찬가지로 시스템 안에 있는 부분들의 어떠한 하위 집합도 독립적인 영향을 시스템에 주지는 못한다. 예를 들어, 신진대사(metabolism)라는 하위 시스템(subsystem)이 인간의 신체에 대해 주는 영향은 신경계통 하위 시스템의 행태에 달려 있다. 반면, 신경계통 하위시스템의 신체에 대한 영향은 운동 하위 시스템의 행태에 달려 있다. 만약에 어떤 실재물(entity)의 부분들이 상호작용을 하지 않는다고 하자. 그렇다면 이들은 시스템이 아니라 하나의 집적체(aggregate) 또는 무더기(heap)일 뿐이다.

정책결정과 시스템적 사고

시스템이 자신의 명시적인 기능을 수행하기 위해 환경적 조건을 필요로 한다면 그러한 시스템은 '열린 시스템' 또는 '개방 시스템(open system)'이다. 이러한 열림은 모든 환경의 변화에 영향을 받기 때문에 시스템의 기능을 수행하기에 충분하지 않은 것이다. 반면에 모든 환경 속에서 그 기능을 수행할 수 있는 시스템은 환경으로부터 완전하게 독립되어 있다. 이 경우를 '닫힌 시스템(closed system)'이라 할 수 있다. 반면 열린 시스템은 환경의 다양한 물자, 사람, 에너지, 자원 등과 긍정적 순환(positive feedback)을 이루며 시스템이 성장해 간다. 어느 특정한 사람이나 기관이 정책의 결정기제가 되는 것이 아니라, 결정에 영향을 주는 제반 환경요소가 작동함으로써 복잡한 의사결정과정을 거치게 된다는 것이다. 이를 복잡시스템이라고도 부른다.

한편 닫힌 시스템은 단순 시스템이라고도 하며, 구조적으로 폐쇄성을 가지고 있다. 이러한 시스템은 외부 환경과 단절되어 긍정적 환류가 거의 일어나지 않는다. 의사결정의 폐쇄성을 의미하는 것이다. 단순 시스템은 외부의 물자, 사람, 에너지, 자원 등의 흡수가 불가능하며, 사회·경제적으로 전반적인 퇴보 또는 정체를 겪게 되고, 정치적으로는 독재로 흐를 가능성이 높다. 예를 들어, 외부와 교류가 별로 없는 북한의 현 시스템은 닫힌 시스템이면서 단순 시스템에 해당된다.

2007년 남북정상회담 사진을 보면 회담에 참여하고 있는 인원이 남한은 5명이고, 북한은 2명이다. 이는 한 명이 결정하면 되는 북한의 사회구조가 단순 시스템임을 보여주며, 반면에 남한의 사회구조는 혼자서 결정할 수 없는 복잡한 시스템임을 나타내고 있다. 향후 남북 공동선언문 처리 과정에서도 북한은 혼자 결정하면 되니 바로 완료가 되지만, 남한은 그렇지 않다. 국회, 국민 동의 및 설득 과정이 필요하고, 게다가 예산 염출과 정권교체시의 문제 등이 산재해 있어 결정이 쉽지 않다.

김정일 : 정상회담을 하루 연기하고 허리띠 풀고 식사하시고, 하루 더 머물다 가시죠? 대통령님이 결심하면 되지 않습니까?

노무현 : …

즉, 북한은 특정인에 의해 모든 정책이 결정되는 인치(人治)가 가능하지만, 한국은 시스템에 의해 정책이 결정되는 법치(法治)라고 할 수 있다.

이렇게 보면 인치라는 말은 닫힌 시스템에서 일어나는 현상이다. 정책결정과정, 집행, 감사 및 평가 시스템에 문제가 있는 것이다. 국가나 자치단체의 정책결정과정은 다양한 사회적 요구와 영향요인을 분석하여 결정된다. 합리적인 정책결정을 위해서는 제도나 법에 의해 투명하게 결정되도록 함으로써 가능한 개인적인 정실이 정책에 영향을 미치지 않도록 해야 한다. 과거나 현재나 마찬가지로 정부기관과 자치단체의 정책결정자들이 인치의 뉘앙스를 풍기는 말들을 많이 한다. 시장 또는 장관이 '심사숙고한 뒤 결정했다'는 말들이 있다. 장관이나 시장이 혼자서 결정할 수 있는 일들이 많다는 것 자체가 시스템의 부재를 의미하며, 닫힌 시스템을 말하는 것이다.

시스템적 사고와 정치

정치는 대부분의 사회시스템과 마찬가지로 복잡시스템이다. 복잡시스템은 위의 네 번째 특징에서 언급했듯이 긍정적 환류(positive feedback)와 부정적 환류(positive feedback)가 발생한다. 예를 들어, 우리는 민주주의 발전을 위해서 건전한 여당, 건전한 야당을 말한다. 만약 긍정적 환류에 의해 북한의 경우처럼 집권당의 계속된 독주가 발생한다면 독재라는 오류가 발생할 수 있다. 이를 시정하기 위해서는 부정적인 환류가 필요하고, 건전한 야당이 필요한 것이다. 건전한 야당은 자유민주주의 질서를 지키기 위해 존재한다는 목적과 기능에 부합하는 활동을 해야 한다.

또한 복잡시스템은 자기재프로그램화(self-reprogramming) 능력을 가지고 있다. 재프로그램(re-programming)은 주어진 목적을 달성하기 위해 새로운, 보다 나은 방법을 고안해 내는 것을 의미한다. 또한 자기재조직화(self-reorganizing)의 능력도 있다. 자기재조직화는 시스템이 새로운 상황에 대처하거나 새로운 목표를 성취하기 위해서 자신의 부분들을 재배열하고 이들 부분들 간의 연결을 변화시키는 것을 의미한다. 시스템은 내부의 가치와, 신념, 이념을 공유하는 독특한 구조로 형성되어 있다. 이는 시스템에 포함된 하부시스템(하부조직 또는 구성원)이 자기 정체성과 존재의의를 가지고, 뭉쳐서 행동하는 유기체가 되어 자기 재프로그램화와 자기 재조직화를 통해 끊임없이 자기 치유(治癒)와 발전을 반복하는 것이다.

이러한 시스템의 자기 치유능력은 선거에서도 나타난다. 상대의 선거 시스템을 망가뜨리는 선거 전략은 실패할 가능성이 높은 것도 시스템의 이러한 유기체적인 자기치유 성격 때문이다. 내 시스템이던 상대의 시스템이던 시스템 자체를 와해시키는 네가티브 선거 전략은 상대 시스템의 이념과 정체성, 그리고 그들의 공유 가치를 훼손하는 것으로, 이러한 경우는 더욱 더 자기 시스템을 방어하기 위한 상대방의 결집 노력을 불러일으켜 자기 재프로그램화와 자기 재조직화가 일어나도록 한다는 것이다.

이는 과거 악재로 여겨졌던 변수가 오히려 선거에서 승리에 기여했다는 사실에서 알 수 있다. 따라서 위에서 보듯이 갖추어진 시스템의 와해 시도(試圖)는 더욱 결집을 초래하게 되고, 상대로 하여금 이를 극복하고 살아남으려는 속성을 가지는 것이다. 선거라는 시스템은 일단 만들어지면 단단한 이념과 신념을 공유하게 되고, 따라서 어떠한 외부공격에도 공동대응하게 하는 결속력을 갖는다는 점에서 상대 시스템이 이미 갖추어진 상태에서는 네가티브를 피하는 것이 좋다.

시스템적 사고의 응용

시스템적 사고는 어떤 시스템이든 그 시스템에 영향을 주는 요인과 그 시스템의 관계와 속성을 폭넓고 쉽게 파악하게 할 뿐만 아니라 창의적인 발상의 기초를 제공하는 사고이다. 얼마 전까지 은행창구마다 길게 줄서서 차례를 기다리던 사람들을 볼 수 있었다. 누가 새치기 할까봐 화장실도 못가고, 신경을 곤두세우며, 누가 끼어들기라도 하면 싸움으로 이어졌다. 그러면서 "인간성이 나빠서 그렇다", "질서가 없는 민족이다"라는 등의 말로 스스로 비하하기 일쑤였다. 그러나 번호표 한 장이 모든 것을 바꾸어 놓았다. 사소하다고 생각되는 '번호표 시스템'이 화장실도 가고, 책도 보고, 나쁘다는 인간성도 순화했다.

최근에는 학교폭력과 폭언 등이 사회적 이슈가 되고 있다. 학교에서 일어나는 일이니 학교교육이 잘못되어 그런 것처럼 이해되곤 한다. 그러나 이는 학생들이 성장하는 사회시스템을 살펴보아야 한다. 즉, 아이들이 현재까지 어떤 '성장시스템'에서 자랐는지 분석하면 해답이 나오는 것이다. 태어나서 어떤 환경의 영향을 받으며 성장하였는지 사회시스템을 살펴 시스템을 시정하는 것이 해결책이다.

과거 박정희 전 대통령의 시스템적 사고는 탁월했다고 볼 수 있다. 1960년대의 황폐한 사회경제구조를 바꾸기 위해서 처음한 일은 국가를 소프트웨어와 하드웨어로 시스템화하는 것이었다. 사회는 새마을 운동으로 환경을 바꾸고, 경제는 과학기술을 발전시켜 과학기술을 통해 나타난 결과를 가시화시킬 수 있는 산업을 만들고, 사회기반시설은 원활하게 움직일 수 있도록 고속도로를 건설함으로써 국가 경영을 시스템화 시켰던 것이다.

시스템은 흔히 인체에 비유된다. 인체의 신경, 근육, 두뇌 등 총체적 관계의 조화가 건강한 인간으로 성장하게 하듯이, 박정희 전 대통령의 시스템적 사고에 의한 사회경제구조 개혁을 인체에 비유하면 신경망이 고속도로이며, 양분공급이 과학기술이고, 이를 소화하여 힘을 기를 수 있도록 한 것이 바로 포항제철, 조선소, 자동차와 같은 것이었다.

창의적 사고의 기반은 시스템적 사고

시스템의 기본 성질 중의 하나가 전체성이다. 베르탈란피는 일반시스템이론을 수립하기 위해 아리스토텔레스에게서 전체성의 원리, 즉 "전체는 부분들의 합보다 크다"라는 견해를 차용했다. 이는 시스템과 시스템을 효율적으로 융합하면 시너지(synergy)를 창출할 수 있다는 의미다. 과학기술의 발전은 이러한 융합(부분과 부분의 조화로운 관계)에 의해 이루어져 왔다.

현대 사회의 과학기술과 정책의 결정 및 통제는 복잡한 사회구조 속에서 이루어진다. 다시 말하면 외부 환경의 제반 영향요소를 종합할 수 있는 융합된 사고를 기반으로 하고 있는 것이다. 이러한 측면에서 한 가지 정책을 결정하는데 학문적으로도 간주관성이나 학제적 연구의 필요성이 대두되는 것이다. 최근의 창의적이고 융합적인 사고를 강조하는 이유와 맥을 같이한다. 자연과학적 사고에 의한 발현이 창조기술 또는 융합기술을 이르는 말이라면, 사회과학적 사고는 학제적이고 간주관성 연구를 말한다. 그러나 자연과학과 사회과학의 경계를 넘어 제반 사회문제와 과학기술이 시너지를 창출해 낼 수 있도록 융합하는 종합적 사고가 바로 '시스템적 사고'라 할 수 있다(지면 관계상 빙산의 일각이지만 시스템적 사고의 소개 정도는 되었으리라 생각된다).

3 사상

권천문	홍익국가 이념의 선언
박찬희	"弘益人間思想홍익인간사상은 무엇인가?"
장영희	우리사상 동학 바로알기
오재영	위기시대의 홍익사상
조수범	風水地理의 이해

홍익국가 이념의 선언

철학 박사 **권천문** | 사단법인 한민족학 세계화 본부 총재

남북통일을 앞두고 현 정부가 한민족의 배달신시나라 건국이념을 재조명하여 홍익국가이념을 선언할 것을 제안한다.

    현 정부가 배달신시나라 건국이념을 국가이념으로 채택하고 선언함으로써 국민으로 하여금 민족의 정체성을 자각하게 해야 한다. 인간이 과거를 돌아보는 이유 가운데 하나는 자기 정체성에 대한 의문을 풀기 위해서인데, 정체성이란 삶의 방향을 알려주는 의미를 갖고 있다. 우리 개인과 마찬가지로 민족의 경우에도 민족성에 대한 자의식이 투철해야 한다. 진보의 동력은 역사의식(歷史意識)에서 나오는 자의식(自意識)으로서 사회를 밝게 하고 민족과 역사를 진보시키는 에너지이다. 역사는 정체성의 자각이라는 행위를 통해서 과거를 기초로 현재에 긍정적인 영향을 끼쳐야하고 그렇게 함으로써 역사의식은 가치지향성을 지니게 된다.

    역사인식은 가치를 추구하되 특수성과 보편성을 동시에 추구하는 것이다. 근대역사학이 만들어 놓은 반도사관의 굴레와 실증주의 오류를 과감히 비판하고, 동아시아문명과 세계문명이라는 거시적 역사의 지평을 확립할 때 한 민족의 사이해가 지향할 시원적 성찰은 역사의 의미를 밝히게 될 것이다.

한 민족의 지리적 정치적 역사공간의 지평을 밝히고 지리 문화적 의미를 문명사적(文明史的)으로 조명할 때 우리는 근대역사학이 밝히지 못한 동아시아 문명속의 한 민족공동체(民族共同體)의 정체성(正體性)을 이해하게 될 것이다. 그렇게 함으로써 우리는 또한 인간중심적인 미래학으로 세계역사와 조우케 될 것이다. 한민족이념이 추구할 역사의 이해는 기존의 서양역사관을 비판하고 넘어서 동방문명을 밝히는 철학으로서, 세계문명의 시원을 신시나라(神市國. 桓國) 문화로 보는 원 한민족역사관(韓民族歷史觀)의 제시에 있다.

필자가 발견한 또 하나의 중요한 원리는 '한민족건국이념(韓民族建國理念)'의 궁극적 목적과 존재이유는 한 민족의 근본역사 이해야말로 전생명적 사건이며, 전 인류가 함께 동참해야할 생명운동이라는 것이다. 한민족의 역사가 존재하는 궁극적 목적은 온전한 인류의 생명을 구원하는 전 과정을 파악하기 위해서이다. 한민족의 시원철학은 미래지향적으로 역사전개의 의지를 파악하고, 또 생명의 존엄성을 세계사적으로 밝히는데 있다. 한 민족의 시원역사가 전 세계의 문명을 발전시킨 역사실현의 원동력임을 밝힐 때 '한민족건국이념의 위대한 정신'을 구현하게 될 것이다.

이상과 같이 한민족의 역사인식에 입각하여 배달국 신시나라의 건국이념을 재조명하는 것은 과거역사에 대한 반성과 성찰을 의미하기 때문에 몇 가지 기본적인 방향을 제시하고자 한다.

대한민국 정통성 확인

신시나라 건국이념의 우위성과 대한민국의 정통성의 문제를 확인하기 위해서이다. 국가에는 건국정신인 건국이념이 정립되어 있어야 한다. 건국이념의 내용을 담아서 기술한 것이 '건국이념의 선언'이어야 한다. 건국이념의 선언어는 국가건립의 이상과 목적, 그리고 민족사의 정통성의 내력과 함께 국가건설의 청사진이 담겨져 있어야 한다. 또한 민족공동의 가치관과 윤리, 도덕관을 세워 사회질서의 근본을 밝혀 놓아야 한다. 그렇게 해서 국가존립의 근본토대가 확립되어야 한다. 그러므로 대한민국이 한민족의 유구한 정통성을 계승하려면 한민족의 시원인 신시나라 및 단국조선의 건국이념을 계승한다는 것을 엄숙하게 선포해야 할 것이다. 그러면 대한민국이 유구한 역사적 정통성을 계승한 나라임이 확정될 수 있을 것이다.

국가이념 선언의 필요성

국가이념 선언의 필요성은 무엇인가? 현대는 다원주의 시대인 만큼 개별적인 가치추구가 국민전체의 공동적 가치추구와 일치되지 않을 경우 화합과 통섭의 부족으로 인한 가치관의 혼란과 질서 파괴가 일어날 우려가 있다. 전 국민이 공공의식으로 화합되기 위해서는 공동의 정신적 구심점이 있어야 한다. 이러한 경우 국민전체의 정신적 구심점 역할을 할 수 있는 것이 건국이념이다. 건국이념은 남북한의 평화통일로 세워질 새로운 국가에 대한 건국이념으로 정립되어야 하며 그래야 남북통일국가를 탄생시킬 때 정신적 모체가 될 것이다. 남북평화통일을 이룩하기 위해서는 새로운 통일국가의 정신적 구심점이 되는 건국이념의 선언이 반드시 필요하다.

건국이념의 내용

건국이념은 어떤 것이어야 하는가? 다음 세 가지 조건을 갖추어야 할 것이다.

① 한민족 통일성에 입각하여 신시나라, 단국조선의 건국이념을 계승하여 복지이상국가를 건설한다는 내용을 담아야 한다.
② 인간본성을 만족시켜 줄 수 있는 진리와 사상이 담겨져 있어 세계적으로 호응을 받을 수 있어야 한다.
③ 자유민주주의의 이상과 사회복지주의의 이상을 함께 수용하고 이를 융합할 수 있어야 하며, 이를 완성시킬 수 있도록 하나의 원리로 체계화되어야 한다. 또 인류전체가 함께 할 수 있는 이상세계 건설이 가능하도록 연구되어야 한다. 그래서 신시나라 시원종교 신앙대상 일신 하나님과 신인합일의 사람으로서 홍익인간 및 홍익국가 사상에 중점이 두어져야 한다.

일신(一神)하나님 사상의 이해

21세기를 맞이한 대한민국은 건국의 정체성과 정통성을 확립하기 위한 건국이념을 새롭게 천명해야 한다는 시대적 요청을 받아들여 제2의 건국이념을 확립해야 한다. 그것은 한민족의 고대 건국이념인 한얼-한겨레 사상 중 일신하나님에 관한 개념의 재해석이다. 일신하나님 사상은 신시나라(神市國), 단국조선(檀國朝鮮) 시대로부터 형성된 홍익인간이념으로서 나라를 다스리는데 쓰였고, 그 이후 삼국시대와 고려국과 조선국의 국가이념으로 전승되었으며, 드디어 대한민국의 교육이념으로 계승된 시원적 국가관이다.

한민족 배달국 신시나라의 건국이념은

일신강충(一神降衷)

성통광명(性通光明)

홍익인간(弘益人間)

재세이화(在世理化)

일의화행(一意化行) 이다.

일신(一神) 하나님은 전일적(全一的)인 신(wholistic God)이다. 한민족의 하나님은 멀리 계신 하나님(deus otiosus)이 아니다. 신적인 창조성으로서 인간세계와 상관하는 포괄적 신이다. 그는 창조성의 근원으로서 만물을 창조하는 과정신이다. 이러한 신관은 현대 신과학적 형이상학(neo-scientific metaphysics)이 요청하는 궁극적 실재신관으로 이해되어야 한다.

홍익인간(弘益人間), 홍익국가(弘益國家)이념

우리나라는 대한민국(大韓民國)이다. 한국이라는 한(韓)자는 우리민족의 "정신의 뿌리", "문화의 뿌리", "정체의 뿌리"가 반만년의 역사 속에 뜻이 담긴 글이다. 한(韓)은 나라 한(桓)이라고 자의(字意)해석 되지만, 옛 환(桓)에서 한(韓)으로 전래된 것이며 환국(桓國), 환족(桓族)의 환(桓)이 후에 한(韓)으로 바뀌었는바, 한은 민족과 씨족의 성이다. 우리민족을 배달겨레, 즉 한겨레(韓族)라하고, 또 나라 한이라 하듯이 고대 삼한제국(辰韓, 弁韓, 馬韓)의 나라이름이 되었으며, 근대에 와서 대한제국(大韓帝國), 오늘의 대한민국(大韓民國)의 준말이 한(韓)이다.

이러한 뜻에서 우리 한국인의 고유한 국가정신은 한(韓)사상=한얼=韓國魂이며 그 핵은 홍익인간이념이라고 할 수 있다. 한(韓)이 뜻하는바 한국인의 정신적 뿌리는 홍익인간이며, 터전의 뿌리는 일만 년의 역사가 생동하는 이 나라 강토이다. 여기에 우리 강토에 대한 애향심이 향토애로 이어지는 국가관이 정립되어야 하는 당위성이 있다.

한국인은 신시나라 한웅의 후예로서 전 민족적 전 국가적 일체감을 가지고 있다. 예로부터 한민족의 정체는 작은 개아(個我)에서 천아(天我)로서 한겨레를 의미하였다. 즉 한민족이 인식하는 자아는 소아(小我)가 아닌 천아(天我)이며, 소아(小我)를 천아(天我)속에서 찾음으로서 일체감을 가졌던 것이 한 민족공동체의식(韓民族共同體意識)이다. 이때에 한민족이 자아를 인식하는 틀로서의 천아(天我)는 민족일 수도 있고, 국가일 수도 있으며, 또한 문화적인 주체로서 민족문화권 그 자체일 수도 있다. 여기에서 우리는 고유한 문화적 천아(天我)로서 동아시아문명권에 속해 있었으며 아한(我韓)은 곧 국가적 천아(天我)로서의 우리 한국을 의미하는 것이다.

이러한 의미에서 우리는 홍익인간의 이념을 가지고, 천아의식(天我意識)을 국가관으로 하여, 역사적 정통성과 전통문화의 고유성과의 관계 속에서 홍익국가관(弘益國家觀)을 세울 수 있는 것이다. 홍익인간이념을 현대철학과 현대사상에 따라 조명하여, 국제적 보편성과 우리 민족문화의 전통적 특수성이 조화를 이루는 주체적 통치이념으로 정립하고, 한국 혼이 살아있는 한겨레 국가이념을 정립해야 하는 것이다.

인간을 크게 유익(弘益)되게 하는 길은 물질적(物質的)인 생활의 질을 높이는 필요조건과 정신적(精神的)인 인격의 질을 높이는 충분조건이 균형과 조화를 이루어야 가능하다. 이와 같이 인간세상을 널리 이롭게(弘益人間) 하는 길도 두 가지가 있다. 그 하나는 국민이 잘살도록 나라가 발전하는 것이다. 국가발전(國家發展)이란 국가가 경제발전을 비롯하여 정치발전, 사회발전, 문화발전 등 여러 가지 면에서 발전하여 국민의 생활의 질이 높아지는 것이다. 다른 하나는 그 발전의 성과를 형평원리에 입각하여 고루 그 혜택이 배분되게 하는 국민복지(國民福祉)의 실현이다.

국민을 주체로 하며, 동시에 객체로 하여 구성되는 것이 국가라고 한다면, 홍익인간을 주체로 하며, 동시에 객체로 하는 국가를 홍익국가라고 개념을 세울 수도 있을 것이다.

홍익인간이 최선의 실현으로 인간다운 인간의 자기완성을 이룩하는 인간이상형(人間理想型)이라면, 홍익국가(弘益國家)는 국가발전(國家發展)과 국민복지(國民福祉)를 이룩하여 모든 국민에게 크고 넓은 홍익인 발전과 복지의 혜택을 골고루 부여하는 이상적인 인간이상형(人間理想型) 국가라는 개념을 정립할 수 있다. 이것이 세계화 속에 한국화모형이념理(韓國化模型念)으로서 우리가 추구해 나가야 할 한국 혼(韓國魂)이 살아있는 홍익국가이념(弘益國家理念)인 것이다.

이상의 역사적 조명에 근거하여 한민족이 새롭게 형성할 건국이념선언의 대의를 전 민족이 받아들일 때, 대한민국의 고전적인 건국이념인 아사달 신시나라의 건국이념과, 3.1독립선언문에 근거한 상해임시정부의 독립정신과, 대한민국의 건국이념인 홍익인간이념의 현실성이 뒷받침될 것이다.

저자 약력

사단법인 한민족학세계화본부 총재

윷놀이문화 및 倍達神市나라 연구

전, 안동대학교 겸임교수

전, 통일국민당 군위군 선산군 지구당위원장

전, 한나라당 군위군 칠곡군 공동 지구당위원장

전, 한나라당 중앙위원. 중앙위원회 고문

전, 새누리당 대선 직능본부 종교대책위원장

저서

한민족학서설

국가개혁의 원동력

사회통합과 윷놀이문화

신시나라 건국이념. 등 다수

논문. 한민족학 실천논리 건국이념에 관한 연구

E-mail : kwoncm526@hanmail.net

전화 : 010 - 2210 - 8870

"弘益人間思想홍익인간사상은 무엇인가?"
민족사상가 **박찬희**

 우리의 교육법에 "대한민국의 국민은 홍익인간이념으로 교육한다."라고 되어 있는데 학교에서 가르치는 교육자들 스스로도 이를 모르므로 그동안 우리의 교육계에서는 교육법 자체를 실행하지 못하였다. 국민들이 弘益人間 네 글자만 알고 있는 정도이다. 그러나 그 알고 있는 네 글자의 해석부터 일제강점기에 잘못되어 있었으므로 홍익사상의 학문은 사장된 채로 방치되고 있었던 것이다.
 지금은 모르지만 옛날에는 교사가 발령을 받으면 홍익인간이념으로 교육을 하겠다는 선서를 했다는데 선서를 한 그 당사자들이 홍익인간사상의 내용을 모르니 어떻게 교육이 이루어질 수 있겠는가? 오늘날의 한국정신 문화원이라는 곳도 홍익인간사상 학술 세미나를 한다고 단군신화 정도만을 말하고 있는 실정이다.
 그동안 우리는 홍익인간사상의 학문이 정립되지 않아 그것을 교육할 수 없었고 교육이 이루어지지 않으니 홍익세상은 우리와는 먼 세상일 수밖에 없지 않은가? 이것을 김 영돈 선생님께서 삼국유사와 한단고기에서 찾아내어 "한단고기로 본 고조선과 홍익인간"의 책으로 정립을 하였다.

일제의 해석법은…

弘(넓을 홍)자를 廣(넓을 광)으로 해석하고,

益(더할 익)자를 利(이로울 이)로 해석하여

널리 인간을 이롭게 한다. 라고 하였으나,

김영돈 선생님의 해석은…

弘(클 홍)자를 大(큰 대)로 해석하고,

益(도울 익)자를 助(도울 조)로 해석하여,

弘益人間은 "크게 도와라"

즉 "사람과 사람 사이 서로 돕고 살아라!" 이다. 다시 말하면 '널리 인간을 이롭게 한다.'라고 하면 막연하고 추상적이다. 그러면 널리 인간을 이롭게 하는 주체가 누구인가? 우리는 홍익인간사상으로부터 이로움을 받을 수혜자이고 객체인가? 홍익인간사상은 인간 개개인이 주인이고 주체임을 가르치는 率先垂範(솔선수범)의 교육이다.

'널리 인간을 이롭게 한다.'라고 하면 나(我)는 홍익인간사상 앞에 被動(피동)적이다. "누가 나에게 이로움을 주겠지"하고 기다리는 자세이다.

이렇게 모두가 이로움을 받겠다고 기다리는 의존심을 가진다면 홍익세상은 누가 펼치는가? 弘益人間은 내가 홍익인간이 되어야 하는 것이다. 즉 '지구촌 인류 모두가 홍익인간이 되어'라고 가르친 것이다. 그래서 한 마디로 표현하면,

"널리 인간을 이롭게 한다."가 아니고 "서로 돕고 살아라."이다.

홍익인간은 지금으로부터 5910년 전 桓國(한국)의 7대 마지막 智爲利

(지위리) 桓因天帝(한인천제)께서 居發桓(거발한) 桓雄天皇(한웅천황)에게 率徒三千(솔도삼천)하여 태백으로 내려 보내면서 可以 弘益人間(가이 홍익인간)하라고 유지를 내리신 것이다. 다시 말하면 다시는 싸우지 않는 평화의 신천지를 開天(개천)하라는 당부의 말씀이다.

한웅천황께서는 한인천제의 유지를 받들어 태백산 일대에 神市(신시 : 오늘의 수도)를 세우시고 倍達國(배달국)을 건설하여 弘益人間(홍익인간) 在世理化(재세이화)로서 18대 1565년을 이어오시다, 지금으로부터 4346년 전 王儉(옷검) 檀君(단군)께서 800의 동지를 이끌고 아사달로 옮겨와 朝鮮(조선)을 건국하시그 47대 2096년 간 홍익인간 재세이화로서 세상을 다스리니 합 3360년 간 동아시아에 평화의 세상을 이룩하시었다.

그러나 오늘의 우리는 조상들이 이렇게 살아오신 상고사를 상실함으로 이를 모르고 있는 것이고, 또한 홍익인간사상의 학문이 정립되지 않아 교육법에만 명기해 놓고 그 교육은 이루어지지 않았던 것이다. 여기에 짧은 지면을 통하여 이를 알리고자 한다. 필자는 홍익인간사상의 학문을 국민들에게 알리고자 인터넷방송(www.sun21.or.kr)에서 강의를 하고 있는데 56회까지르 마무리 강의를 내 보냈고, 이 글을 보시고자 하는 분은 이메일 : doodoongpot@naver.com으로 메일을 한번 주시면 1번부터 차례로 정성을 다하여 강의를 보내 드리겠습니다.

홍익인간사상은 그 틀이 天, 地, 人 사상이다.

하늘과 땅 사이에 사람이 살아가는데, 어떻게 지혜롭고 평화롭게 살아갈 것인가? 인데 그 중 "평화롭게"가 핵심이자 홍익인간사상이 태어난 목적이고, 존립의 당위성이다.

홍익인간의 실천 덕목은…

'忌三(기삼) ; 僞-거짓, 怠-게으름, 違-어김'은 하지 말고
'三道(삼도) ; 眞-참되게, 勤-부지런하게, 協-어울려라'이다.

거짓말을 하지 말고 정직하게, 게으르지 말고 부지런하게, 약속을 어기지 말고 서로 어울려라 즉 서로 도와라. 相扶相助(상부상조)하여 살아라! 이것이 홍익인간사상의 핵심이다.

오늘날 지구촌 인류에게 존재하는 모든 종교들 중에 거짓말을 하지 말라고 가르치는 종교는 하나도 없다. 그것은 그들 스스로 거짓말을 하기 때문이다. 거짓말을 하지 않는 정직함은 인류의 모든 문제를 順理(순리)로써 풀 수 있게 한다. "모든 악은 거짓말에서 시작한다."

① 홍익인간사상은 一元論(일원론)이다. 홍익인간사상은 일원론을 이해하지 못하면 홍익의 문턱을 넘을 수 없다.
②「한」: 桓者 全一也 光明也(한자 전일야 광명야)
　　全一 爲三神之 知能(전일 위삼신지 지능)
　　光明 爲三神之 實德(광명 위삼신지 실덕)
　　乃 宇宙萬物之 所先也(내 우주만물지 소선야)
　　「桓한」이란 모두를 하나로 함이요 밝은 볕이다.
　　全一 : 소선 이는 우주 만물에서 으뜸이니라.
　　삼신하나님의 作爲(작위)는 "全一(전일)"모두를 하나로 한다는 뜻이다.
　　즉 인간사는 만물을 사이(間)에 두고 어울려 작위하게 한다는 뜻이다.
　　이를 "桓한"이라고 한다. 홍익인간사상의 학문은 「한」에서 출발한다.
③ 홍익인간사상은 : 神人合一思想(신인합일사상)이다.
　　※ 人間(인간)은 神의 分身(분신)이다. 이를 이해하지 못하면 홍익의 문턱을 넘을 수 없다.

④ 홍익인간사상은 教政一致(교정일치) 사상이다.
⑤ 홍익인간사상의 궁극의 목표는 : 一無憾且怫異者(일무감차불이자)
　　衆議一歸 爲和白(중의일귀 위화백)이고,
　　이를 이루기 위하여는 氣三(기삼)과 三道(삼도)의 실천으로,
　　天 眞一 無僞(천 진일 무위)
　　地 勤一 無怠(지 근일 무태)
　　人 協一 無違(인 협일 무위)
　거짓, 게으름, 어김을 없이하고 참되고, 부지런히, 서로 어울림을 같이 한다는 기준에서 토의 한다면 즉 편견에 기울지 않는다면 모든 인간사의 결정이 一歸(일귀) '하나'로 귀착하지 않을 수 없다. 이것이 홍익화백의 회의방식으로 衆議一歸 爲和白(중의일귀 위화백)하는 토론방식이다.

　홍익인간사상은 타에 의존하는 가르침이 아니고 스스로 행하는 率先垂範(솔선수범)의 가르침이다. 즉, 다른 信仰(신앙)처럼 어떤 대상에게 의존하여 所願成就(소원슝취)나 救援(구원)을 바라는 구걸하는 신앙이 아니고 스스로 행하는 宗敎(종교)이다. 오늘날 인류가 信仰(신앙)과 宗敎(종교)의 가치가 전도되어 어떤 대상에게 기원을 하여 자신의 바라는 바를 이루고자 하는 것을 종교라고 하고 儒學(유학)처럼 기원의 개념이 없는 가르침은 종교가 아니라는 것은 참으로 잘못된 價値觀(가치관)이다.

　어떤 대상에게 의존하여 자신의 목적하는 바를 달성하고자 하는 것은 인류를 나약하게 유도할 뿐 이것은 현실성이 없는 속임수에 불과하다. 과거의 역사에서 인류의 과학문명이 지금처럼 발전하지 못하였을 적에는 인류의 한계를 느끼고 이것을 神에 의존하여 해결하고자 하였으나 오늘날에는 사람이 병이 나면 병원에 가서 치료를 하여 그 병을 퇴치를 하지

神에게 빌어서 병을 고치는 게 아니다. 이와 같이 앞으로 인류의 과학은 끊임없이 발전할 것이고 인류문제는 인류가 스스로 해결해 나갈 것이다.

   태초에부터 인류의 역사는 인류가 창출한 것이지 神이 인류의 역사를 이끌지 않았다. 그래서 우리의 홍익인간사상은 인류가 스스로 주인임을 알리고 주인으로서 어떻게 지혜롭고 슬기롭고 평화롭게 살 것인가를 가르치는 宗敎(종교)이다.

   우주에는 神(신), 人間(인간), 짐승이 있는데 신에게는 神性(신성)만 있고 짐승에게는 獸性(수성)만 있으나 사람은 神性(신성), 獸性(수성), 人性(인성)을 다 가지고 있다. 이 세 가지 性品(성품)을 다 지니고 있는 인간은 교육이 부재하면 人面獸心(인면수심)이라고 사람의 탈을 쓰고 짐승 같은 행위를 저지르고 교육을 잘 받으면 인격을 도야하여 인격자로 살 수 있고 수행을 거치면 인격자를 넘어 神性(신성)의 경지에 이를 수 있다.

   그래서 홍익인간사상은 수성을 멀리하고 인격을 기르고 나아가서는 신성에 도달하도록 가르치는 지상 최고의 가르침 즉 宗敎(종교)이다. 그래서 송 호수 박사님은 '단군은 神人(신인)이다.'라고 하였다. 다시 말하면 단군은 神之下(신지하)이고 聖之上(성지상)인 神人(신인)이다. 오늘날 우리가 떠받드는 4대성인의 위이고 하나님의 아래이다. 즉, 신과 인간이 합쳐진 자리 神人合一(신인합일)의 경지에 오르신 神人(신인)이었다. 필자는 송 호수 박사님의 견해를 지지하는 바이다.

   오늘날 인류가 聖人(성인)을 인류역사에 가장 위대한 인간으로 추앙을 하고 있은데 사실 4대 성인들은 모두가 실패한 성인이다. 4대 성인의 가르침으로 인류역사에 평화의 시대를 맞이한 적이 있는가? 인류사회에 평화보다 더 소중한 가치가 있는가? 평화는 인류를 살리는 길이고 전쟁은 인류를 죽이는 길이다. 제아무리 우주가 아름다워도 이 내 목숨이 없으면 그 아름다움은 없는 것이다. 가장 소중한 나의 목숨을 살리는 길이 평화이다. 우리의 조상님들은 배달의 1565년 고조선의 2096년 합 3660년을 홍익인간사상에 의하여 평화의 세상을 이룩하셨다. 이보다 더 위대한 조상이 있는가?

미래의 인류에게 평화를 가져다 줄 수 있는 가르침은 오로지 "홍익인간사상" 임을 알른다.

우리사상 동학 바로알기

춘추당 **장영희**

앞으로 오는 새 종교는 모든 종교의 통합을 의미합니다.

그것은 대도를 탄생시키는 화합의 의미를 내포하고 있으며 그 중심에 오로지 동학과 서학이 있을 뿐입니다.

수운대신께서는 천하의 무극대도 이 세상에 난다고 하였습니다.

천하에 무극대도가 날 때에는 산하대운이 진귀차도 할 때가 될 것입니다.

수운 최제우와 강증산은 동학이라는 학문을 이 땅에 펴신 스승님이요.

결코 두 길이 될 수 없습니다 동학은 서학과 더불어 앞으로 세계를 통일시키는 천하통일의 기본이 될 것을 예언하신 우리에게 주신 위대한 스승님 이십니다.

그러므로 동학은 세계를 통일시키는 새롭고 신비한 학문의 세계를 뜻 합니다.

수운 최제우의 무극대도와 강 증산의 해원상생은 영원한 평화와 낙원을 뜻한 천문입니다.

때문에 이를 깨달아 경수차서하는 학성군자는 이시대의 대도를 건설하는 성인입니다.

우리사상 동학을 바로 알면 대박

우리 사상 동학을 바로 알면 왕 대박을 맞을 때가 임박 하였다는 말은 하늘이 수운 최제우 대신사님과 맺은 약속이 있기 때문입니다. 근세사에서 최제우 대신사님은 하나님으로부터 내가 너와 함께 하리니 내 마음이 곧 네 마음이 될 것이라는 말씀과 함께 어마어마한 축복을 약속 받으셨습니다. 하나님은 수운 대 신사님에게 '내가 너를 택하여 하늘이 하고자 하는 엄청난 도를 세상에 펼치리니 너는 이를 받아 잘 정리하여 세상에 하늘의 덕을 펴라.'는 말씀을 하셨습니다.

세상에 널리 펼치라는 하늘의 덕 동학사상이란 과연 무엇인가.

수운선생께서 집필하신 동경대전 포덕문은 첫 머리에 덮을 蓋자로 시작합니다 이는 중요한 뜻이 감추어져 있다는 표시일 수 있습니다. 이는 지금 세상에 나도는 한문 해석 정도의 수준이 아닌 하늘의 큰 뜻이 있으며, 이 뜻은 때가 이르기까지 숨겨져 있다는 것입니다. 이를 수덕문에 '胸藏之不死藥하니 弓乙其形이요 口誦長生呪하니 三七其字라 開門納客하니 其數其然'이라(흉장지불사약 궁을기형 구송장생주 삼칠기자 개문납객 기수기연). 이 부분은 동경대전에서 가장 난해한 말씀으로 사람이 쉽게 해석할 수 없는 말씀이니 때가 이르러 영안이 열린 "聖人의 以生"(성인의 이생)에 의하여 알려질 것입니다.

지금까지 하늘이 숨기고 간수한 참 진리는 현재 천도가 내세우는 인내천이 아니고 무극대도의 창건입니다. 대도의 창건이 장차 많은 나라에 덕을 끼치고 평화의 세계를 이루게 될 것입니다.

금년은 동학발생 120주년이 되는 해입니다. 이 해에 수운 대 신사께서는 용담유사 몽중 문답가를 통하여 '하원갑 지내거든 상원갑 흐시절에 만고 없는 무극대도 이 세상에 날 것이며, 너는 또한 연천해서 억조창생 많은 백성 태평곡 격양가를 불구에 볼 것이니 이 세상 무극대도 전지무궁 아닐런가.'라고 노래 하셨습니다.

120년 전 1894년을 동학 농민운동 발발의 하원갑으로 본다면 1954년 중원갑 지나 2014년을 상원갑이 되는 해로 년도수를 짐작 할 수 있습니다.

몽중문답가에서 이때까지 없던 무극대도가 이 세상에 나올 것이니 했던 그 해가 2014년입니다. 이 무극대도에 대하여 수운 대신사님께서는 '금불문 고불문지사요(지금도 듣지 못하고 예전에도 듣지 못하였고) 지금도 비교할 수 없고 옛적에도 비교조차 할 수 없었던 법'이라 설명하셨습니다(론학문). 이는 전무후무한 대도의 탄생을 예언하신 것입니다. 그러므로 우리가 지금 '알고 있는' 천도교나 동학이 아닌 새로운 동학을 수운 대신사님이 동경대전 첫 머리에 (덮을蓋) 갈무리하셨던 것입니다.

또 깊은 뜻을 깨달아 "산하대운이 진귀차도(탄 도유심급)하는 그 중심에 동학이 있고 그 동학사상으로 인하여 세계에 평화가 넘치는 낙원이 건설되는 것을 무극대도라 하셨습니다."

신약성경 마태복음 10장 26절에 "숨은 것 감추인 것이 드러나지 않을 것이 없느니라." 성경에는 많은 장래사가 비유와 비사로 가려져 있어 누구나 쉽게 알 수 없도록 감추어져 있는데 이것을 알 때가 온다고 합니다. 이를 현재 보이는 것만을 주장하여 장래 일을 부정하였다면 이는 해몽 못한 어리석은 짓임을 뜻합니다. 그러므로 동경대전에 보이는 글은 빙산의 일각입니다 교훈가에 '해몽 못한 너희들은 서책은 아주 폐하고 수도하기 힘쓰기는 그도 또한 도덕이라 문장이고 도덕이고 귀어 허사될까 보다'라고 꼬집으셨습니다.

이는 전 세계적으로 이루어지는 그 대도가 동학으로 인한 것임을 드러내는 말씀입니다. 현재 수운 대신사님을 용담으로 비유하여 '용담수류 사해원이라'(절구) 하셨는데, 이는 해월신사님을 북접이라 명하셨기 때문입니다. 시간에 쫓기는 상황에서 급박하게 순도하시기 전에 북접을 인정하신 것은 남접도 있다는 뜻입니다. 즉 동서남북 사방에서 용담수가 흐른다는 것을 의미하셨는데 이를 잘 이해하여야 합니다. 같은 스승님을 추모하면서 이를 등한이 여겨 서로가 원수지간처럼 지내면 대신사님의 대도는 결코 이루어지지 않는 공염불이요. 이 세계가 결코 하나님이 계획하시는 평화의 등산이 될 수 없습니다.

이 말씀을 깨닫기 전까지는 서로가 원수처럼 지냈지만 이런 해석이 나온 후에는 서로가 화합해야 하며, 천도교가 맏형으로서 사명을 감당하는 놀라운 변화가 있어야 합니다. 이것이 하늘의 뜻이요, 나를 부정하고 하늘의 뜻 수운 대신사님의 뜻에 동참하는, 참 동학인으로 거듭나는 길입니다.

기록된 대도를 외면하고 성인의 이생을 부정하는 현재의 경전 해석을 새롭게 하여, '범천지 무궁지수와 도지무극지리가 개재차서' 하였다는, 그리하여 '경수차서'하라는 대신사님의 명을 수명하고, 불실현기하는 위대한 동학으로 거듭나는 놀라운 변화가 바로 개벽이라는 사실을 명이찰지하시기 바랍니다.

그 다음은 수운 대신사님의 뒤를 이어 代先生으로 오신 강증산 천사입니다(도전 2/7). 그를 신봉하는 증산도 교인들은 변화를 추구하는 뜻을 밝혀 서로가 해원상생하는 길을 선택하여야 합니다. 같은 민족종교를 신봉하고 좋은 세상이 올 것을 기대하는 마음으로, 그동안 서로 담을 쌓고 살아온 어리석음을 회개하고, 서로가 손을 잡고 온 세계에 평화를 선포해야 합니다.

지도자는 하늘의 뜻을 받아 이 모든 기록을 밝히 보고 이 시대에 동학 사상을 바로 펴야 합니다.

물론 이는 어렵고도 힘든 일입니다. 그러나 마음만 고쳐먹으면 축복받는 길이 여기에 있는데 구태여 심판받는 길을 선택할 이유가 없습니다. 증산천사께서 '운수는 좋지만 목 넘기가 힘들다.'고 하신 이유가 여기에 있습니다. 증산 천사께서 동학을 창도하신 수운대신사께 좀 서운한 말씀을 하셔서 서로 손을 잡는다는 것이 쉬운 일은 결코 아니지만, 대의를 생각하면 증산천사께서 기유년 정월일일에 현무경을 작성하신 그 부분에서 분명 수운대신사께 大先生前如律令이라는 문구로 포교 오십년 공부라 하셨습니다.

이 말씀의 참 뜻을 수운대신사께서 "절구"에 이렇게 기록하셨습니다. '平生受命 千年運 聖德家承百世業(평생수명 천년운 성덕가승 백세업)'. 이는 대신사님께서 하늘에서 받은 명령의 총 분량은 천년 운이지만 실지로 행한 거룩한 업적은 백년 치 밖에 되지 않으니 그러면 나머지 구백년을 누가 행할 것인가라는 뜻이다. 이는 수운대신사께서는 극히 짧은 시간을 포덕 하셨으며, 代를 이은 강증산 천사께서 구년의 천지공사로서 무극대도의 기틀을 짜 놓았다는 증거입니다.

이것은 두 분이 하늘의 메신저 사명을 띠고 무극대도 창건의 설계도를 작성하셨다는 것을 분명히 말씀하신 것입니다. 그러므로 두 줄기의 도가 하나로 이어져서 해원상생의 도가 탄생할 것을 의미합니다. 현재를 사는 우리 후학들은 무엇을 선택할 것인가를 깊이 고민하여야 하는 기로에 서 있습니다. 과연 수운대신사님과 증산천사의 교지를 어떻게 이해하고 받아들이느냐가 살고 죽음을 결정할 것입니다. 지금까지 걸어온 길고 협소한 길을 그대로 갈 것인가 아니면 대도로서 새로운 동학인으로 거듭 날것인가는 다 각자 생각하는 대로 결정하리라 믿습니다.

　세상은 날로 변하여 갑니다. 좋은 세상 편리한 세상으로 나날이 달라지는데, 구태의연한 사고방식을 갖고 인내천이라는 아리송한 구호에 취하여 현실을 외면하는 신자로 남을 것인가, 아니면 무극대도를 건설하는 새로운 사상으로 나아가 보다 현실적이고 이치에 맞는 새 동학인으로 부활할 것인가, 선택하십시오.

천지도수로 본 최 수운과 강증산

　이 두 분은 거의 같은 세대에 誕生하시어 일의 先後를 담당 하시므로 後天 五萬年之 無極大道의 뚜렷한 증거를 이룩하신 분들이십니다. 수운대 신사는 한울님께 후천 오만년지 무극대도를 열으라는 명을 처음 받으셨고 증산천사는 수운대신사의 뒤를 이어 후천의 주인공인 대두목 출현을 위한 天地公事를 물샐 틈 없이 작성하시고 '세월이 돌아 닿는 대로 새 기틀이 열리리라.'는 말씀으로 장래사를 예언하신 분이십니다.

　이 무극대도에 대하여 수운 대신사님께서는 '금불문 고불문지사요(지금도 듣지 못하고 예전에도 듣지 못하였고) 지금도 그렇고 옛적에도 비교조차 할 수 없었던 법'이라 설명하셨습니다(론학문). 이는 전무후무한 대도의 탄생을 예언하신 것입니다. 그러므로 우리가 지금 '알고 있는' 천도교나 동학이 아닌 새로운 동학의 탄생입니다

　甑山은 水雲에 더하여 '崔 水雲은 動世를 닮았고 나는 靖(꾀할靖)世를 맡았나니 전 명숙의 動은 곧 천하의 난을 동케 하였느니라. 최 수운은 내 (새) 세상이 올 것을 알렸고 김 일부는 내 세상이 오는 이치를 밝혔으며 전 명숙은 내 세상의 앞길을 열었느니라.'

　지금 증산교와 천도교는 세상에 쌍두마차 격으로 나뉘어 존립하고 있

습니다. 천도교는 수운과 북접 해월 의암을 신앙하는 종교 단체이고, 자칭 남접으로는 김주희의 상주 동학교가 있으며 대전에 수운교라는 명칭을 가진 수운 대신신사님을 추종하는 단체가 있습니다. 또 증산교는 그 안에 서로 대립적인 수많은 단체가 있습니다.

다 같이 증산을 上帝로 받들면서도 서로가 犬猿之間이 되어 헐뜯고 있습니다. 대 두목에 관한 한 똑같이 증산의 천지공사를 외면하여 서로의 주장이 상충 되며 서로가 판밖이요 대두목이라고 주장하는 것이 현실입니다.

지금까지의 상항으로는 천지공사의 내용과는 전혀 맞지 아니한 대두목이 판을 치고 있습니다. 천지공사기에 나타난 대두목은 분명히 수부 치마폭에서 난다고 하였는데, 지금 나와 있는 대두목은 어느 한 사람도 수부에게서 난 흔적이 없는 스스로 난 자들입니다.

그리고 이들은 지금까지 다시 나타나야하는 수부의 출현도 없는 상태에서 모두들 큰 판을 이룬 교주들입니다. 천지공사에는 대두목이라도 다섯 명이 함께 다니기 어렵다고 기록되어 있습니다. 그러므로 이들은 천지공사기에 단 한자도 맞지 않는 자들입니다.

증산 화천 이후 종도들이 우후죽순 격으로 교를 창도하여 서로 정통파요 판밖이라고 우기며 한때 팔백 만 명의 신도 수를 자랑할 때도 있었습니다. 그와는 대조적으로 천도교로 개명한 동학은 의암성사를 중심으로 한때 삼백만 신도가 있었으나 지금은 그 위세를 찾아볼 수 없을 만큼 교세가 衰運을 맞이하여 기록이 성취 되고 있습니다.

그러나 이 두 줄기의 종교(천도교와 증산교)는 하나님이 계획하시고 이루시려는 오만년지 무극대도를 실천에 옮기시기 위하여 택하신 우리나라 유일의 자생종교이며, 말세에 하느님(상제 한울님)이 직접 강림하실 텃밭

종교입니다.

　수운 대신사께서 천명을 받으시고 너무 일찍 참형을 당하심으로 증산께서 기록대로 8년후에 친히 강세하시어 마지막 首婦公事와 大頭目公事를 확실하게 매듭지으셨습니다. 그 완성된 천지공사가 이제 이 땅에 그 설계도대로 그 주인공이 나타나기만 하면 후천 낙원의 세계가 열리게 되는 것입니다.

　수운과 증산의 천지도수를 이어 두 집단이 합일되고 생명이 있는 대도로 거듭나는 섭리를 이해하게 되면, 그 집단은 무극대도를 創建하는 丈夫가 될 것입니다. 그리고 그는 오만년지 무극세계에서 무궁한 세계를 다스리는 영광의 왕이 될 것입니다.

　용담유사의 말미에 붙어있는 검결에 이르기를, '만세 일지 장부로서 오만년지 시호로다 용천검 드는 칼을 아니 쓰고 무엇하리 무수장삼 떨쳐입고 이칼 저칼 넌즛들어 그 누구를 심판할 것이다' 하였는데, 이 문장의 뜻이 보인다면 그는 하늘에 의해 선택된 자신을 삼일 후에 확실히 알게 될 것입니다.

萬法典의 萬世華(만법전 만세화218쪽)에 기록된 최 수운과 강증산

　천상의 복덕성이 경주용담 비추었네, 오복 성을 앞세우고 경주용담 찾아드니 諸天이 下降하사 최 씨 가에 문을 열고 오는 손님 환영한다. 용화세상 미륵불이 용담에 개운이라 십삼자 받아내니 수운성사 빛났도다. 삼변도수 한이 차서 갑자중순 선화신이 대구에 몸을 벗고 천수를 살펴보니 복희씨 팔괘 운이 부상에 실리기로 가만히 살펴보니 모악산 금산사라 금불에 몸을 붙여 팔년 동안 일을 보니 팔괘 운이 회수되고 삼인동행 운이 들어 금불을 하직하고 모악산 상 높이 앉아 천수를 살펴보니 하늘에 자미

성이 고부에 비쳤기로 모악산을 하직하고 고부 산천 돌아드니 오궁도수 수가 맞아 시루봉 하 객망리에 강씨 배를 빌렸나니 구변 구욕 곤도수에 팔왕녀가 수가 맞아 오만년 빛난도수 용화도장 좋을시구 복희씨 팔괘법을 전전道術하여 내니 太古時節 更來로다.

만세화로 唱을 하니 좋을시구 좋을시구 천지조판 한 연후에 대성인이 누구인가 석가세존 삼천년에 고부 산천 빛났도다. 객망리에 봄이드니 미륵불이 나셨도다. 십방삼세 무등이요, 천상천하 복 불일세 삼도고해 빠진 중생 대자대비 건지신다. 신미구월십구일에 미륵불이 탄생일세 삼계도사 우리성불 사생자부 아니신가 여천여해 높은 은덕 지심으로 갚아서라 개벽도수 오는 날에 감격지심 절로 난다.

위 말씀을 음미하면 경주용담 수운 대신사 이후에 모악산하 객망리에 강증산 천사의 개벽도수를 위하여 오셨음이 한눈에 보입니다. 이제 진정한 개벽도수는 다시 오는 대 두목에 의하여 열릴 것이며 대 두목은 儒佛仙合一道를 주장하고 나올 것입니다. 앞으로 실상으로 열리는 개벽도수를 위하여 警世歌에는 '道令 나이 몇이던고. 先四十에 後四十을 이 땅 와서 轉轉(전전)한들 어느 누가 알았으며 억조창생 어찌하여 가도령에 속는구나.'라는 기록이 있습니다.(정북창의 궁을가와 일맥상통.)

만법전 '교령'(188쪽)

山河大運이 盡歸此道 될 때에 敎運이 當於冬至之格 이요 夜當子時之格이라 天運自然兮여 西運이 東來로다 西神東來혜여 西神司命이로다 敎運 冬至兮여 一陽始生이로다 夜當子時兮여 鷄鳴不遠이로다 吾衆은 誠之又誠하여 以待靑龍 動勢之運을 至願至願하라

(산하대운이 진귀차도 될 때에 교운이 당어동지지격 이요 야당자시지격이라 천운

자연혜여 서운이 동래로다 서신동래혜여 서신사명이로다 교운동지혜여 일양시생이로다 야당자시혜여 계명불원이로다 오중은 성지우성하여 이더청룡 동세지운을 지원 지원하노라)

'서신이 동래하는것이 서신사명이고 교운이 동지혜여 끝장났으니 새로운 운의 시작이라하심 일양이 시생이로다.' 했으니 곧 한 남자가 탄생한다는 암시입니다. 또 '야당자시혜여 계명불원이로다.' 한 이 말씀은 '자시가 되면 닭이 울 대가 멀지 않았다.'라는 은어로서 대두목이 닭 띠(黃鷄"己酉生"뜰만 잡았다)로서 나올 것을 암시한 것입니다. '오중(나를 다르는 그대들은)은 성지 우성하여 이대청룡동세 지운을 지원하라.'(청룡동세지운을 지성으로 바라라는 말씀은 동서에서 24명의 역꾼을 뽑는다는 말씀입니다.)이 말씀은 동학 성도들에게 하시는 예언의 말씀입니다. 동학 성도 중에 청룡에 해당하는 운수를 받을 사람이 있음을 시사하는 말씀입니다.

만법전은 무극대도가 이루어지는 때에 그 주인공의 출현에 대하여 매우 자세히 기록한 예언서입니다 위의 서신에 대하여 수운 최재우는 동학으로 강증산은 서신사명으로 합일하여 무극대도를 이루어야 한다는 것을 비밀리에 예언하셨건만 그 누가 깨달을 수 있을까! 그러므로 교운이 동지지격이요 야당당시지격이라 하였습니다. 이는 전혀 때를 모르는 캄캄한 밤이요, 예언의 말씀을 모르는 상태를 이르는 것입니다.

큰 틀에서 서기동래의 현실에 대하여

그러나 이 모든 역사적 과정이 어쩌면 서학이 우리나라에 유입되면서 불같이 일어나리라한 격암유록의 세론시의 西學大熾 天運也(서학대치 천운야)라는 예언 때문인지도 모를 일입니다. 서학이 우리나라에 들어오면서 불같이 일어난 것은 사실입니다. 1990년대까지 밤하늘이 십자가의 열기로 불붙는 듯하였고 1982년 야간통행금지가 해제되기까지 12월 25일은 일 년 중 단 하루 통행금지가 해제되는 날이었습니다. 그 때에 온 나라가 merry christmas를 외치며 밤새도록 발광에 가까운 축포를 터뜨렸습니다. 동방에서 손님으로온 서방종교를 대접했다고

성경과 동경대전 두 경전의 핵심은

너무나 같은 진리로 점철되어 있습니다. 동학과 서학은 처음부터 합일을 목적으로 서로 경쟁적인 관계를 맺었다가 마지막 때에 서로 화합하는 드라마를 연출할 것 같습니다. 서로가 경쟁적인 불화관계였기에 화합이 더 드라마 같지 않겠습니까. 결국 이런 드라마는 하늘의 뜻을 아는 사람들의 몫이지 모르는 사람은 아무런 상관이 없는 것입니다. 하나님의 계획을 세상 전체에 알리고 수 십 년을 홍보했지만 많은 사람들이 관심조차 없었으며, 이들의 뒤늦은 후회는 다 자신들에게 돌아갈 것입니다. 하나님께서는 선지자를 통하여 심판의 날이 다가온다는 메세지를 알릴만큼 알렸고 충분한 시간도 주셨습니다.

이제 하나님의 나라는 그 기록된 순서대로 이루어져가고 있으며 동 서학은 새로운 역사를 창출하기 위하여 지난날들을 청산할 것입니다. 새로 합일되는 동서 합일 도는 무극대도의 기초로서 앞으로 오만년지 대운의 첫 장을 열 것입니다.

동경대전 의암법설의 기록

'천도교는 천도교의 사유물이 아니고 세계 인류의 공유물이니라. 천도교는 문호적 종교가 아니요 개방적 종교니라. 天道敎는 계급적 종교가 아니요, 평등적 종교이며 세계적 종교이며, 편협한 종교가 아니요, 세계적

종교이며. 설명한다면 하느님은 종교를 설립하기 위하시는 것이 아니요 무극대도를 창건하기 위하시는 것이니라.' 하셨습니다. 용담가에 '어화세상 사람들아 무극지운 닥친 줄을 너희 어찌 알까보냐'라고 새로운 운수로서 인간에게 영생복락을 허락하신다는 약속을 하셨으니 무극대도 창건이 목적인 것입니다.

동학을 아는 사람은 동학의 목적이 이 땅에 무극대도 건설임을 알아야 하는데 지금 동학이라 자처하는 천도교인은 오로지 인내천 보국안민 광제창생 동귀일체 사인여천을 외치며 경전에 뚜렷이 기록된 하늘의 부르심을 입은 대신사님께서 기록하신 무극대도의 창건에는 전혀 생각조차도 못하는 안타까움은 그들이 그 대도건설의 주인공이 아니하는 결론입니다 산하대운이 진귀차도 하려면 문을 열어놓고 날마다 불사약을 이 무엇인지 알려주어야 하고 궁을형상이 무엇인지 외쳐야 합니다.

불사약이 없는 동학이 없으며 궁을형상이 없는 천도가 없습니다. 이런 이치는 장차 동서 합일대도로서 세계를 통일하게 하는 무극대도의 재료입니다. 이 뜻을 급하게 깨닫는 시기가 있으리니 이 시기가 개문납객 도수로 인한 변화입니다. 개문납객 기수기연이라 하셨음을 깨닫지 못하여 이 이치를 관과 한다면 그들이 어찌 무극대도의 주인공이라 하겠습니까

신약성경 히브리서 8:10~13

또 주께서 가라사대 '그날 후에 내가 이스라엘 집으로 세울 언약이 이것이니 내 법을 저희 생각에 두고 저희 마음에 이것을 기록하리라. 나는 저희에게 하나님이 되고 저희는 내게 백성이 되리라. 또 각각 자기나라 사람과 각각 자기형제를 가르쳐 이르기를 주를 알라 하지 않을 것은 저희가 적은 자로부터 큰 자까지 다 나를 앎이니라. 내가 저희 불의를 긍휼이

여기고 저희 죄를 다시 기억하지 아니하리라.' 하셨으니 새 언약이라 말씀하셨으매 첫 것은 낡아지는 것이니 낡아지고 쇠하는 것은 없어져 가는 것입니다.

본 성경구절의 말씀을 요약하면 수운에게 내린 오심 즉 여심이란 말씀과 너무 같으며 일성일패 즉 성한 것은 반드시 쇠하는 것이 하늘의 이치라 하심도 포덕문의 말씀과 같다고 봅니다.

론학문의 무왕불복지리

감이 없으면(無往) 돌아옴이 없는(不復) 이치는. 씨를 심어야 거둘 것이 있고 기록된 스승님의 말씀은 반드시 실상으로 이루어진다는 이치를 말합니다. 언제까지 주문만 외우는 그런 시대가 아닌 주문의 주인공이 나타나 대 신사님의 새 학문을 공부한 인재로 인하여 결실을 맺고 천하통일의 새 세상이 실상으로 건설됨을 말합니다. 그러므로 문서의 내용을 모른다는 것은 하나님과의 약속을 모른다는 말입니다.

동학은 서학을 모르고 서학은 동학을 모르므로 길이 열리지 않는 것입니다. 안다는 것은 아는 만큼 복을 받을 수 있음을 의미하고, 동서경전에 기록된 비밀을 안다는 자체가 도통이고 도통군자란 이런 경우를 뜻합니다.

하나님께서 천도교나 천주교나 다 같은 원리의 말씀을 주셨으나 사람들이 그 학문을 이해하고 받아들이는 방법이 달랐습니다. 이를 잘 못 해석하여 엉뚱한 길을 간다면 그것은 그 사람의 운수이지 하나님은 그 원하시는 길로 오는 사람만을 받아 당신의 영광의 백성으로 여기신다고 분명히 말씀하셨습니다.

그러므로 때가 이르기까지는 어떻게 믿든 큰 차이가 없다고도 할 수 있지만 때가 되어 하나님의 추수하시는 시기에는 영원한 낭떠러지에 떨어질 수 있다는 경고입니다. 그 하느님의 뜻을 이 세상에 알려주시고, 그 기록을 이루실 분이 다시 오시는 성인이라고 동경전 포덕둔에 기록하셨습니다. 동서 양쪽에서 나오시는 성인의 이생을, 깨닫는 자가 가장 복이 있는 사람으로 무극대도의 주인이 됩니다.

다시 말하여 후천 오만년지 대도는 이 감춰진 성인이 출현하므로 이 세상에 드러나기 시작한다고 볼 수 있습니다.

새 시대(무극대도)가 오려면

새 시대(무극대도)가 건설 되려면 이전 시대의 모든 종교가 평지 되는 역사가 일어나야 합니다. 상극으로 대립되어 있는 옛 세상을 심판하지 아니하고는 결코 새 시대가 오지 않으며, 무극이란 대립이 없는 화합된 세상이 되는 이 이치를 아는 자만이 갈 수 있는 세상입니다.

수운 대 신사께서는 '구미산수 좋은 풍경 아무리 좋다 해도 내 아니면 이러하며 내 아니면 이런 산수 아동방 있을 소냐. 나도 또한 신선이라, 飛上天(비상천) 한다 해도 이내 선경 구미용담 다시 보기 어렵도다. 천만년 지내 온들 아니 잊자 맹세해도 무심한 구미용담 평지 되기 애달하다.'(용담가) 라고 무엇인가 엄청난 일을 예고하고 계십니다. 구미 용담이란 천도교를 비유한 말씀입니다. 현재 천도교로는 무극대도를 건설할 수 없음이라 하심 입니다.

무하사에 기록하시기를

용담에 굴이 있어 근원이 깊었으니 사해에 둘렀도다. 검악어 꽃을 심어 임자를 정했으니 화개소식 분명하다 동풍 삼월 이 때로다 십오야 밝은 달은 사해에 밝아있고 이화도화 만발하여 만화세상 아니런가 백화작작 그

가운데 정전에 '일지매'는 표일한 절개로서 은연히 빛을 감춰 정절을 지켰도다' 이는 분명 사람을 지칭하는 말씀으로 그 가운데 있을 비 천도교인입니다.

'검악에 심긴 꽃 임자가 있어 정절을 지킨 일지매의 비밀' 이것이 가장 마지막 때의 비밀이요. 무극대도 건설을 위하여 개문납객 도수로서 때가 이르러 드러나는 서기가 동래하는 계획된 일입니다. 이는 반드시 실상으로 나타나 행동으로 이루어지는 역사가 되어야합니다.

劍訣(검결)에

'검결은 누구나 쉽게 언급할 수 없는 어마어마한 심판의 말씀으로 세상 모든 종교를 굴복시키는 시나리오가 내포된 계시의 말씀입니다.' 현재 이 비밀은 깊이 갈무리되어 단순한 최제우 선생의 칼춤정도로 알고 있는데 그 칼을 비유하여 종말의 비밀을 기록된 말씀입니다.

'시호시호 이내시호 부재래지 시호로다 만세일지 장부로서 오만년지 시호로다 용천검 드는 칼을 아니 쓰고 무엇하리 무수장삼 떨쳐입고 이칼 저칼 넌즛 들어 호호망망 넓은 천지 일신으로 비켜서서 칼 노래 한 곡조를 시호시호 불어내니 용천검 날랜 칼은 일월을 희롱하고 게으른 무수장삼 우주에 덮여있네 만고 명장 어디 있나 장부당전 무장사라'

현재 교계의 일반적인 해석은 위의 만세일지 장부를 수운 최제우로 보는 해석은 잘못된 해석입니다. 이는 가장 마지막 때에 나타나는 심판자로 궁을을 지적한 말씀입니다. 이 만세일지 장부는 차제도법으로 오는 후천운수에 들어가느냐 마느냐를 심판하기 위하여 나타나는 장부이고 이들의 사명은 생사를 가르는 능력을 노래 한 것입니다.

그러므로 양날의 칼은 동서 경전의 동일한 예언의 비밀입니다 계시록의 주인공 인자같은이의 입에서 좌우에 날선 검이 나온다 했는데 검결의 말씀과 동일한 심판자의 모양새입니다 그러므로 동서경전을 통달하는 자를 도통군자라 하며 학성군자라고합니다 수운은 降詩에 圖來三七字(아름다운 아이낸자)에게 降盡世間魔 세상이 굴복한다는 뜻을 전하고있습니다.

時云에 '伐柯伐柯(시운 벌가벌가)하니 기측이 불원이라.' 내 앞에 보는 것은 어길 바 없지단 이는 도시 사람이요 '부재어근이르다 목전지사 쉬이 알고 심량 없이 하다 가서 말래지사 같잖으면 그 아니 내 한인가 이러므로 세상일이 難之而猶易(난지이유이)하고 易之而難(이지이난)인줄을 깨닫고 깨달을까.'(興比歌 누구에게 깨닫고 깨달으라 하신 말씀일까)

증산 천지공사기에는 중요한 말래사인 西運이 東來한다는 비밀을 예고하시고, 스스로를 서신사명이라 유언하셨으며, 연원을 바르라 맥 떨어지면 죽는다고 수차례 반복 말씀 하셨습니다.

水雲 崔濟愚와 姜甑山은 우리나라에 보냄을 받으신 축복의 근원이며, 무극대도를 이루는 그 하늘의 설계도를 작성하신 위대한 선령이십니다. 하늘이 정한 일을 사람의 생각으로 각자 위심하여 배타 한다면 어찌 무극대도가 이루어지겠습니까.

동학을 세상에 넌 큰 뜻은 무극대도를 창건하는 것이 목적입니다. 지금까지 존재한 수많은 종교를 동학을 중심으로 모이게 하여, 서기가 동래하는 이때에 산하대운이 진귀차도 하는 작전을 이루고 평화와 장수와 부요의 아름다운 세계를 창조하는 것이 하늘의 계획입니다. 지금 천도교에서 부르짖는 인내천이란 그 이후의 일입니다. 무극대도를 이룬 자 만이 인내천이 됩니다.

하늘의 스스로 오심 즉 여심에 관하여 말하자면, 네가 하늘의 뜻을 세상에 알리는 도구가 되기 전에는 하늘을 안다. 라고 말 할 수 없는 것이 하늘의 법입니다. 이 미묘한 차이를 깨닫는다면 감히 인내천이라는 말을 그리 쉽게 하지는 못할 것입니다. 하늘이 나를 인정하여 적어도 동경대전의 덮을 개자라도 떠들어 본 후에라야 인내천이 되는 것을 아시기 바랍니다.

유구한 인류의 문화는 기성의 고정관념에서 발전하고 변화는 자연스런 기성시대의 몰락으로 새 시대가 경이롭게 자리매김하여 이루어짐을 흘러 간 역사에서 볼 수 있습니다 이런 변화는 많은 혼란을 통하여 세대 간 갈등으로 보이지만 결국은 더 좋은 인간의 삶이 보장되는 장치가 그 근본에 자리매김 하였기 때문입니다.

현실적으로 보면 너무 많은 종교가 난립하여 종교 공해론이 나올 지경인데 세상에 그렇게 많은 종교단체가 존립해도 그 종교단체가 난세를 구원하는 사명을 전혀 못하는 이유를 일일이 나열하지 않아도 될 만큼 종교지도자들의 세속화 내지는 그들의 타락상이 그를 증명하고 있음입니다. 그들이 종교의 본질인 신의 섭리에서 떠나 사리사욕과 무능의 굴레를 벗어나지 못하는 한계가 여실이 이를 증명하는 현실입니다. 그러므로 지금 필요한 것은 이 모든 종교를 아우르는 하늘의 목적인 참 빛으로 나타나는 하늘이 예시한 그 분의 출현입니다.

새 세기의 종교는 모든 종교의 통합을 의미합니다. 우리의 예언서 격암유록은 더더욱 사실적으로 종교가 통합될 것을 기록하였습니다. 그것은 대도를 탄생시키는 화합의 의미를 내포하고 있으며 그 중심에 새로운 성인 즉 능력자(가칭정도령)의 출현을 강조하고 있습니다.

유일하게 개천절이란 절기를 가진 우리나라는 하늘이 열리는 미래가 약속된 나라입니다. 하늘 문이 열려서 하느님의 강림으로 새로운 세상이 아름다운 세계가 이 땅에 이루어 질것을 선포 하신 것입니다. 하늘의 새 역사가 나타나 화합의 시대가 온 세상에 넘치는 하느님의 인자가 넘치는 시대를 단군성조께서 홍익인간 재세이화라고 미리 선포하신 것입니다. 이 시대를 실천하시기 위하여 하느님이 직접 강세하는 시대를 수운최제우 대신께서 천명하셨고 뒤를 이어 강증산 천사께서 예언하셨습니다.

과학문명의 발전도 아날로그 시대에서 디지털 시대로 핸드폰 시대에서 스마트폰 시대로 놀라운 발전의 현상은 앞으로 우리에게 주어지는 놀라운 신정시대(하느님이 함께하는 시대)를 알리는 하늘의 메시지입니다.

이때가 올 것을 근세사에서 수운 대신사님에게 처음으로 계시하신 것입니다. 수운대신사께서 凡天地 無窮之數와 道之無極之理가 皆在此書하니 惟我諸君은 敬受此書하라(범천지 무궁지수와 도지무극지리가 개재차서하니 유아제군은 경수차서하라)(론학문) 이런 놀라운 시대의 축록이 우리에게 주어진 미래임을 말하고 있습니다.

수운대신사의 뒤를 이어 오신 강증산 천사께서는 현무경에 친필로 동학과 서학에서 성인이 나실 것을 예언하셨고 의암 성사께서는 무하사를 통하여 동 서 학이 일체로서 일조 발창 하리라고 말씀 하셨습니다.

이 말씀은 동학에 국한된 말씀이 아닌 전 세계적으로 이루어지는 동·서의 종교가 합일 함으로 세계상에 오는 평화의 메세지 입니다. 전에도 없었고 지금도 보지 못하는 천하의 무극대도 이 세상에 난다 하였습니다.

계시록의 마지막은 큰성 '바벨론' 멸절이라 하였는데 바벨론의 멸절은 곧 새 하늘 새 땅의 탄생입니다 이 세상을 지배하고 있는 큰성 babylon이 멸절함으로 새하늘 새땅이 탄생함을 이렇게 기록하였습니다.

"내가 새 하늘과 새 땅을 보니 처음 하늘과 처음 땅이 간데없다."라고 곧 이전 것은 사라지고 새것이 되었다는 변화한 세상을 새 것이라 합니다. 격암유록에 殺我者誰 나를 죽이는자 누구냐 小頭無足 작은 머리에 발이 없으니 설 수 없으니 飛下落地 땅으로 날 떨어진다. 活我者誰 나를 살리는 자가 누구냐 三人一席 이라 하였는데 적은 머리 즉 지식이 없는 자 설수 있는 발이 없으니 무식한자를 말함이요 현재의 종교형태에 속한자를 말하고 이를 꺼꾸로하면 대두유족 비상천입니다. 삼인일석이란 세 사람이 동한 자리에 앉았다는 은어인데 삼위일체가 나를 살린다는 뜻은 '수운 해월 의암'으로 인하여 창건된 동학에 사는 방법이 있다는 해석입니다. 동학으로 인하여 천하의 무극대도 이 세상에 날 것이라한 대도는 곧 영생 하는 조건이 약속 되어있습니다.

동학을 공부하면 상승상리하는 지금의 종교를 벗어나 대도를 알게 됩니다. 대도를 알고 대도를 건설하는 목적이 동학입니다 해월 신사께서 **無極大道 作心誠 圓通峰下 又通通**이라 하였습니다. 입춘시에 **大道正如天 春日佳期多**(대도정여천 춘일가기다) (수운교경전) 이 대도를 위하여 수운 해월 의암 세분의 스승께서 집필하신 설계도를 경수차서 하는 군자가 되어 인생이 부귀와 장수를 누리는 축복을 받게됩니다.

단군성조께서 개국 초에 국가 이념을 '홍익인간 재세이화'라 천명하신 그 큰 뜻이 반만년이 지난 오늘에 이룰 하나님의 나라임을 그 누가 알았겠습니까! 하느님이 일찌기 천명한 그 나라가 이제 이 시대에 창건될 것을 신명기에 이렇게 기록하였습니다.

신명기28/1~ 네가 네 하나님 여호와의 말씀을 삼가듣고 내가 오늘날 네게 명하는 그 모든 '명령을 지켜 행하면' 네가 '세계 모든 민족위에 뛰어나게' 하실 것이요. 네가 네 하나님 말씀을 순종하면 모든 복이 네게 임하며 ~~~너를 위하여 하늘의 아름다운 보고를 열으사 네 땅에 때를 따라 비를 내리고 네 손으로 하는 모든 일에 복을 주사 네가 많은 민족에게 꾸어 줄지라도 너는 꾸지 아니할 것이요 하나님께서 너로 머리가 되고 꼬리가 되지 않게 하시며 위에만 있고 아래에 있지 않게 하시리니 오직 너는 명령을 듣고 지켜 행하며 성서는 멀리 이스라엘에서 히브리어로 기록되었지만 이루어지기는 '땅 끝 땅 모퉁이' 나라 대한민국에서 이루어 질것을 이사야가 예언하였고 격암유록에 그 비방이 기록되어 있습니다. 이 기록 때문에 격암유록이 위서라 평하는 식자가 있는데 영서의 신비를 모르는 까막눈으로는 영적 세계를 결코 볼 수 없음입니다.

성서의 기록이 이루어지는 대한민국에 '홍익인간 재세이화'에 대하여 성경의 내용이 주어줄지라도 꾸지 아니 할 것이요 넘치는 축복이 있어야 홍익을 할 것 아닙니까? 세계상에 홍익인간 재세이화 라는 이념을 가진 나라는 우리나라 밖에 없습니다. 이것이 앞으로 오는 재세이화의 때에 즉 무극대도가 이루어졌을 때의 일입니다 '홍익인간'하는 시기와 때를 '재세이화'라고 두 문장을 반드시 붙여서 하느님의 나라가 이루어짐으로 인간에게 베푸는 天德입니다.

개국초에 開天이라하여 하늘이 열린나라라 천명하시고 홍익인간 재세이화를 예언 하신 그 말씀을 이루시기 위하여 그 중추를 우리 나라에 두었다는 증거를 수운 최제우에게 보이신것입니다. 동서경전에 기록된 새 종교의 탄생에 대한 때와 시기의 예언에 대하여 포덕문에 自 五帝 之後에 聖人이 以生하사 日月星辰 天地度數를 成出함은 文券에 定한 天道之常然이라하시고 새 종교가 탄생하려면 먼저 하늘에서 정한 성인이 출생하는데 해 달 별의 司命者가 출현한 연후가 됩니다. 이들의 출생에 대하여 수운 대 신사께서는 絶句에 "河淸鳳鳴孰能知 運自何方吾不知"(하청봉명숙능지 운자하방오부지) "강물이 맑아지고 봉황이 울부짖음을 능히 누가 능히 알겠는가, 강물의 비유는 이때 것 흘러내려오던 동경대전의 해석이 달라지는 생소한 말씀이 들려옴을 뜻합니다. 그러니 귀에 익은 해석이 아닌 뜻밖의 해석이 나옴으로 잘 알지 못하는 형상을 말합니다. 이런 운이 어디

前四澤慶州慶統醫御宅 篤下
字七十知先行筆課結眼 篤下

聖師
醫統
无極神

慶州龍潭이니
大道德奉天命奉神教니
大先生前如律令
審行先知後覺元亨利貞이오
布教五十年工夫니라

(四節)
(續結澤)

서 오는지 나(吾수운)도 모른다."라 하셨습니다.

이들의 소리는 胸藏不死之藥(흉장불사지약) 가슴에 감추었던 불사약이라 하셨고 이는 실상의 약이 아니라 사람이 오래 사는 시대가 옴을 주문처럼 외는 사람을 이름이요 궁을이 삼칠기자라고 알려주는 사람이라고 말하는 개문납객 도수로 오는 시대적 사명자입니다.

증산 친필 현무경에 '大先生前 如律令 審行先知後覺元亨利貞 布敎 五十年工夫'라고 하셨습니다.

증산 천사께서는 현무경 첫머리에 其瑞在東이라 기록하셨고 동학에 숨기운 난세의 구원의 도리를 아는 사람이 있다고 한 엄청난 섭리입니다. 그러므로 "불사약 궁을 장생주 삼칠자 개문납객"에 대한 숨긴 뜻을 모르고 동학을 안다 고 말 할 수 없는 열쇠입니다. 불사약은 사람이 죽지 아니하는 약이요 몽중문답가에 송송가가 알았으되 이재궁궁 어찌 알꼬 라는 간단한 말씀으로 궁을을 어찌 알겠습니까 만은 이는 생사가 달린 급박한 의미가 내포된 말씀입니다. 다시 설명하면 궁을을 알면 살고 모르면 죽는다는 뜻입니다 장생주 삼칠자 개문납객 필히 실상으로 알아야 합니다.

강증산의 천지공사와 현무경은 이 시대에 반드시 나타나야하는 성인(궁을 삼칠자)에 대한 기록이며 그들이 어떤 경로를 통하여 어떻게 나타나 세상을 새롭게 하는가에 대한 지식정보입니다. 이미 세상에 있어 많은 종교의 *浮浸*에 대하여 그 실상을 증거하는 사명을 한 사람입니다.

　一動一靜 一盛一敗 는 *付之於天命*이니 *是*는 *敬天命而順天理者也* 일동
일정 일성일패 한번 났던 것은 반듯이 없어짐이 천명이니 이 하늘을 경외
하는 자는 이 명을 바로 알아 순명하는 것이 하늘의 이치를 알리는 사람
입니다. 그러니 하늘의 명을 안다는 것은 종교의 부침을 아는 것입니다
쇠 하다는 敗요 없어지는 것이요 새것의 탄생을 위한 소멸입니다.

　지금 천도교나 증산교는 다 현실적으로 쇠하고 패한 상태에 직면했으
나 아무도 이 현상이 하늘에서 내리는 *終*치는 소리인 줄 알지 못하고 있
으니 그것이 크게 민망할 따름입니다.

　포덕문에 *人成君子*는 *學成道德*하니 *道則天道*요 *德則天德*이니 *明其道
而 修其德故*로 *乃成君子*하여 *至於至聖*하라 사람으로 군자가 됨은 학문을
이루어 도덕을 이룸이 천도요 천덕이니 도를 밝히고 덕을 닦아 군자가 되
어 지극한 성인에 이르라(사람으로서 천도를 깨닫고 천덕을 이행하건 성인이라는
기록입니다) 동학이라는 뜻이 학문에 기초하는 학성도덕임을 전혀 알지 못
하고 수련위주의 길을 가고 있으니 이는 때를 모르는 무지한 행위요 하늘
의 명령을 전혀 알지 못하고 스스로 옳은 길이라고 간 사람을 하늘은 간
섭치 않는다 하였습니다.

　무극대도를 건설하라는 명을 보지 않고 듣지도 못하고 인내천 사인여
천하고 수련에만 전심하였다면 이는 천도를 저버린 종교단체라 할 수 있
습니다. 수운 대신사는 '*不順不德*한 사람이 *甚可畏也*라' 심히 두려운 사
람이라 하였습니다.

　현실로 천도교 전체는 오로지 인내천 밖에 모르는 불순 부덕한 대도를
모르는 무리요 오장개탄이라 아니할 수 없는 참상입니다. 유이시지하고
경수차서하라는 명을 바로 깨닫고 대도를 위하여 방향을 돌려 무극대도

를 건설하는 하늘의 명을 따라야 할 것입니다. 론학문에 분명히 明而察之 하여 不失玄機하라 하였습니다.

　이 시대가 차제도법으로 오는 성인의 시대요, 시천주의 시대요, 궁을의 시대요, 무극대도를 창건하는 시대요, 삼칠자의 시대입니다. 이시대가 옴을 예언하였음을 애써 망각하고 오로지 지금이 인내천의 시대라고 착각하여 사람을 하늘같이 섬기라고 외치면서 경전해석의 오류를 방치하고 있음은 심히 개탄하지 않을 수 없어 감히 시대적 정의를 위하여 외치는 '정호선 평화 포럼 시사 동우회'을 통하여 세상에 수운 최제우의 위대한 동학에 요원의 생명을 다시 불을 집혀 이 땅이 누려야하는 이 세계가 누려야하는 희망과 평화의 메세지를 호소하는 바입니다.

　금번 박근혜 대통령께서 통일은 대박이라는 전혀 새로운 메세지 꿈도 꾸지 못했던 놀라운 희망을 발표하면서 온 나라가 어리둥절한 기쁨과 우려의 반응을 보였지만 참으로 시기적 절하고 정치가로서의 탁월한 안목이였음을 부정할 수 있겠습니까 우리나라가 그 시발 점으로 전쟁의 상처를 평화의 동산으로 세계에 보여 진다면 그 막대하게 소모되는 에너지가 온 세상에 희락의 원동력으로 변화하는 그 중심에 설 것이 아닙니까?

우리의 얼 '동학 바로 알기' 가장 핵심점은

　앞으로 이 나라에 '聖人이 以生하사' 日月星辰으로 天地度數를 成出 함과 '대를 이어 降世하신 강증산은 수부에게서 大頭目이 난다고 하셨다.

　화결시를 통하여 老鶴生子布天下 飛來飛去慕仰極(노학생자포천하 비래비거모앙극) 늙은 학이 아들을 낳아 천하에 베풀고 날아가며 날아오며 우러러 사모하기를 극진하게 하더라. '성인의 출현'을 기다리는 자들이 동학을 바로 안다고 말 할 수 있습니다.

저자 약력

1935년 함경북도 나남시 출생

1954년 숙명여자고등학교 졸업

1958년 이화여자대학교 사범대학 교육학과 졸업

1991년 실로신학 장자총회 목회자반 수료

1997년 종교통합국민운동본부 동서예언서 연구회 발족

저서

새 하늘 새 땅

받아먹고 다시 예언하는 작은 책

신천신지가 열린다

위기시대의 홍익사상

재무학박사 **오재영** / 대한민국사이버국회 의장

지구의 운명과 인류의 미래

후나이 종합연구소 후나이 유끼오

(뛰어난 직감력을 가진 사람들(예언가들)의 발언 가운데서 다가올 시대의 변혁에 대해 올바른 견해로 보이는 몇 가지 예를 여기서 소개하기로 한다.)

○ 지구는 머지않아 제3 레벨의 혹성에서 제4 레벨의 혹성으로 상승한다. 지금 이미 이행기로 들어섰다. 제3 레벨의 혹성에 사는 주민들의 집단 무의식은 에고, 대립, 경쟁을 기본으로 하고 있다. 그러나 제4 레벨의 혹성 주민은 사랑, 조화, 호혜를 기본으로 삼고 있다.

○ 근대(자본주의)는 2010년대까지 붕괴할 것이다. 근대(자본주의)는 제3 레벨의 혹성 주민이 에고, 대립, 경쟁을 추구하는 궁극적인 결과로서 출현한 것이므로, 근본적인 모순을 산출한다. 근대적 사고와 행동은 이 모순을 조장할지언정 해결하지는 않는다. 지금은 모순이 절정에 달해가고 있다. 따라서 근대는 머지않아 붕괴되지 않을 수 없다.

○ 근대가 붕괴하는 과정에서 혼란이 일어난다. 혼란의 시기가 제3레

벨에서 제4레벨로 이행하는 시기에 해당하고, 거시적으로는 1960년부터 2030년까지, 미시적으로는 1986년부터 2000년경까지 일어난다.
O 제4 레벨의 시대가 되면 진짜의 시대가 도래한다. 이행기는 진짜가 출현하는 시대이고, 막이 오르는 시기이다.
O 자본주의가 붕괴하지 않고 지구가 제4 레벨의 혹성이 되지 못할 때는 머지않은 미래에 인류는 파멸의 길로 나아갈 것이다. 그 때 살아남은 인류는 원시 상태로 역행하는데, 이 길을 선택하는지 않는지는 2000년까지 결정된다.

한국경제 붕괴위기 임박!

중산층이 급속히 무너지고 있다. 외환위기 이전에는 자신이 중산층이라 생각하는 계층이 놀랍게도 85%라는 발표가 나왔으나, 2013년 조사에 의하면 28%에 불과한 반면 중산층 이하라는 비율은 무려 58%로 답변하고 있어 중산층이 급격히 무너지고 하층이 급격히 증가하였다. 외환위기 이전에 비하여 국부가 2.5배 늘어난 점을 감안하면 빈부의 격차가 더욱 심화되고 있는 것이다.

한편 세계적으로 가계저축률 1위로 1988에는 무려 39%에 이르렀던 우리나라가 어느 날 저축률 6%의 미국의 절반인 3%대로 떨어지는가 하면, 개인부채가 무려 1천조에 이르러 국제기관이 우려할 수준으로 늘어났다. 즉 가계부채가 급증하고 교육비 등 생활비의 급증으로 저축이 불가능하게 된 현실적 상황에서는 이러한 지표보다 훨씬 더 많은 절대다수 국민들이 상대적 박탈감과 사회적 불만, 스트레스를 받고 있다고 할 수 있을 것이다.

여기에 청년실업률이 2012년 8%로 발표되었으나 이는 29세 이하를 기준한 것이어서 실제 체감실업률은 22%에 이르고 있다고 한다. 청년고용률 또한 40%에 머물러 주요 선진국의 60%대에 비하여 크게 밑돌고 있다. 이들에 대한 부담은 모두 부모에게 돌아가고, 노령화의 급속한 진행과 함께 경제성장을 이뤄낸 노년세대의 가계를 더욱 어렵게 만들어 이들을 빈곤층으로 몰아가고 있다.

여기에서 미래의 가능한 변수를 2가지만 적용해보자.

만약 경기가 다소 회복되어 금리가 종전과 같이 10%대로 상승한다고 가정해보자. 우리나라의 가계경제는 상당부분 가계부채로 인하여 대규모 파탄이 일어날 것이 자명하다. 과도한 가계부채가 우리나라 경제에 큰 폭발물로 작용할 위험이 잠재되어 있는 것이다. 우리나라는 산업화 이래 최대의 위기를 맞게 될 것이다.

또한 세계과학자들의 예측으로는 2045년부터 인간수명에 한계가 없어진다고 한다. 이는 앞으로 노령화가 더욱 심화된다는 것으로 현재의 연금제도로는 국민연금은 물론이고 공무원연금도 막대한 국고지원을 감당할 수 없게 되어 모두 부도를 맞게 된다는 말이다. 이에 따라 노령층의 빈곤이 더욱 급속히 진행될 것이다.

중산층이 희망이다!

이에 대한 대응책은 무엇인가? 중산층을 되살리는 정책이다.

국민 다수가 잘 사는 나라가 복지국가라 할 수 있을 것이다. 국민 다수가 행복하고 건강한 사회, 이는 중산층, 특히 급여소득자가 튼실하여야 이루어질 수 있다. 한편 국부의 편중적 확대는 유명 외국브랜드 매집, 해외여행수지 악화와 유학자금 과다방출 등의 사회적 비용을 키우고 있다.

어떤 사회도 빈곤층은 있게 마련이다. 중산층이 강화된다면 빈곤층은 사회 발전을 위한 순환적 에너지 재생산처가 될 것이다. 중산층이 튼실해지면 그 여력으로 사회 구석진 소외계층에도 파급효과가 확대될 것이며, 또한 중산층의 경제적 여유로 노년세대에 대한 관심과 배려가 늘어나면서 노령빈곤층 가속화 문제도 스스로 해결될 수 있다.

이러한 중산층 중심 정책은 현재의 정책 모순성에 대해서 자연치유력을 갖기 때문에, 복지정책보다 우선 과제로 삼아야 한다.

어찌하면 중산층을 되살릴 것인가? 몇 가지 살펴보면,

① 우선 옛 재형저축제도를 다시 활성화하여, 저축을 장려하고 재산형성의 기회를 주어야 한다. 저축은 불확실한 미래에 대한 희망을 심는 것이다.

② 근로소득세도 실질 생활비의 감면을 대폭 수용해야 한다.

생각해보라, 사업을 영위하는 사람들은 대부분 영수증의 정확한 목적 추적이 불가능하므로, 경영자 일가의 생활 활동비 상당부분은 법인비용으로 처리되며, 고급차를 접대용으로 사서 운행하는가 하면 해외 여행비도 상당부분 기업비용을 쓸 여지가 많다.

그런데 근로소득세는 실질 생활비조차도 제대로 인정받지 못하고, 사교육이 범람하는 환경에서 재산을 형성할 여유가 없는 사람들이 내는 세금이다. 한편 실질물가는 통계수치를 무색하게 상승하지만, 행정편의주의적 정부는 매년 자동 조정되어야 할 공제한도마저도 조정하기를 미루며, 무척 큰 혜택이라도 주는 양 떠든다.

③ 연금저축성 비과세 예금의 한도를 대폭 증액하여, 각자 노년생활을 대비하도록 하여야 한다. 노령사회를 대비하려면 중년 수입의 상당부분은 저축되어야 하나, 현 여건으로는 거의 불가능하며 따라서 미래의 생활이 극히 불안정해 질 수 밖에 없다.

연금제도는 근로자들의 소득과 소비의 시간적 재분배로서, 그 역할을 충실히 수행할 수 있을 만큼 재정이 충분해야 한다. 실제 노후대비가 가능하도록 국민연금을 포함한 연금저축을 확대 장려하고, 국민들의 근검절약정신을 함양하여야 한다. 그래야 앞으로 다가올 경기불황에도 건강한 국가를 지키는 근간이 형성될 것이다.

일자리가 복지이며 건강이다!

실업률 0%를 지향하며…(부제 : 일과 복지의 근원적 고찰)

일이란 무엇인가? 우선 생업을 생각해 본다.

먹고 살 것을 조달하는 행위, 그 근본에는 먹을 것의 조달이 있다. 이를 위한 초기단계는 자급자족이며, 수렵시대에는 자연 속의 식량을 채집하거나 사냥하였다.

그 다음은 가계 단위 및 집단적 경작과 가축의 양육 단계로, 농업기술이 부족하여 자연조건의 변화에 따라 이동식 영농으로 자급자족을 이어갔다. 이어 4대강을 중심으로 식량의 대량생산이 가능하게 되자, 인구의 10%만이 농업에 종사하고 나머지는 잉여농산물에 의해 파생된 잉여 노동력이 되어, 문명 발상지의 견인차 역할을 하게 되었다.

즉 10%의 인구가 생산한 식량은 나머지 90%도 먹고살 분량이어서, 권력자는 이를 곡간에 저장하여 노동의 대가로 식량을 나누어주게 되어, 이를 통하여 비로소 식량생산 이외의 90%의 문명적 생업이 발생하게 되고, 이것이 4대강을 중심으로 거대 문명이 발생하게 된 동기가 되었다.

이 90%의 잉여농산물에 의한 문명적 생업이 우리의 삶을 풍요하게 해주는 부가적 생산의 근원이다. 즉 주택, 생활도구, 사회적 서비스업, 생산적 설비를 향상시키는 것이 바로 이 문명적 생업의 부가적 생산의 결과이다. 우리가 추구하는 복지란 바로 이런 잉여적 생업에서 발생하며, 국민복지의 총화는 이 잉여적 생업의 총화와 같게 될 것이다.

오늘날 농업기술의 비약적 발전으로 세계는 식량과잉의 시대를 맞고 있다. 농업강국인 미국이나 태국 등지에서는 아직도 휴농 장려금을 주어, 농산물의 과도생산을 억제하여 가격을 안정시키는 정책을 시행하고 있다.

그러나 한편에는 한해 수 만 명이 기아로 굶어죽는 모순의 지구. 이는 단순한 배분구조의 모순으로 보기보다는 일의 배분구조의 모순으로 보아야 할 것이다.

즉 지구인이 모두 먹고살 식량이 확보된 현재의 환경에서, 모든 사람들이 삶의 부가가치를 향상하는 일에 참여해 나간다면, 지구인의 경제적 총 부가가치가 증가될 것이며, 이것이 바로 지구인의 부의 총화가 늘어나, 평균적 복지가 향상되는 길이 될 것이다.

이는 국가경제에도 같이 적용될 수 있다. 일자리를 늘리는 것은 바로 국부를 늘리는 것이자 건강한 분배구조를 창출하는 것이기 때문이다.

'먹고살만한 세상'

이건 우리 조상들이 어려움 속에서 꿈꿔왔던 풍요의 세상이다. 그러나 우린 이미 이런 세상에 살고 있다. 다만 나눔의 불균형 속에 살고 있고 있을 뿐이다.

이 나눔의 불균형을 해소하는 길은 함께 나누기만 하는 배분의 균형이 아닌, 함께 일하며 더 나은 세상을 만들어가면서 나누는 창조적 복지세상을 만들어야 한다. 그러려면, 새로운 일자리를 창출하는 것이 이 사회의 큰 가치와 덕목이 되어야 할 것이다.

이런 점에서 세계적 경쟁력을 지켜가며 국제적 부가가치를 산출하고 있는, 한국의 경제성장을 선도하고 있는 기업들에 박수갈채를 보내야 마땅하며, 국가도 뉴딜정책의 정신으로 모든 국민이 이런 부가가치 생산의 대열에 함께 할 수 있도록, 즉 실업률 0%가 달성될 때까지, 끊임없는 일자리 창출과 동기부여, 기회확대를 위해 노력해야 할 것이다.

구체적 실천방향의 사례를 나열해보면,

① 복지성 예산을 줄이고, 고용증대 예산을 최우선적으로 확충한다.
② 기업의 고용확대를 장려하는 조세특례제도를 추진한다.
③ 지식산업 시대에 맞추어 연구직을 대폭 확대한다.
④ 취업과 창업을 지원하는 사회교육-지원제도를 강화한다.
⑤ 사회적 서비스의 질이 향상될 수 있는 분야를 찾아내어 일자리를 확충한다.

예를 들면, 주말의 공공서비스 확장을 위해 특근 조를 추가로 고용하여 배치한다.

(공무원들이 일이 잘못되면 일손이 모자라서란 변명을 없게 한다.)

⑥ 임시적 인력수요에 대응한 3~6개월 임시고용제도를 활성화하여, 유동적 유휴인력을 시기적절하게 활용한다.

지식산업과 청년, 노령층 일자리 창출

요즘 청년층의 실업률이 심각성을 더해가고 있으며, 미국의 서브프라임 모기지로 촉발된 금융위기와 함께, 세계적 주요 이슈로 크게 부각되고 있다.

근대의 산업생산 고도화는 물질적 풍요를 가져다주었지만, 자동화의 진전에 따라 생산 증가로 인한 인력의 추가 고용이 한계를 보이고 있어서, 이 잉여인력을 흡수하는데 서비스 산업의 확장이 일조를 하여왔다.

그러나 서비스 산업의 확장도 그 자체로 한계성을 갖고 있어서, 지식산업으로 발전되지 않으면 그 힘을 발휘할 수 없다. 나는 앞으로의 국제경쟁력은 창조적 지식의 창출, 즉 각 분야의 전문적 연구의 확충으로 보고 있다.

우리의 삶의 가치는 궁극적으로 창조에 있다고 본다. 또한 생활의 모든 것이 창조요, 연구라 볼 수 있다. 김치나 라면, 초코파이 제조방법도 세계적인 트랜드로 만들 수 있듯이, 우리의 삶 속에서 지혜를 모으고 발전시키는 것은 모두의 창조요 연구인 것이다.

삶의 이 분야에는 막대한 수요와 이를 지원할 막대한 인적 자원이 있다. 즉, 삶의 모든 것이 연구를 기다리고 있고, 모든 사람이 삶의 창조자요 연구자이기 때문이다.

우리는 IMF 외환위기를 통하여 많은 연구소를 통폐합, 또는 축소하였다. 이제는 이 분야를 적극 확장하여 청년층 뿐 아니라, 전문성을 가진 노년층 고용의 기회로 이용할 수 있어야 한다.

이는 청년실업에 대한 대안이 될 수 있지만, 노후 퇴직자에게도 더욱 큰 기회가 될 수 있다. 즉, 수 십 년 동안 삶의 경험에서 쌓인 노하우를 활용하여, 사회에 참여하고 기여하는 것은 노년의 행복이 될 것이며, 또한 복지지출을 크게 줄일 수 있는 대안이 될 것이다.

저는 우연히 세계문화사 속에서, '모든 문명은 잉여농산물에서 나온다.'는 글을 보고, 우리의 삶의 모습이 결국 식량의 파이프라인과 연관되어 있으며, 이 식량배분의 바탕위에 문화 창조가 이루어짐을 알았다.

이를 지구적 관점으로 다시 조명해 보면, 이 지구가 우리 인류에 일용할 양식을 계속 제공하고 있는 한에는, 모든 사람은 창조의 자원이 될 수 있고, 이 창조적 자원을 가장 잘 활용하는 사회야 말로 가장 선진화된 사회가 될 것이다. 다양한 인적 자원을 무한히 수용할 수 있는 전방위 연구

사업이야 말로, 국제경쟁력과 희망찬 미래사회를 예비해줄 것이다.

정신문명 시대

1985년인가 소설 '단'이 공전의 붐을 불러일으키며, 호흡명상과 선도에 대한 관심이 크게 고조된 적이 있었다. 이때 수련법과 함께 관심을 끌었던 것은, 한국이 세계 정신문명의 지도국이 된다는 것이었다.

현 세상을 물질문명시대라고 말한다. 물질문명시대에는 선과 악, 정의와 불의, 진리와 거짓, 성공과 패배가 끊임없이 대립하고 반복된다. 이러한 가치는 하늘이 정한 것이 아니라, 모두 인간이 만든 것이다.

역사적으로 강한 자가 선과 정의와 진리를 가장하여, 종교 간의 싸움과 국가 간의 전쟁을 일으켜왔다. 인간성이 상실된 물질문명의 가치 속에서, 인류는 더 이상 영혼의 성장과 완성을 기대할 수 없게 되었다. 지구촌의 많은 영혼들이 희망을 잃고, 원망으로 신음하는 소리가 하늘의 끝에 닿으니, 천시가 도래하여 인류와 지구를 살리기 위한 정신문명시대가 열리고 있는 것이다.

정신문명시대는 인간성이 회복되어 자연환경이 되살아나고, 만인이 행복한 복지대도와 인간완성에 의한 신인합일이 이루어지는 세상.

정신문명시대의 '정신'은 무엇인가? 바로 인간사랑 지구사랑으로 영혼의 완성을 이루는 '홍익인간의 정신'일 것이다. 정신문명시대는 선과 악, 정의와 불의, 진리와 거짓, 성공과 패배의 오랜 경쟁과 갈등이 막을 내리는 시대이다.

모든 종교와 국가, 단체와 가족이 정신문명시대의 법칙과 가치 속에 삶을 스스로 계획하고 설계하는 날이 오고 있다. 지금 이 순간에도 도처의 많은 사람들이 정신문명시대의 서막을 자각하여 깨어나고 있다.

이제 정신문명시대의 새로운 판이 짜이고, 깨달음과 시대정신이 세상에 실현될 것이다. 우리나라의 오랜 전설로 전해오던, 만인의 행복이 열리는 희망의 날들을 기대한다.

당신은 무엇을 위해 일하는가?

당신은 무엇을 위해 일을 하는가?
월급 받기 위해, 승진하기 위해, 돈 벌기 위해,
즉 자신을 위해 일을 한다.
그러면 누구에게 필요한 일을 하는가?
회사에 필요한, 회사의 고객에 필요한,
즉 남이 필요로 하는 일을 한다. 하는 일에 회사가, 고객이, 남이 만족하지 못하면 일을 잘했다 할 수 없고, 직장, 사업에서 성공할 수도 없다.
즉 남이 즐거워야, 만족해야 자신에게도 대가가, 보람이 돌아온다.
우리는 알게 모르게 남을 위해 살고 있는 것이다.
그러나 자신만을 위하면 일이 힘들고 귀찮아지지만, 나의 일로 도움이 될 상대를 생각하며 일하면, 보람과 긍지와 즐거움이 생길 것이다. 이런 마음가짐이 바로 홍익이라 생각할 때, 홍익정신은 이 사회를 밝히는 등불과 같은 역할을 할 것이다.
교육과 정치가 혼란과 모순을 겪고 있는 현실을 보면서, 우리나라의 교육이념이 홍익정신임을 되새겨 볼만하다 생각한다.

새로운 시대변화와 홍익사상

세계는 힘으로, 무기로 억압, 협박하던 시대는 지나가고 상품 서비스 경쟁 시대가 도래했다. 좋은 상품, 좋은 서비스를 제공해야 성공하는 시대이다.

등소평의 '흑묘백묘', 즉 인민만 잘산다면 공산주의를 고집할 필요 없다는 생각이 오늘의 중국의 변화를 만들었다. 무기로는 인민을 잘 먹여 살릴 수 없다. 북한도 이렇게 바뀌어야 한다. 이게 중국의 생각일 것이다.

북한이 중국에 의지해 체제를 유지해왔지만, 이젠 중국은 세계 주요 교역국으로 바뀌었고, 한국과도 큰 협력국이 되었다. 북한은 지금 국제교역에서 외톨이, 말썽꾼이 되어, 중국도 이런 북한이 부담스럽다. 그래서 중국의 협조로 평화분위기 조성이 가능하게 되기를 기대한다.

공산주의에 이어 자본주의도 이제 스스로 모순과 한계를 드러내고 있다. 그 대안이 홍익정신이다. 홍익만이 평화와 행복을 만들 수 있다. 홍익이 희망이다.

지금은 의식 혁명시대로서 세상이나 이런저런 인간사를 부정적이고 트집 잡는 시선으로 보면, 황당하고 분노가 치밀어 오르는 삶이 된다.

그러나 긍정적, 애정적 시선으로 보면, 삶은 아름다움과 사랑스러움으로 가득해진다.

이것이 의식의 진화이며, 이는 내면 성찰로 진전된다.

세상은 불공평하다. 하느님이 그리 설계하셨다.

우리의 삶은 파도타기와 같다. 긴 파도, 짧은 파도, 올라가고 내려가고. 올라가기만 하거나 내려가기만 하는 삶은 없다. 리듬을 타지 못하면 물먹고 허우적거린다.

삶의 파도를 즐길 줄 아는 사람이 현명한 사람이다.

있는 그대로를 즐길 줄 알아야 값진 삶이다~!

홍익세상 철학나이 85세인 박 노인은 초등교육밖에 받지 못하였다는데도 최근 13권의 책을 연이어 출판하였다. 40대부터 요가에 심취하여 한국요가 지도자로 활동하면서 뇌 속의 소리에 집중하여 무념무상무아에 도달하는 뇌음악명상법을 개발하였고, 천부경을 통하여 세상을 개혁할 몇 가지 철학을 내놓았다. 이중 세상이 주목할 만한 두 가지를 나의 생각을 다소 가미하여 여기 소개한다.

일시철학

태초에 무형의 하나(하나님)가 있었다.

하나에서 둘로 갈라지니 하늘과 땅, 양과 음, 무형과 유형, 정신과 물질로 구분되었으며, 이어 3으로 갈라져 인간이 출현하니 인간은 하늘과 땅, 정신과 물질을 함께 갖춘 존재이다.

물질은 진화하나 파생적 존재, 예속적 존재이며, 정신은 창조의 속성을 가진다. 그러나 사람은 물질의 삶에 집중하다 보니 생각에 빠져 근원인 마음을 잊고 살고 있다.

명상을 통하여 무념무상무아에 들어가니 근원의 마음에 도달하게 되고 큰 환희심이 일어났다. 이로 물아일체와 성통과 도통, 신인합일이 모두 하나임을 알게 되었다. 삶의 진정한 목적을 찾은 것이다.

존재철학

모두 하나에서 나왔으니 공존공영 하여야 한다. 세상은 물질에 빠져, 돈의 노예가 되어 삶의 목적을 잃고 끝없는 탐욕 속에서 생존경쟁을 이어가고 있다. 우리 모두 하나임을 인식하고 삶의 목적이 올바로 선 공존공영의 사회를 만들어야 한다.

물질은 우리가 건강하게 평생을 살아갈 만큼이면 족하다. 물질에 우리의 삶의 목적이 있지 않으므로 소유의 한도를 이로 정하는 것이다. 4~50

대까지 열심히 일하고 벌어 평생을 건강하게 살만큼 부를 이룩하면 물질을 위한 삶을 졸업시킨다. 그리고 정신을 위한 의무교육을 실시한다.

2년간의 무념무상무아 명상의 의무교육을 통하여 신인합일에 이르면 사회봉사에 나선다. 국회의원, 대통령 등의 공직 지도자들은 이들이 무상으로 봉사하게 되므로 국가운영비용이 대폭 감축된다. 일자리는 자연 젊은이들에 돌아가므로 일자리 걱정도 없어진다. 이를 통하여 철인정치가 이루어지고 홍익세상이 만들어진다. 플라톤이 그리던 유토피아가 건설된다.(현실적 개선의견 : 연금제도 강화와 세제개혁)

인간의 탐욕은 사회악을 일으키는 근원이다. 이 탐욕의 근원은 실상 안전의 욕구에 뿌리를 두고 있다 할 수 있다. 그리고 삶의 수많은 걱정이 바로 질병의 큰 원인이 된다. 평생 안정적 삶을 사는 것이 보장된 사회라면 이런 사회악적 다툼도 정신적 질환도 사라질 것이다.

그러나 소유의 한도를 정한다는 것이 사회적으로 받아들이기 쉽지 않다. 연금제도와 세제를 통하여 해결방법을 제시해본다. 즉 국민연금제도를 실질적으로 건강한 삶이 보장되도록 확충하여 사회적 안전장치를 강화하는 한편, 한도를 초과하는 소유와 소득에 대하여는 조세로서 차등적으로 환원시키는 것을 강화해야 할 것이다.

① 국민연금제도 확충
개인의 저축도 건강한 삶의 안전을 위한 수단이라 본다면 공적 저축을 확충하여 사회적으로 관리하는 연금제도가 사회적 안전에 더욱 유용할 것이다. 다만 평생의 건강한 삶에 충분하도록 현재보다 한도를 크게 늘리고 한도가 완성될 때까지 세제 면에서 적극 지원한다.

② 소유의 세제혜택 한도

평생 건강하게 살아갈 만큼의 소유재산의 한도를 정하는 것도 쉽지 않을 것이다. 사회 환경에 따라 최소한도와 최대한도를 정하고 주택과 기본적 재산을 다소 폭넓게 인정하여야 할 것이다.

③ 한도초과의 고율세제 적용

이렇게 평생 건강하게 살아갈 연금액과 소유재산의 한도가 정해지면 그 한도가 충족될 때까지는 세제 면에서 적극 지원하지만 그 이상의 소득에 대해서는 사회기여 차원에서 단계별 고율의 세율을 적용하게 한다. 돈이 많은 기업가는 사회에 더 많이 기여하게 하는 것이다.

④ 봉사활동과 기본보수

노령화가 가속됨에 따라 소모적 연금으로는 부족하게 될 것이다. 따라서 노인들도 사회적 봉사활동에 적극 참여하고 기본적 보수는 받도록 한다. 노령자들의 일은 정신적, 육체적 건강에 이어 사회적 건강도 유지시켜 준다. 이것이 공존공영의 사회를 만들 기본 틀이 될 것이다.

⑤ 과거 세금 납부액의 연금 인정

노령 층에 대하여 과거 납부한 세금도 사회적 기여로 인정하여 연금 한도를 확대하는 기준으로 활용함으로써 탈세를 줄이고 조세를 장려하는 사회적 분위기를 고조시킨다. 또한 일시에 재산을 납부한 경우도 연금으로 환원하여 전 국민이 연금의 수혜자가 되도록 장려한다.

인개천통과 홍익인간 이화세계

어느 날 역사학자가 개천이 무엇이냐고 물었다. 개국을 의미한다고 하자, 그는 바로 인개천통을 의미한다고 하였다. 즉 인간을 하늘과 통하도록 나라를 만들겠다는 국가의 개국이념을 말한다는 것이다.

생각해보니, 환웅천제가 나라를 세울 때 아버지 환인천제께서 홍익인간을 할 만한 곳으로 내려 보내 개천하도록 하였으며, 이어 국조단군도 이를 어어 받아 온 백성이 함께 하늘에 제사지내고, 전문수련기관을 두어 백성을 하늘과 통하게 하는 교육과정에 참여토록 하였고, 그 전통이 고구려의 조의선인과 신라의 화랑으로 이어져 왔다고 생각된다.

즉 한민족은 하늘을 섬겨온 민족으로, 민족정신을 오늘에 되살려 삶의 참뜻과 목적을 다시 새롭게 하여 삼일신고의 성통공완의 도를 이루는 사회를 만들어 나갈 때, 남북통일에 이어 한민족의 대통합, 나아가 세계평화가 실현되어 홍익인간 제세이화의 세상이 이 땅에 이루어질 것이다. 이것이 예수님이 주신 기도 "아버지의 뜻이 하늘에서 이루어진 것같이 땅에서도 이루어지이다."가 이루어지는 세상, 지상낙원이 될 것이다. 아~멘~~!"

저자 약력

한국산업은행 30년 재직

투자은행업무 개발 주도

산업증권설립, 방콕지점신설 등 주도

주) 새한(전 제일합섬) 상임감사

경원대학교 대학원 겸임교수

중앙대학교 국제경영대학원 재무.증권학 강의

동부증권.애플증권 상임고문 역임

風水地理의 이해

행정학 박사 **조수범** | 단국대(천안) 교양기초교육원 /초빙교수
단국대 평생교육원 풍수지리 / 주임교수 | 단국풍수지리 학회 / 회장 | csb5260@hanmail.net

풍수사상의 일반적 개념

풍수지리는 동양지리(東洋地理)의 종합학문이며 천.지.인(天地人)을 포괄하는 사상(思想)이다. 이러한 풍수지리는 인류가 출현하면서부터 시작되었다고 볼 수 있으며, 안전하고 따뜻한 보금자리와 생활을 위한 터전을 잡는 것 등 인류의 삶과 뗄 수 없는 밀접한 연관관계를 지니고 있다.

우리 민족도 고조선시대의 대표적 무덤양식인 고인돌(천지인 사상표현)에서 보듯이 상당히 높은 수준의 풍수사상(風水思想)을 보여주고 있으며, 수 천년의 경험과학적 풍수지리이론(風水地理 理論)을 축적하여 오늘날까지 이르고 있다.

그렇다면, 풍수지리의 풍수(風水)라는 용어는 무슨 뜻인가.

이는 장풍득수(藏風得水)의 줄인 말인데, 직역하면 '물을 얻고 바람을 감춘다.'라는 표현이다. 원래 땅에는 지기(地氣)가 유행(流行)하다가 물을 만나면 멈추고 바람을 타면 흩어지는데, 물을 만나 모여든 氣가 바람에 의해 흩어지지 않도록 갈무리 되는 것을 뜻하는 것이다. 여기에서 말하고

있는 氣는 계속 모여들어 강력하고 밀집된 氣(木火土金水의 五氣), 집합(덩어리)이 되는데 여기에다 집(거주지)을 짓거나 죽은 자의 평생 유택을 만드는 등 실생활에 이용(利用)하여 편안한 삶을 유지하고자 했던 것이 풍수지리의 목적이라고 볼 수 있다.

결론적으로, 풍수지리는 '대자연의 보이지는 않지만 존재하고 있는 氣의 실체를 인간의 실생활에 활용하는 학문'으로 정의하는 것이 적절할 것이다.

장서에 탈신공개천명(奪神功改天命)이라는 표현이 있다. 이 말은 '신(神)이 하는 바를 빼앗아 하늘의 뜻을 바꾼다.'라는 뜻으로 풍수는 하늘에서 내린(타고난) 운명을 바꾸고 개척할 수 있다는 의미를 내포하고 있다. 즉, 풍수지리가 운명개척 학문임을 말하고 있는 것이다. 풍수적 관점으로 볼 때, 인간의 삶에 끼치는 영향력을 200점이라고 본다면, 그 중 100점은 개인들의 노력에 해당하고 나머지 100점은 운명(運命)에 해당한다. 운명 중에서도 평생 바뀌지 않고 인간의 삶을 지배하는 사주팔자(四柱八字)는 35점 정도로 추산되며, 그 나머지는 타고난 사주팔자의 운명(運命)을 바꾸는 후천개운의 성격을 지닌 '성명학(5점), 관상(15점), 풍수지리(45점)'의 영향력을 지녔다고 볼 수 있다.

예를 들어, 사주팔자가 35점으로 최고인데 그 외에 이름, 관상, 풍수가 좋지 않으면 그 사람의 운명은 100점 중 35점에 머물게 되는 것이고, 반대로 타고난 사주팔자의 운명이 10점인데도 불구하고 이름을 잘 지었고, 관상(꼴을 보는 상과 나타난 색을 보는 색상 그 몸에서 우러나오는 氣를 보는 심상)도 훌륭하며 좋은 마을(양기풍수)과 좋은 집(양택)에 거하고 있고, 좋은 穴(혈)처에 조상의 유택이 마련되었다면 그 삶은 최상의 운명(運命)으로 바뀌는 삶을 살아가게 되는 것이다.

동양(東洋)의 자연사상(自然思想)인 풍수지리는 양(陽)적인 물질(物質)보다 음(陰)적인 정신(精神)에 중점을 두는 학문이다. 따라서, 풍수지리는 눈에 보이지 않는 氣의 실체를 이해하고 이것을 토대로 우주만물을 이루는 氣의 작용력을 분석 및 해석한다. 더 나아가 그 氣의 법칙에 순응하고 그 속에서 자연과 하나되는 삶의 지혜를 제공한다. 이렇게 본다면 풍수지리학문은 현재의 자연환경학과도 밀접한 연관이 있다고 볼 수 있을 것이다.

풍수지리의 성격

우리는 근세에 들어서 서양학문을 우선시하고 전통 동양학문을 천시하는 풍조가 만연되어 왔다. 이는 양(陽)이 지배한 결과, 즉 과학(눈에 보이고 손에 잡히며 객관적이고 합리적이고 검증 가능한 물질(物質))이 근래까지 이 세대를 지배해 온 결과이다. 그러나 이제 우리는 음(陰)이 지배하는 시대 즉, 정신(精神)(눈에 보이지 않고 만져지지 않는 형체를 초월하는 추상적인 것, 현대 과학으로 검정 불가능 한 것)시대, 도(道)의 시대로 전환되는 시점을 살아가고 있다.

즉, 근래까지 객관적이고 보편적이며 합리적이고 검증 가능한 것을 과학이라고 정의하여 이것을 중요시 여겨 왔으며, 반대로, 주관적이고 비합리적이며 과학적으로 검증이 불가능 한 것 등은 비과학적인 것. 즉 미신(迷信)으로 낙인찍고 터부시 여겨 왔음은 주지의 사실이다. 여기에서 말하는 미신(迷信)은 '미욱한 것을 믿는 것'이라는 것인데, 이 말은 일제군국주의자들이 수천년의 맥을 이어 내려온 정신(精神)문화 등을 말살키 위해 지어낸 말이다. 그런데 해방된 지 반세기가 지난 지금까지도 이러한 일제의 말장난에서 벗어나지 못하고 있다는 사실은 참으로 안타까운 일이 아닐 수 없다.

그렇다면 눈에 보이지 않고 손에 잡히지 않는 陰(음)의 영역을 陽(양)의 영역인 과학으로 검증할 수 있을까. 아마도 불가능 할 것이지만 서로의 조화는 가능할 것이다.

구체적으로 서양의 지리학과 동양의 풍수지리는 어떠한 개념의 차이가 있는가.

우리가 학교에서 배우는 서양지리학의 땅(자연)은 피동적이며 광물, 무생물로 취급된다. 또한 인간의 거주지역 또는 인간의 생활을 돕는 재화의 생산 장으로써, 인간의 이용(利用)에 맡겨지는 피동적 위치에 있는 것으로 이해된다. 즉 서양에서는

'인간이 이 땅(자연)의 주인이다'는 개념으로 땅(자연)을 마주하고 있는 것이다.

이에 반해 동양지리학(풍수지리학)에서는 땅(자연)을 능동적인 것으로 개념짓고 있다. 즉, 땅(자연)은 만물을 키워내는 생활력을 가지고 활력의 후박정도에 따라 인간에게 길흉화복(吉凶禍福)을 부여하며, 땅(자연)에 존재하는 생기(生氣)는 활물적(活物的)으로 인체에 지대한 영향을 미치는 것이라고 보는 것이다.

따라서 동양지리학(풍수지리학)에서는 지리학의 목적을 인간이 흉화를 면하고 길복(吉福)을 받게 하기 위함이라고 정의하고 있다.

풍수지리의 적용사례

우리민족의 옛 도읍지는 모두가 풍수적 명당(風水的 明堂)에 건설하였는데 대표적으로 고구려, 신라, 고려, 조선이 수도를 정할 때 풍수사상을 적용한 터 잡기를 행한 것으로 전해지고 있다.

먼저, 압록강변의 집안시에 있는 고구려의 수도 국내성은 배산임수(背

山臨水), 전저후고(前低後高), 천문지호(天門地戶),나성원국 그리고 득수국(得水局)의 풍수적 길지에 도읍을 정한 사례이고, 신라 수도였던 경주의 반월성도 풍수적 길지로써, 국내성의 득수국과 달리 장풍국의 명당으로 이루어져 있다. 그러나 백제의 수도라고 일컬어지는 한성, 공주, 부여 등은 그 어디에도 백제의 궁궐터라고 확신되는 곳이 발굴된 적이 없었음을 볼 때, 백제 수도의 풍수적 해석은 보류하여야 할 것으로 보인다.

음택풍수의 시선으로 고구려, 신라, 백제의 왕릉 들을 살펴보면, 고구려의 초대왕인 주몽왕릉은 졸본성(현지명은 오녀산성)부근에, 2대 유리왕부터 27대 왕까지의 왕릉은 모두 국내성 옆 집안시에, 그리고 28대 보장왕(고구려마지막 왕으로 당나라 장안에 포로로 끌려감)의 왕릉은 중국 장안에 위치하고 있다. 고구려의 모든 왕릉은 구릉과 언덕(평양릉)에 설치되었고, 특히 비교적 보존이 잘 되어있는 20대 장수왕릉은 음양과 10천간(天干) 12지지(地支)의 이론을 바탕으로 건축되었음을 보여주고 있다. 또한 장수왕릉 옆 왕비의 무덤은 사각형의 피라밑기단 위에 천지인으로 상징되는 고인돌을 설치하였는데, 이를 통해 고조선의 무덤양식이 고구려에 전래되었음을 확인 할 수 있다.

여기서 한 가지 의문이 드는 사실이 있다. 20대 장수왕은 남진정책을 펼쳐 평양으로 수도를 이전하였다고 우리 역사서에 기록되어 있는데, 왜 20대 장수왕부터 27대 왕까지의 왕릉이 모두 평양이 아닌 집안에 위치하고 있는 것인가.

이는, 평양에 장수왕릉과 이후의 왕릉이 있다는 말을 들어본 적이 없었음을 볼 때 우리의 대표적 역사서라 일컬어지는 삼국사기 등 우리의 역사가 상당히 왜곡되었을 가능성을 시사해 주고 있다.

고구려의 모든 왕릉은 내부가 모두 생기를 모으는 방식인 피라밑으로 구축되었고, 왕릉내에는 사신도(북현무, 좌청룡, 우백호, 남주작)의 그림이 그려져 있는 것을 보면 고구려는 풍수사상이 발달하였고 실생활과 밀접한 연관이 있었음을 알 수 있다.

신라의 왕릉들은 모두 경주부근에 존재하고 있다. 신라의 왕릉들은 공통적으로 둥근모양의 무덤양식을 띄고 있는데, 이는 가야의 무덤양식과 유사하다고 볼 수 있다. 가야의 초대 김수로 왕릉은 도장법 중 하나인 이장법을 적용한 명당길지에 소점되어 있으며, 경북 문경시 정촌에 실존하는 대가야의 초대 왕릉과 왕비릉도 풍수적 길지에 자리잡고 있다.

이와 같은 사실들을 통해, 우리의 조상들이 기원전부터 음, 양택, 양기 풍수를 널리 적용하여 왔다는 것을 발견할 수 있다.

그런데 백제의 온조왕부터 마지막 의자왕이전 무왕까지의 왕릉은 어디에 있는것인가. 단 하나 공주의 무령왕릉만 현재 존저하고 있으니 향후 백제 왕릉의 존재를 찾는 것이 선결 과제가 아닐까 생각한다.

백제는 부여지방과 중국어디에 걸쳐 있었던 나라는 아닐까.

삼국의 왕릉과 도성을 풍수적으로 해석하기 위한 답사에서, 많은 역사적 의문이 생기게 된 점은 어떻게 허석해야 할 것인가. '역사서는 거짓말로 쓸 수 있지만 유적은 거짓말을 하지 않는다.'라는 평범한 진리를 생각해 본다.

고려의 수도인 개성은 풍수명인인 도선국사의 의견에 따라 정해진 것으로 알려졌다. 실제로 이곳은 송악산을 주산으로 하는 장풍국의 명당에 건설된 도읍지인데, 송악산으로 행룡(行龍)하는 임진북 예성남 정맥은 임진강과 예성강을 좌우로 끌고 들어오는 귀룡(貴龍)으로 강력한 기운을 가지고 들어와 개성이라는 명당길지를 만들었다. 따라서 개성은 수많은 사람을 포용할 수 있는 복지임은 틀림없는 것 같다.

조선왕조 500여년 동안 조선의 수도였던 한양(서울)은 풍수명인인 무학대사에 의해 정해진 풍수적 길지다. 주산인 북악산, 우백호인 인왕산, 좌청룡인 낙산, 안산인 남산, 조산인 관악산 등 나성원국으로 장풍과 득수를 동시에 지닌 땅으로써 현재까지도 한국의 수도로서의 면모를 보여주고 있다. 하지만 북악을 주산으로 한 보국은 조선의 멸망과 함께 그 기운이 쇠하였고 현재 서울의 발전은 속리산에서 발원한 한남정맥의 끝자락인 강남이 주도하고 있다고 보아야 할 것이다. 그리고 한동안 우여곡절을 겪었던 행정중심복합도시(세종시)의 풍수지리적 입지조건은 결론적으로 후한 평가를 하기가 어려울 것 같다. 세종시 터는 속리산에서 발원한 한남 금북정맥이 북서진하다가 그 하나의 맥(脈)이 남진으로 행룡(行龍)하면서 지현굴곡 기복위위를 거듭하다가 금강물을 만나 행룡(行龍)을 멈춘 자리이다. 그런데 앞을 가로지르는 금강은 객수(客水 : 남의 물, 남이 먹다 버린물/ 물은 天氣로 보는데 배롱수와 객수로 나뉨)로 진수구(眞水口)가 극히 짧아 세종시의 미래가 불투명 할 뿐 아니라 행정도시로써의 생명이 짧을 것으로 보인다. 그리고 세종시의 터는 나약하고 무기력한 터로 생산장 정도의 시설이 들어설 수밖에 없는 땅으로 참여정부는 한 때 이곳에 대한민국의 수도를 건설하려고 하였으나 그 땅의 역량으로서는 역부족이었을 것이다.

그 나라의 수도는 그 땅의 운세에 따라 국운이 결정된다는 것이 역사적으로 증명되었다. 그렇다면 현재의 한반도는 어떠한가. 현재 대한민국의 수도인 서울은 구룡이 모여드는 강력한 형국이다. 이에 반해 북한의 평양은 서울보다 약한 행주(배)형으로 보국이 이루어졌다. 따라서 서울과 평양이 경쟁하면 당연히 서울이 우세할 수밖에 없을 것이다. 그런데 한국의 수도가 세종시로 이전한다면 평양보다 훨씬 약한 관계로 그 주도권은 평양에서 쥐게 될 것이다. 즉, 구룡에서 교룡으로 급격한 힘의 쇠퇴가 이루어 질 것이다. 또한, 세종시 청사에서 바라보는 금강너머의 계룡산(계룡산은 원래 닭계자(字)와 용용자(字)를 따서 계룡으로 불렸으니 미래서인 정감록에 보면 봉황과 용이 공존하는 산으로 표현되었고, 계룡산 자락에 도읍을 정하면 미래의 메시아인 정도령의 출현으로 강력한 이상세계가 펼쳐진다고 함)은 조산(朝山)으로 볼 수 있는데, 그 계룡산의 상단에는 뾰족한 여러 무리의 봉우리(규봉 : 도둑으로 봄)가 세종청사를 넘겨다보고 있다. 이는 풍수적 관점으로, 남쪽방향은 불이요, 그 뾰족한 봉우리들도 불(火)이니 남쪽의 강력한 화력을 가진 도적떼가 넘겨다보고 있는 형국이 만들어 지는 것이다.

원래 박정희 대통령의 임시 수도이전 계획은 현 세종시와 달리 공주시 장기면이 중심이 되는 계획으로 완전한 장풍을 이룬 훌륭한 국 이었으며 정부청사도 그 중 가장 원만한 고정리 쪽 이었으나, 어느 정치세력은 정치공학적인 관점어서 충북의 표를 의식한 나머지 충북 일부인 동면과 금강남쪽까지 포괄하는, 즉 세종시의 중심을 바꾸는 도시계획을 만들어 냈으나 그렇게 됨으로써 세종시의 입지에 대한 여러 잡음이 발생한 것으로 보인다.

현재 세종시의 도시계획은 풍수적으로 해석해보면 몇 가지의 문제점들이 있음을 알 수 있다. 먼저 총리공간 뒷부분의 원사산은 '元 : 으뜸 원, 師 : 스승 사'로 이것은 풍수에서 말하는 문필봉으로 국가 원수와는 아무런 관계가 없는데도 원수산으로 바꿔 부르는 우를 범하고 있다.

*국가원수는 제성으로 표현되는 봉우리가 따로 있음

총리공간의 위치(터)도 잘못 소점되었는데 이는 용격과 혈격으로 볼 때 그곳이 아닌 마지막 봉우리에서 떨어지는 곳에 선점했어야 하는 아쉬운

풍수지리의 이해 | 179

감이 있다. 또한 총리실의 건물위치와 좌향이 주변 자연과 조화를 이루지 못하는 형태로 건축되었다고 본다.

이를테면 금강 상류로부터 조수(朝水)가 들어오는데 그곳을 향해 건축향을 정함으로써 객수인 금강수의 강력한 살(殺)을 받는 형국이다.

이외에도 총리실 청사 건물은 예술적인 측면 즉 눈에 보이는 부분만을 강조하지 않았을까 보여진다.

원래 풍수에서는 마음으로 느끼는 안정감과 편안함을 제일 중요한 주거의 가치로 보아왔다. 따라서 서양지리와 동양지리는 서로 다른 개념적 측면이 있다는 것을 간과해서는 안될 것이다.

그리고 정부청사는 뱀의 형국 내지는 교룡의 형국으로 구불거리는 형태인데 이것은 오행(五行)으로 수(水)체이며 정부청사 앞의 호수공원도 물이고 그 앞의 금강도 물(객수)이다.

다시 말하면 '정부청사 : 水, 호수공원 : 水, 금강 : 水'이 됨으로써 세종시 정부청사는 남쪽의 강력한 화력을 가진 도둑떼에 노출되고 물에 잠긴 형태로 해석되는 것이다.

쉽게 말해서, 강력한 화력을 가진 도적떼가 기회를 노리고 있는데 나는 물에 빠져 위기에 처해 있는 것으로 보면 적절한 비유가 될 것이다.

그리고 세종청사에서 보면 금강 물은 객수이니 깨끗한 돈(물은 재물로 봄)이 아니다. 따라서 청렴해야할 공무원이 정당하지 못한 돈에 노출되는 형태가 되어 청렴한 공무원상은 기대하기 어렵게 될 것이다.

앞에서도 말했듯이 세종시의 운명은 그리 길지 않을 것으로 보이며, 만약 청와대, 국회, 사법부 등 국가의 중주기관들을 중부권으로 이전한다면 세종시 보다는 계룡산아래 신도안 지역이 적절할 것으로 보인다. 현재 신도안 지역에는 육해공 사령부가 입지해 있지만 다행히 최고의 진혈(길지)

은 남아있으므로 그곳에 청와대 등을 옮기면 터가 나쁜 현재의 청와대자리보다 나은 최선의 선택이 될 것으로 보인다.

참고로 육해공 사령부는 신도안 지역에서 차선의 땅에 이주한 것이고 용산의 옛 육군본부 터보다 못한 입지로 보인다.(옛 용산의 육군본부시대는 군 출신 대통령과 군인들이 국운을 좌우하였지만 지금은 그 존재감이 있으나마나 하다는 사실이 이를 잘 말해주고 있는 것이 아닐까)

그리고 조선을 창업한 이성계는 무학대사와 계룡산 신도안에 도읍을 정하기 위해 기초공사를 하다가 신료들의 반대 특히 정도전, 하륜(지리신법 등 잡서의 잘못된 이론을 주장)등의 반대에 부딪혀 포기한 역사적 사례가 있다. 이를 볼때 이곳이 한양에 버금가는 터라는 반증이 아닐까 한다.

앞으로 우리민족은 남북이 하나되는 통일의 길로 나아가야 할 것이며, 더불어 중국의 동북공정에도 대비하는 통일수도의 입지 선정과 건설을 시작해야 할 것이다.

그렇다면 미래의 통일수도 입지는 어디로 정해야 할 것인가. 우리는 앞에서 삼국시대, 고려, 조선 등의 입지에 관한 사례를 짚어보았는데 과거 도읍지를 정함에 있어 풍수적으로 그 터를 정하였듯이, 한반도 미래의 통일수도의 입지도 서양지리와 동양의 풍수지리를 조화시킨 이론으로 정하고 분석해 보는 것이 의미가 있을 것으로 보인다. 즉 남북한이 통일이 되기 전인 지금부터라도 천장비지한 길지를 찾아 최선의 통일수도를 만드는 것이야말로 우리에게 주어진 과제가 아닐까 생각한다.

그리고 그 길지(명당)은 여러 지역 중에서도 특히 임진북, 예성남 정맥의 끝자락인 개성공단 남쪽, 한북정맥의 끝부분인 교하지역, 속리산에서 발원한 한남정맥의 대진처인 김포반도, 이 세 지역이 만나는 지역(한강, 임진강, 예성강이 만나는 지역)이 앞으로 풍수적으로 한국 통일수도로써 가장 적절한 터 잡기가 될 것으로 보인다.

결론

풍수지리의 이해를 돕기 위한 내용을 몇 가지로 요약하면,

풍수지리는 천지(天地)의 생기(生氣)를 실생활에 활용하는 지혜를 제공하는 경험과학적 학문이다.

풍수지리는 인류의 삶과 함께 하였고, 적어도 2500여년의 학문적 역사를 지닌 경험학문으로 눈에 보이지 않으면서도 삶에 지대한 영향을 미치는 氣를 다루는 동양지리의 종합학문이며 정신(精神)학문이다.

풍수지리는 서양의 물질학문으로는 검증이 불가능한데 이는 음양의 관계이다.

즉 양(陽)의 학문인 눈에 보이는 서양과학을 가지고 눈에 보이지는 않지만 존재하고 있는 음(陰)의 학문을 검증한다는 것은 현재의 서양과학으로는 어려울 것으로 보인다.

풍수지리는 초과학적 성격을 지니므로 종교와 미신(迷信)의 범주로 보는 견해가 있지만 풍수는 종교와 관계가 없고, 자연현상을 이해하고 활용하는 학문이다. 그리고 사람은 혼과 백(魂魄)으로 이루어져 있는데, 이중에서 백(魄)과 관계되는 학문이며 혼(魂)과 관계있는 종교와는 다른 분야이므로 종교적인 시각으로 풍수지리를 재단하는 우를 범해서는 안 될 것이다.

일부 종교에서는 풍수지리를 미신(迷信)이라 하여 터부시하는데 이는 일제 또는 서양에 의해 만들어진 의도된 오해의 산물로 보인다.

우리의 산천은 세계에서 가장 많은 혈(穴), 명당(길지)을 가진 나라이다. 따라서 이를 잘 보존하고 활용하여 차원 높은 학문으로 승화, 발전시킴으

로서 최고의 정신문명을 창조하여야 할 필요성이 있다.

  마지막으로 풍수지리를 도시계획분야에서 건축, 토목, 조경, 도시공학 등에 접목하여 서양의 물질학문(陽)과 동양의 정신학문(陰)을 조화시킨 새로운 이른을 정립하고, 더 나아가 새로운 학문으로 발전시켜 인간이 풍요롭고 편안한 삶을 살 수 있는 삶터를 만들어 인간을 널리 이롭게 하는 흥익인간의 이념을 만방에 펼쳐야 하지 않을까 생각해 본다.

4 문화

윤현종 안전하고 성숙된 부동산 거래문화 정착을 위한 사회운동
김범수 학교폭력, 이대론 안 된다.
조성자 한류문화·진흥의 필요성

안전하고 성숙된 부동산 거래문화 정착을 위한 사회운동

윤현종 박사 | 부동산거래안전연구소 대표

부동산 거래사고 예방의 사명을 가슴에 품다

저는 지리산 자락에 있는 전북 남원군 아영면에서 2남2녀 중 장남으로 태어났습니다. 예의와 책임, 교육을 중시하시는 부모님의 엄격한 가르침 속에 자랐습니다. 초등학교, 중학교 시절에는 반장과 회장직을 줄곧 맡으며 교우관계를 돈독히 하고 책임감과 리더쉽을 키울 수 있었습니다.

고등학교는 1986년도에 졸업하였고 2지망인 어문학계열에 합격하여 1학기를 다녔으나 행정가의 꿈을 버릴 수 없어 재수를 결심하게 되었습니다. 아르바이트를 해가며 열심히 공부한 결과 1988년 서울시립대학교 행정학과에 입학하였습니다. 스스로의 힘으로 얻은 성과물이라 자부심이 컸고 그때의 자신감이 이후 인생에 단단한 토대가 되었습니다. 대학생활 1, 2학년 때는 검도부, 편집부 등 써클 활동을 열심히 하였고, 3학년 때는 우리과 학생회장을 맡아 리더쉽과 봉사정신을 함양하였습니다. 많은 사회과학서적을 탐독하며 폭넓은 지식을 습득하는 시기이기도 하였습니다.

1998년 우연한 기회에 부동산 분야로 진출하여 사회생활을 시작하게 되었는데, 사법시험을 준비하던 법률지식이 많은 도움이 되었습니다. 경매회사와 중개회사 생활을 하는 동안 수많은 사람들이 기초적인 부동산 지식과 법률지식이 없어 매매, 임대차 시에 피해를 당하는 사례를 보면서, 부동산 거래사고는 사후대책보다는 예방이 중요함을 깨닫게 되었습니다. 그 즈음 지인의 추천으로 성인들 대상으로 부동산 강의를 하게 되었습니다. 보잘 것 없는 지식이라 생각했는데 그것이 국민들에게는 매우 현실적으로 필요한 소중한 지식이라는 사실을 알게 되었습니다. 이때부터 저의 열정은 다시금 불타올랐습니다. 처음 부동산 일을 시작할 때는 내 집 마련과 재테크가 목표였으나 어느 새 우리 사회에서 부동산 거래사고를 예방하여 개인의 재산을 지키고 사회의 안전을 지키는데 기여해야겠다는 또 하나의 목표가 생긴 것입니다.

이론적 체계를 세워야겠다는 생각이 들어 2002년 건국대학교 부동산대학원 석사과정에 입학하여 공부하게 되었습니다. 부동산대학원 생활에서는 다양한 분야에서 활동하는 많은 사람들과 교류할 수 있었고, 부동산에 대한 시야를 넓히고 학문적으로 접근하기 시작하는 계기가 되었습니다. '부동산권리분석연구회' 창립멤버로서 주도적으로 활동을 하였고, 공동으로 투자활동을 하기도 한 것은 학문적으로나 실무적으로 많은 깨달음을 얻는 계기가 되었습니다. 좀 더 깊이 있는 연구를 하고 싶은 열망에 전주대학교 대학원 부동산학과 박사과정에 입학하게 되었고, '부동산 거래단계별 리스크 요인에 관한 연구'라는 제목으로 박사학위논문을 발표하였습니다.

현재 우리 사회에서 지속적으로 발생하고 있는 부동산 거래사고를 예방하여, 안전하고 성숙된 부동산 거래문화의 정착을 통한 사회의 안정에 기여하고자 이 분야의 선두주자로서 책임감을 가지고 열심히 노력하고 있습니다.

부동산 거래사고, 사전에 예방하는 것이 중요

첫째, 부동산 거래사고는 그 파괴력이 무지막지합니다. 부동산 사고는 그 피해액이 크기 때문에 개인의 인생은 물론 가정마저 망가뜨릴 수 있고, 그러한 사고가 많아지면 사회마저 위협합니다.

둘째, 부동산 거래사고는 사후대책보다 사전예방이 중요합니다. 사고가 발생한 이후에는 수습이 어렵고 수습하려다 오히려 더 깊은 수렁으로 빠져들기 쉽습니다.

셋째, 부동산 거래사고의 최종 수비자는 자기 자신입니다. 국가에서는 개인 간 거래의 안전을 책임져 줄 수 없습니다. 이것은 자본주의 사회의 특성이라고 설명할 수밖에 없습니다. 중개사는 책임지지 않는 범위에서 아는 사실만을 설명해 줄 뿐이며, 법무사 역시 등기부상의 내용을 검토해 줄 뿐입니다. 권리분석 전문가에게 의뢰하는 방법이 있긴 하나 컨설팅 비용이 만만치 않습니다. 변호사는 사후 해결 중심의 활동을 합니다. 최종적으로는 스스로 자기 재산을 지킬 수밖에 없습니다. 일반 국민들이 최소한의 권리분석 지식만 알고 있더라도 기본적인 거래사고는 예방할 수 있습니다. 대부분의 사고는 사소한 부주의와 무지에서 비롯됩니다.

2003년 ㈜부동산거래안전연구소 설립

부동산 거래사고 예방을 위한 실질적인 활동 시작

초기에는 부동산 거래사고를 예방하려면 좋은 제도가 만들어지면 해결될 것이라고 생각하고 그것이 무엇인가를 찾는데 집중하였습니다. 그런데 좋다고 생각되는 제도는 이미 대부분 다른 연구자들에 의해 소개되어 있었습니다. 그런데 왜 부동산 거래사고는 줄어들기는커녕 점점 늘어만 갈까. 저의 고민은 다시 시작되었습니다. 그러나 오래지 않아 원인은 밝혀졌습니다. 제도가 만들어지려면 제반 사회적 여건이 성숙되어야 합니다. 특히 부동산 거래사고 사후 해결과 관련하여 경제활동을 하는 집단들의 경제적 이익에 관한 부분이 예방활동을 통한 수익창출로 연결되어야만이 법 제정과 제도 수립이 수월하다는 현실적 문제가 있었습니다. 제반 여건이 성숙되기에는 아직도 많은 시간이 필요한 것입니다. 그렇다면 어떻게 해야 할 것인가. 부동산 거래사고는 지금 이 시점에도 끊임없이 발생하고 있는 것을. 여기서 저는 부동산 거래사고 예방운동을 사회운동으로 전개하기로 결심하였습니다.

그리하여 2003년 3월 15일 ㈜부동산거래안전연구소를 설립하였습니다. 당시만 해도 회사를 차린다면 '00종합부동산' 형식의 사명이 일반화되어 있을 시기인데 '부동산거래안전연구소'는 수사기관 냄새마저 풍기는데 어떻게 영업활동을 하려 하느냐고 염려하는 사람도 있었습니다. 그러나 저는 당장의 영업을 위해 회사를 차린 것이 아니었기에 개의치 않았습니다. 최소한 10년은 흘러야 진가를 발휘하게 될 것이라는 계획을 세우고 있었기 때문입니다.

우선 강의활동부터 시작하였습니다. ㈜부동산거래안전연구소 교육사업 부문에 부동산권리분석전문가 양성 프로그램을 가동하였고 외부 출강도 활발히 하였습니다. 대전대학교 평생교육원을 필두로 강남대학교(경기), 경성대학교(부산), 한양대학교, 동서울대학교(성남), 국제사이버대학교, 상명대학교 대학원 등에 출강하였고, 2005년도에는 한국일보 부동산 아카데미를 총괄 운영하기도 하였습니다. 또한 전북경찰청, 전북공무원교육원에 출강하였습니다. 이러한 강의활동을 통하여 배출된 수강생들이 2,000여 명에 이르며 이들 중 상당수가 저와 지속적으로 교류하면서 공부를 이어나가 일부는 박사를 마치고 강의활동을 하고 있기도 하고, 일부는 석사과정 중에 있기도 하고, 일부는 부동산업에 종사하고 있습니다. 이들은 장차 저와 함께 우리나라의 부동산 거래사고 예방운동의 중추적인 역할을 담당하기로 결의하였습니다.

부동산 거래단계별
거래안전 진단시스템 개발 및 무료 보급 계획

부동산업계의 '안랩(AhnLab)'과 같은 역할 기대

저는 지난 2010년 8월 '부동산 거래단계별 리스크 요인 분석에 관한 연구'라는 부동산학 박사 학위 논문을 발표하였습니다. 오랜 세월 부동산 거래사고 예방을 사회적 사명으로 삼아 가슴에 품고 활동해 온 것이 결과물을 낸 것입니다. 저는 학계와 실무계, 관련기관에서 부동산 거래사고 예방을 위한 연구를 꾸준히 하고 있고, 대책 또한 많이 제시하고 있음에도 불구하고 부동산 거래사고는 줄어들기는커녕 오히려 늘고 있으며, 그 양태 또한 다양하고 정교해지며 진화하는 양상을 보이고 있는 것에 의구심을 품었습니다.

기존 연구와 대책이 정확한 원인분석에 기초하여 현실성 있게 제시되었는가에 대한 검토와 더불어 향후에 나오는 부동산 거래사고 예방 대책에 대하여 하나의 준거점이 되기를 바라면서 저는 부동산 거래 시의 리스크 요인을 거래단계별로 분류하여 분석하고 그 중요도와 위험도를 수치화하여 제시하고자 마음먹었습니다. 그리하여 리스크 분석방법론으로 건설공사에서 많은 성과가 있었고 최근 부동산 개발 프로젝트에서도 도입하여 좋은 연구결과를 도출하고 있는 방법론의 도입을 시도하였습니다.

부동산 거래단계의 리스크 요인을 추출하기 위하여 최근 2년간의 대법원판례, 지방법원판례, 한국공인중개사협회 공제금 지급 청구 사례를 전수조사 하였고, 일반인 사고사례를 추가하여 4개 분야에서 추출된 리스크 요인들을 종합하여 분류하였습니다. 이렇게 추출된 리스크 요인을 부동산 거래의 실무담당자 및 전문가, 관련기관 및 연구기관, 학계 종사자의 검증 및 조정 작업을 거쳐 부동산 거래단계별 리스크 요인으로 확정하였습니다. 확정된 거래단계와 거래단계별 리스크 요인에 대하여 실무담당자 및 전문가, 관련기관 및 연구기관, 학계종사자를 대상으로 설문조사를 하여 설문값을 작성하였습니다. 그런 다음 각각의 리스크 요인에 대한 쌍대비교를 통하여 상대적 중요도 산정에 우수한 AHP 기법과, 이에 대한 보완적인 기법으로 절대적 중요도 산정에 우수한 퍼지이론을 적용하여, 상호의 보정된 정량적 프로세스를 거쳐, 리스크 요인의 중요도 및 영향 인자의 종합위험도를 산정하였습니다. 즉 AHP 기법과 퍼지기법을 병합 적용한 방법론을 선정하였습니다.

연구의 중요한 성과는 부동산 거래의 리스크 요인을 단계별로 나누어 분류하고 분석하여 종합위험도와 중요도 순위를 제시하고 그것을 수치화 함으로써 그 정도를 판단하는 단초를 제공하고 리스크 요인 분석 결과의 정밀성과 과학성을 높인 것에 있습니다. 저는 이것이 향후 부동산 거래사고 예방을 위한 연구와 대책 및 정책 입안 시에 효율성과 현실성을 높이는데 기여하리라 기대하고 있습니다. 특히 부동산 거래를 6단계로 구분하고 핵심 리스크 요인 23개를 찾아낸 것을 두고 혹자는 누구나 다 아는 내용이 아니냐고 반문하기도 하지만 이것은 실제 부동산 거래사고 1,000여 개를 분석하고 전문가의 설문과 통계를 통하여 중요도와 종합위험도를 수치화한 것에 큰 의의가 있으며, 이를 '콜럼버스의 달걀' 일화에 빗대어 답변할 수 있습니다.

박사학위 논문은 주거용 부동산을 대상으로 하였지만, 저는 연구를 계속하여 토지, 빌딩, 상가점포, 사무실 등 부동산 종류별로 리스크 요인에 대한 분석을 마쳤고, 이것을 시스템화하는데 노력을 기울이고 있습니다. 이것이 토대가 되어 온 국민이 부동산 거래를 하기 전에 무료로 부동산거래안전전산망에 접속하여 리스크 요인을 사전 점검할 수 있도록 할 계획을 가지고 있습니다. 더 나아가 현행 중개대상물확인설명서(한국형 체크리스트)가 개선되고 관련법과 제도가 정비되고 수립되기를 소망하고 있습니다.

부동산 거래안전 국민포럼

'부동산 거래안전 6.23운동 전개,
거래안전 관련 활동의 모태이자 후원그룹 될 것'

저는 부동산 거래사고 예방은 제도보다는 사회운동이 보다 현실적이라고 판단하고 오래전부터 강의활동과 집필활동, 언론활동을 통하여 이를 실천하고 있습니다. 10여 년 간 개인적으로 지속해온 부동산 거래안전 예방운동을 이제 전국적인 사회운동으로 확대하려는 계획을 가지고 있습니다. 이제는 혼자만의 힘이 아닌 공동의 힘으로 보다 큰 활동으로 보다 크고 빠른 효과를 내기 위한 준비를 마쳤습니다.

포럼은 부동산 거래사고 예방을 위한 학술활동, 부동산 거래안전 방안 제시, 부동산 거래안전 운동 실시 등을 목표로 세우고, 회장단 10명, 고문위원그룹 30명(인격과 덕망을 갖춘 분으로 본 회의 취지에 공감하시는 분), 자문위원그룹 100명(특정분야의 전문성을 갖추고 본 회의 취지에 공감하며 적극 참여하시는 분), 전문위원그룹 100명(부동산 박사 및 박사급으로 구성되며, 향후 부동산리스크학회로 발전되며, 부동산아카데미의 교수진으로 활동), 연구위원그룹 100명(부동산 석사 및 석사급으로 구성되며, 향후 부동산리스크연구회로 발전되며, 부동산아카데미의 교수진으로 활동), 지역전문가그룹 300명(분야에 관계없이 일정 정도의 부동산교육을 받은 관심을 가진 일반인으로 구성되며, 거주 지역 일정범위의 전문가·운동가로서 활동), 공인중개사그룹 100명(공인중개사 현업에 종사하고 있는 사람으로서 본 운동본부의 취지에 공감하고 그에 따라 중개활동을 하려는 사람들)이 준비되어 있고, 2014년 4월경 창립대회를 가질 예정입니다.

　포럼은 온 국민이 최소한의 부동산 거래안전 지식을 습득할 수 있도록 하기 위하여 활동할 것입니다. 공개강의, 부동산거래안전신문 발간, 거래안전 진단프로그램 개발 등을 통하여 기본적인 거래사고를 예방할 수 있는 현실적인 활동을 벌여나갈 것입니다. 포럼은 부동산 거래안전 6.23운동을 전개할 것입니다(부동산 거래는 세분하면 6단계로 나눌 수 있고 각 단계마다 4개씩 총 23개의 중요 리스크를 도출 할 수 있는데 우선 6단계 23리스크 요인을 알리는데 주력). 포럼은 부동산 거래안전 관련 활동의 모태이자 후원그룹이 될 것입니다. 포럼을 통하여 부동산리스크연구회(학회), 부동산리스크전문가아카데미, 부동산소비자협동조합, 부동산리스크관리사협회 등이 태동될 것입니다.

저자 약력

학력

서울시립대학교 행정학과 졸업(행정학 학사)

건국대학교 부동산대학원 졸업(부동산학 석사)

전주대학교 일반대학원 부동산학과 졸업(부동산학 박사)

강의경력

전 대전대, 강남대, 경성대, 전주대, 한국일보, 한양대, 동서울대, 국제사이버대 교수

현 상명대 대학원 외래교수

현 전북경찰청, 전북공무원교육원 출강

학술논문

경매부동산의 말소기준권리에 관한 연구(석사학위논문, 2004.08)

부부간 대리권자와 체결한 부동산거래의 위험성에 관한 연구(전주대 논총, 2008.12)

부동산 거래사고예방을 위한 체크리스트제도에 관한 연구(주거환경학회, 2009.06)

부동산 거래단계별 리스크 요인 분석에 관한 연구(박사학위논문, 2010.08)

저술 및 칼럼

부동산 권리분석 실무(범론사, 2001)

부동산 거래사고 예방 실무(코셋, 2010)

판례사례중심 부동산경매(코셋, 2010)

부동산칼럼(중구 아름다운신문, 2010)

부동산칼럼(아시아경제, 2011)

학회활동

주거환경학회 정회원

한국부동산학회 정회원

한국부동산학 박사회 정회원

조직/기획/봉사활동

서울시립대학교 행정학과 학생회장 역임(1990년)

서울시립대학교 행정학과 총동문회 사무총장 역임(2005~2011)

서울시립대학교 민주동문회 사무총장 역임(2010~2011)

서울시립대학교 총동문회 이사 현재(2013~)

건국대 부동산대학원 총동문회 언론홍보위원장 현재(2011~)

미산포럼(건대석사모임) 사무총장 현재(2009~)

우덕포럼(전주대박사모임) 사무총장 역임(2008~2010)

(사)기천문 사무총장 현재(2012~)

서비스산업협동조합 이사 현재(2013~)

고구려역사문화보전회 이사 현재(2009~)

구리시청 공동주택보조금 심의위원 현재(2010~)

대한민간조사(탐정)협회 이사 현재(2011~)

학교폭력, 이대론 안 된다.

김범수 (한남대 객원교수)

교권 실추 · 자식 방치한 학부모 잘못
경쟁 부추기는 입시위주 교육 잘못
정부의 형식적인 폭력예방정책 잘못
누구만의 잘못 아닌, 모두의 잘못

 중 · 고등학교 교장과 이사장을 역임하고 늦게 법학 박사학위를 취득하여 한남대학교 법과대학 객원교수로 재직하고 있습니다. 학교생활을 하면서 느꼈고 심각한 사회문제로 대두되고 있는 '학교폭력에 대한 예방과 대책에 관한 연구' 논문으로 학교폭력 예방에 대한 학위를 받은 국내 제1호 박사로서 긍지를 가지고 학교폭력이 근절되는 그날까지 최선을 다할 생각입니다. 그리고 두 번의 대전광역시 동구청장에 도전하여 두 번에 걸쳐 낙선의 고배를 마신 경험도 있습니다만 언젠가 기회가 주어지면 "제가 살아오면서 쌓은 노하우를 시민과 구민을 위해 쏟아 붓기 위해 동구청장에 다시 한 번 출마할 계획이며, 시민들을 위해 참된 봉사를 하려면 선출직으로 당선돼야만 그 일이 가능하다"고 생각합니다.

학교폭력 무엇이 문제인가?

모 출판기념회장에서 몇몇 학부모님들과 자리를 같이 하게 되었다.

저를 알아보시는 한 학부모님께서 요즘 온 나라가 발칵 뒤집힐 정도로 학교폭력이 심각한 사회문제로 대두되고 있는데 대해 심히 우려를 표하면서 문제의 학생 뒤에는 문제의 선생이 있다는 등(열거 생략) 이렇게 되기까지는 교육당국과 선생님들에게 문제가 많다고 운을 떼셨다. 연일 학생들의 충격적인 '폭력' 실태가 드러나는 가운데 국내 대학에서는 유일하게 운영되고 있는 학교폭력예방교육연구소 상임연구원으로 책무를 느끼고 있는 본인에게 그 분의 이야기는 예사로 들릴 수가 없었다.

어떻게 알고 쉽게 저런 말씀을 하실까 하는 의아스러움이 잠시 머리에 스쳐 지나갔다.

지난해 10월 18일 대전봉우중학교 주관 생활지도부장 상임위원회에서 '교권침해에 대한 대처방안'에 대해서 특강을 한 바가 있다. 체벌이 금지되면서 학생인권만 존중되고 교권은 실추되는 기이한 현실 속에서 교사가 학생을 때리는 수보다 학생이 선생을 때리는 수가 많고, 학부모가 교장실까지 찾아가 삿대질하면서 쌍시옷을 갈겨대는 이 시대의 흐름에 따라 오죽하면 특강을 부탁했을까하는 측은지심으로 "법이 우리 선생님들을 보호하고 있으니까 당당 하십시요"라고 마무리를 했던 적이 있다.

먼저 이렇게 되기까지는 우리 학부모님들도 한 몫을 하지 않았나 생각이 든다.

일선에서 불철주야 제자들을 위해 고생하시는 선생님들에게 존경심은 커녕 일부이긴 하지만 학부모님들이 자녀들 앞에서 선생님 알기를 우습게 아는 언행을 함부로 하여 이를 보고 배운 학생들도 닮아가는 것이 아닌가 하는 생각에 안타까움마저 든다.

"제자는 스승의 그림자도 밟지 않는다."는 옛말은 까마득한 옛이야기로 들리고, 사제지간에 정(情)과 공경심(恭敬心)은 온데간데없이 사라져 찾아보기 힘들다. 특히 부모들이 문제를 안고 있는 가정에서 자라고 있는 청소년들은 부모들의 무관심 속에 개인적, 집단적으로 일탈행동을 하게 되고, 이로 인해 유해업소를 찾게 되며 비행청소년들과 친밀히 접촉하거나 집단화되어 더욱 심각한 비행으로 빠져들어 가고 있다.

물론 교육당국이나 교사들이 다 잘하고 있다는 것은 아니다. 심각할 정도의 학교폭력이 발생하는 데에는 여러 가지 요인이 있겠지만, 특히 현재의 학교환경은 시험성적에 의한 단선적인 인간평가, 상급학교에 진학하기 위한 입시위주의 교육 등만을 제공하고 있어서 폭력 발생의 요인이 되고 있다. 다시 말해서 사회의 발달에 따른 다양화된 욕구불만과 현 교육체제에 적응하지 못하는 학생들이 가지고 있는 열등감 및 이로 인한 심리적인 반항감이 밖으로 표출되면서 오늘의 학교폭력은 더 흉포화 되어가고 있는 것이다. 따라서 이러한 현실에 제대로 부응하지 못하는 학생들은 학업을 제외하고는 자신들이 가지고 있는 장점을 제대로 인정받지 못하기 때문에 충족되지 못한 욕구로 인해 학교생활에 적응하지 못하고, 자기를 과시하기 위하여 수업방해, 못된 장난 또는 반항행위 등을 하게 된다. 그리고 그런 행위는 점점 못된 이미지를 강화하게 되고, 마침내 학교폭력으로 발전해 간다(일진회).

그나마 의무적으로 교육을 받도록 되어 있는 학교폭력예방교육도 형식적으로 이루어지고 있어서 지적을 하지 않을 수가 없다. 어떻게 나이스 상(교육행정정보시스템)으로 처리를 하는지 의심이 갈 정도로 학사가 바쁘다는 핑계로 학교폭력 예방교육을 다음 학기로 넘기는 학교가 있는가

하면, 「학교폭력예방 및 대책에 관한 법률」 시행령에 보면 학급단위로 교육을 받는 것이 원칙으로 되어 있으나, 예산을 핑계로 전교생을 대상으로 교내방송을 통한 비효율적인 교육을 하거나 한 학년만 실시하여 한 학기가 지나도록 학교폭력예방교육을 한 번도 받지 못한 학생들도 있다. 또 소수이긴 하지만 바쁘다는 이유로 한 학년이 지나도록 교사연수에 불참하여 학교폭력에 대한 개념조차 모르거나 이를 선도위원회에서 처리를 해야 하는지 자치위원회에서 처리를 해야 하는지 구분조차 하지 못하는 교사들도 있다. 이런 교사들은 학교폭력이 발생 했을 때 담임인 본인이나 소속 학교에 불이익이 생길까봐 쉬쉬 하면서 은폐 축소하려다 사건을 더 키우고 사회적 무리를 일으키기도 한다. 서로 다른 내용을 교육받아야 할 교사와 학생이 함께 앉아서 시간 때우기로 참여하는 형식적인 교육은 이제 지양하고 보다 적극적인 예방교육이 절실한 때가 아닌가 생각한다. 신종플루도 예방을 철저히 하면 사망자 수가 줄어들듯이 학교폭력도 종전의 방식을 뜯어고치고 철저한 예방교육을 통해 근절이 되길 바란다.

아무튼 도를 넘은 학교폭력에 대해 우리 성인들이 자성하고 책임을 통감하며 학교와 교사, 가정과 학부모, 사회와 일반 성인들이 일심동체가 되어, 미래의 주역이 될 청소년들이 학교(성)폭력에서 해방될 수 있도록 다 같이 노력해야 할 것이다.

학생의 대처방안

학생의 대처방안을 짧은 지면으로 다 말하기에는 한계가 있다. 초등학교라면 저학년과 고학년에 따라 교육내용이 다를 수 있고, 중·고등학교는 남학교와 여학교, 남녀공학의 대상에 따라 달리 교육을 해야 할 것이기 때문에 어떤 한 가지 대처방안을 단언하기는 어렵다.

하지만 학생을 대상으로 교육을 할 때마다 공통적으로 강조하는 것은 신고이다. 학생들이 소지하고 있는 핸드폰 1번에 117을 저장하고 다니다가 가해학생 또는 괴한으로부터 폭력의 위협이나 피해를 당하게 될 경우 핸드폰 1번을 꾹 누르면 된다. 이 때 기관에서 117번을 누른 학생이 응답이 없거나 비명소리가 들릴 경우 위치 추적을 해서 구조하러 온다는 설명을 교육 중에 하고 다닌다.

마침 전 한나라당과 교육과학기술부가 당정협의 결과 제일 먼저 내놓은 학교폭력 대책이 경찰청이 운영하는 '117' 신고 전화이다. 이것은 어떤 대책보다 신고의 중요성에 대한 반증이기도 하다. 시기적으로 늦었지만 이 신고 전화가 전국적으로 통합된 것이야말로 다행스럽게 생각한다.

이렇게 신고의 중요성을 모른 채 많은 피해자들은 신고를 하게 되면 보복을 당할까봐 신고를 하지 않는 경향이 있다. 그러나 신고를 하지 않으면 가해자는 가해하는 사실을 아무도 모르는 줄 알고 지속적으로 괴롭히고 삥(금품갈취 : 공갈)을 치게 된다. 용기를 내어 직접 신고하든지 친구를 통해서라도 반드시 신고를 하여 더 이상의 피해를 입지 않아야 할 것이다. 아울러 가해자들은 피해학생이 학부모님이나 학교·경찰 기관에 신고하고 도움을 청했기 때문에 보복을 한다든지 더 이상 괴롭힌다든지 할 수 없다는 것도 알아두어야 한다.

그런데 피해를 당하는 친구들도 무엇 때문에 따돌림이나 괴롭힘을 당하고 있을까 한 번쯤 생각해 보면서 대처를 해야 할 것이다.

먼저 따돌림이나 피해를 당하는 학생은 그 원인을 파악하여 해소하도록 노력하여야 할 것이며 친한 친구에게 자신의 힘든 감정을 솔직히 털어놓으면서 교사 및 부모, 전문 상담 기관을 통해 해결 방법을 찾아야 한다. 그리고 자신을 따돌림 하는 친구 중 마음이 약한 친구를 통해 도움을 요청하고, 학급에서 인기 있는 친구와 친해지도록 노력하여야 한다. 무조건 순종하지 말고, 자신감과 자존심을 찾도록 하며, 자신의 주장을 이야기하여야 한다. 그리고 작은 일에도 관심을 가지고 마음을 열 수 있도록 노력하여야 하고, 타인과 지나치게 비교될 만한 언행이나 너무 비싼 물건을 소지한다거나 비싼 복장 등은 자제하여야 할 것이다.

반면 피해를 주거나 따돌림을 하는 학생들은 인간의 존엄성에 대해 음미해 보고 따돌림 당하는 친구와 입장을 바꿔 단순한 장난이라도 상대방은 괴로워할 수 있다는 것을 생각해 보면서 따돌림 당하는 친구의 숨은 장점을 찾도록 노력해야 할 것이다. 겉모양보다는 친구의 내면을 보도록 노력하고, 언젠가 따돌림의 아픔은 자신에게 돌아올 수 있음을 인식하여야 한다. 특히 여러 가지 불만스러운 요소들을 비인간적인 방법으로 해결하지 말고, 자기 개성뿐만 아니라, 친구의 개성도 존중하는 태도를 갖도록 노력해야 할 것이다.

또한 주변학생들은 따돌림이나 피해를 당하는 친구를 위해 용기 있게 친구 편에 서야 할 것이며, 따돌림을 묵인함으로써 간접적으로 기여한 자신의 행동을 반성해 보도록 한다. 그리고 따돌림 당하는 친구를 돕기 위해 담임교사에게 도움을 청한다든지 쪽지 설문조사 시 친구의 피해 사실을 정확하게 알려 문제가 확대되기 전에 방지해야 할 것이다. 특히 따돌림을 당하다 견디지 못해 현실의 고통에서 벗어나 사후세계에서 문제를 해결하려는 생각을 갖고 자살을 시도하려는 친구가 있을 수 있다. 그런 경우 자살은 피암시성이 강하여 바로 행동으로 옮기는 대신 일기나 낙서 또는 문자를 통해서 친구들에게 예고를 먼저 하게 된다. 피해자가 이런 식으로 자신의 감정을 나타내면 친한 친구로서 정신적인 조언을 해주기에 앞서 반드시 부모님이나 담임선생님께 알리고 도움을 청해야 한다.

아울러 동법 제20조(학교폭력의 신고의무)에 학교폭력 현장을 보거나 그 사실을 알게 된 자는 학교 등 관계 기관에 이를 즉시 신고해야 하며 신고를 하지 않으면 방관자(종범)로서 가해자와 동일하게 처벌을 받는다는 것도 알고 있어야 한다.

학교폭력 중 또 하나의 문제는 일진회다. 일진회의 특성은 자신이 가입하고 싶다고 해서 가입되는 경우보다는 거의 대부분 주변 친구들이나 선배들의 권유에 의해 가입한다는 것이다. 더 큰 문제는 일진회에 가담했던 가해학생들이 나중에 탈퇴를 하여 새로운 삶을 살아보려 해도 이러한 조직과의 연계로 인해 범죄자가 되어 버리는 경우가 많다는 것이다. 특히 일진회는 1학기보다 주로 서열이 정해진 2학기 초에 인근학교나 같은 학교 선배들이 식사나 하면서 한번 만나자고 접근해 올 때 가입하는 경우가 많다. 접근해 오면 반드시 부모님이나 선생님과 상담하거나 신고를 하여야 하며 절대 가입해서는 안 된다.

그 동안 학교는 학교폭력 등의 범죄를 저지른 청소년들에게 장래를 위해 참아주고, 발생한 사건 사고에 대해 기록을 하지 않았지만 앞으로 금품갈취(공갈), 명예훼손, 강요(심부름) 등 학교폭력을 행사한 학생은 개정된 법에 따라 학교생활기록부에 기록을 하도록 되어 있다. 따라서 이런 기록들은 훗날 사회생활을 하거나 결혼을 할 때 많은 지장을 초래할 것으로 예상되는 바, 학생들은 이런 사실을 명심하고 일체 학교폭력을 행사해서는 안 될 것이다.

학부모의 대처방안

겨울방학이 오는가 싶더니 벌써 개학이 시작 되었다. 우리 학부모님들은 무슨 생각을 하고 계실까 묻고 싶다. 새 학기를 앞두고 희망찬 기대와 설레임으로 학수고대 기다리고 계신 학부모님이 계신가 하면, 불안해서 자녀들을 어떻게 학교를 보내야 할지 태산 같은 한숨 속에 잠도 이루지 못했을 학부모들도 계실 것을 생각하니 이 현실이 자못 걱정이 아닐 수 없다.

온 나라가 떠들썩하게 연일 학교폭력의 심각성을 보도하는 뉴스들과 폭력으로 상처받은 학생들의 모습을 보여 주고 있다. 하지만 많은 학부모님들은 그런 기사를 접할 때마다 불안함을 느끼면서도 '그래도 설마 내 아이가 학교폭력의 피해자일 리가 없어.', '가해자일리는 더욱 없어.'라고 믿고 싶어 한다. 특히 대부분의 학부모들은 자신의 아이가 맞고 오면 어떻게 대처해야 할지 모르고 있으며 그간 살아온 경험과 주변 사람들로부터 들은 짧은 지식으로 문제를 해결하고자 해 잘못된 대처로 더 큰 문제를 낳는 수가 많다.

우리는 학교폭력을 생각할 때 단순히 때리고 맞는 상황을 떠올리게 된다. 하지만 학교폭력은 그 개념이 굉장히 다양해서 부모가 학교폭력에 대해 정확히 모른다면 자녀들에게 학교폭력에 대한 올바른 교육은커녕 학교폭력 사안이 발생했을 때 가·피해 자녀에 대한 대처가 어려울 수밖에 없다. 그래서 학교폭력의 정확한 개념과 내 자녀가 가해자인지 아니면 피해자인지를 먼저 파악하여 대처요령을 알고 난 뒤 학교폭력으로부터 우리 자녀들을 구하고 그들이 자신의 의지대로 삶을 꾸려나갈 수 있도록 해주어야 할 것이다.

대처 방법을 알아보기에 앞서서 학교폭력으로 피해를 당하고 있는 학생들은 어떻게 대처를 하고 있는지 살펴보면, 주로 혼자 고민하다가 무시해 버리거나 친구들과 상의 또는 가출이나 자살을 시도하기도 한다. 때로는 피해자가 다른 아이들 또는 동생을 괴롭히거나 때리면서 학교폭력이

다른 폭력을 낳기도 한다. 그러나 우리 학부모들은 아이들이 피해자라는 사실을 알지 못하다가 나중에 상황이 심각해지면 그때서야 알게 되는 것이 현실이다. 그렇다고 해서 자녀들의 일거수일투족을 다 감시·주시할 수는 없다. 때문에 평소 사랑하는 마음으로 자주 대화를 하면서 자녀들의 애로사항을 그들의 입장에서 이해해야 할 것이다. 따라서 가·피해자들의 징후를 알아차려 사전 예방을 하는 것이 무엇보다 중요하다.

가·피해자들의 징후를 나열해 보면 대략 이렇다. 피해학생들은 보복이 두려워서, 또는 자존심 때문에 자신이 피해를 당한 사실을 어른들에게 알리지 않는 경우가 많다. 그렇다면 피해자의 징후는 친구, 선배들에게서 전화가 자주 걸려오고, 그때마다 난처한 표정으로 부모님을 피하여 자주 불려 나간다. 몸에서 다친 상처나 멍 자국을 발견하게 되면 넘어졌다거나 운동하다 다쳤다고 대답 하는 경우가 많다. 교과서나 공책, 일기장 등에 "죽어라", "죽고 싶다" 와 같은 폭언이나 자포자기 표현이 씌여져 있다. 용돈이 모자란다고 하거나 말없이 집에서 돈을 가져간다. 풀이 죽고 입맛이 없다고 하면서 평소 좋아하던 음식에도 손대지 않는다. 두통, 복통 등 몸이 좋지 않다고 호소하며 학교 가기를 싫어한다. 비싼 옷이나 운동화 등을 자주 잃어버리거나 망가뜨리는 경우가 많다. 특히 자기 방에 틀어박혀 친구에게 전화 오는 것조차 싫어한다거나 갑자기 전학을 보내 달라고 하기도 한다. 또 멍하니 있다가 뭔가 심각하게 골똘히 생각하기도 하고 평소보다 갑자기 성적이 떨어지기도 하는데, 만일 피해자로 의심되면 상황을 잘 파악하여 대화를 나누고 선생님이나 전문가에게 상담을 구하는 것이 좋다.

반면 많은 학부모가 자신의 아이가 피해를 입을 수는 있지만 다른 아이를 가해할 것이라는 생각은 하지 않는다. 가해자의 징후는 집에서 부모와

대화가 거의 없고 반항하거나 화를 자주 내는 경우가 많다. 말도 별로 없고 부모에게 감추는 게 많다는 느낌을 준다. 고가의 물건이 있으며 친구가 빌려준 것이라고 둘러댄다. 씀씀이가 더 커지고 선물을 받았다고 하면서 못 보던 물건들을 가지고 있는 경우가 있다. 공부도 안하는데 하위권 성적이 갑자기 상위권으로 오르기도 한다. 친구들 무리에서 항상 중심이 되는 한편 귀가 시간이 늦어지고 불규칙한 생활을 한다. 힘으로 자기주장을 앞세우고 다른 학생을 지배한다거나 자기 뜻대로 관철하려 한다. 참을성이 없고, 화를 잘 내며 충동적이다. 부모에게 반항적이고 공격적이며 난폭하다. 타인에게 우쭐대고 싶은 심리가 강하다. 이밖에 금품갈취, 절도, 집단폭력, 약물, 담배 등 비행 전력이 있는 경우에도 가해학생일 수 있다고 의심하여 아이의 성향을 변화시키도록 노력해야 하며, 또 분노조절 법을 훈련하게 하고 일진회에 소속되지 않도록 주의해야 할 것이다.

  이러한 징후를 미리 알아 차려 잘 예방을 했지만 불행하게도 내 자녀가 피해 사실을 알려 왔을 때 학부모님들은 어떻게 대응을 할까요. 먼저 자녀의 말을 적극 수용하고 편견 없이 들어주면서 "정말 힘들었겠다. 엄마도 돕겠다."라고 위로와 격려로 안아 주어야 한다. 그런데 사실 그런 어려움을 이야기하기란 결코 쉬운 일이 아니기 때문에 부모님의 눈치를 보면서 조심스레 알리게 되면 다짜고짜 "누가 때렸다고? 그걸 가만히 두냐? 맞짱이라도 떠야지, 네가 가만있으니까 맞는 거야" 등 무시와 비난이 섞인 말투, 혹은 분풀이, 자존감 상실, 포기, 불안과 좌절 섞인 언행을 하게 된다. 그러면 사건은 본인의 사건이 아닌 친구의 사건으로 돌려지고 정작 피해자인 자녀는 입을 다물어버리거나 극단적인 행동을 취하는 경우가 많다. 특히 부모가 지나치게 흥분하여 감정적으로 "(가해부모에게) 애 교육 똑바로 하세요, (가해학생에게)너도 똑 같이 맞아볼래?" 등의 보복적이고 극단적인 발언을 하게 되면 경미한 사건도 합의 도출을 하지 못한 채 법정으로 가는 수가 있다. 법은 최후의 해결방법일 뿐 법 이전에 화해로 해결하는 것이 최선이다. 화해를 위해서는 기본적으로 열린 마음과 자세를 갖고 타인을 존중하며 배려하는 태도가 필요하다. 법으로 해결하려 할 경우 가해자, 피해자 모두 시간적, 경제적, 정신적으로 큰 손실을 볼 수 있다. 아울러 가해자 부모님은 진정성 있는 사과와 함께 재발방지를 약속하고 역지사지하는 마음으로 피해 자녀들의 앞날도 생각해야 할 것이다.

교육부는 앞으로 가해학생의 학부모도 자녀와 함께 특별교육을 의무적으로 받도록 하는 가칭 '학부모 소환제'를 도입하는 방침을 포함하여, 학부모가 교육 이수에 응하지 않으면 교육감에게 통보해 300만 원이하의 과태료를 부과할 수 있도록 하는 내용의 '학교 폭력예방 및 대책에 관한 법률'을 개정하여 시행하였다. 또 어느 특정지역이긴 하지만 교사들이 학생들의 소지품이나 일기장을 검사하지 못하도록 하는 현 시점에서 우리 학부모님들이 수시로 자녀들의 소지품이나 일기장 검사를 하여 이상한 메모나 낙서를 발견하면 바로 조치를 해서 자살을 예방하는 것에도 주의를 게을리 해서는 안 된다.

교사의 대처방안

기관, 사회단체, 온갖 언론매체까지 호들갑을 떨어 이 사회가 마치 학교폭력으로 인해 청소년들의 앞날이 불투명해지는 막장드라마 같았던 순간들이 벌써 시들어지고 있는 것 같아 아쉬움마저 든다. 학교폭력은 이 지구가 멸망하는 그날까지 온 국민이 이에 대한 지대하고 애정 어린 관심과 대책을 세워 재발 방지에 노력해야 하는 사회적 문제가 아닌가 싶다.

교사들의 학교폭력에 대한 대처도 단언하기 힘들다. 학교 폭력은 사전 예방, 즉각적이고 적절한 조치, 사후처리는 물론 가·피해자 부모에 대한 대응 등 다양한 대처가 필요하다. 이런 가운데 서울시는 곽 노현 교육감 이름으로 학생인권조례를 공포했다. 조례에는 간접체벌 금지, 두발·복장 자율화, 소지품 검사 금지, 교내 집회 허용 등 교사의 학생 생활지도에 커다란 영향을 미칠 수 있는 내용이 모두 포함되어 있기 때문에 교사들의 학교폭력예방은 더 힘들어 지고 있다.

우선 학력신장도 좋지만 늘 학생들 가까이서 사랑하는 마음으로 가·피해학생들의 징후를 알아내 대처하는 사전예방이 더 없이 중요하다고 생각한다. 그래서 정기적인 상담을 통해 가해자는 피해자의 입장을, 피해자는 가해자의 입장을 이해하게 하고, 해결이 어려우면 전문가를 동원해서라도 사건을 반드시 해결할 것이라는 의지를 학생들에게 표명하도록 해야 한다. 또한 사후 면책이 될 수 있도록 상담기록을 해 두는 것도 잊지 말아야 할 것이다.

이렇게 사전예방에도 불구하고 사건사고가 발생했다면 우왕좌왕할 게 아니라 먼저 교장에게 보고하고 상처받고 놀란 아이를 따뜻하게 감싸주어야 할 것이며 가해학생과 피해학생을 신속히 분리하고 양쪽 부모에게 사실을 알려야 한다. 아울러 본연의 업무인 학생들의 훈육에도 게을리 해서는 안 될 것이다. 그리고 혼자서 고민하고 처리할 것이 아니라 교육청 장학사·장학관 또는 전문가와 상의해서 처리해야 한다. 평상시 대응에 필요한 법규(책임과 면책?)나 매뉴얼을 숙지하고 공정한 대응을 하기 위해 학급 내 무기명 설문을 통해 피해사실과 가해자를 확인하고 가해 정도를 파악한 뒤 아이들을 면담하여 객관적인 입장에서 증거자료도 수집·확보해 두었다가 가해자 부모가 자녀의 잘못을 인정하지 않을 때는 증거를 제시하고 재발 방지 약속을 받아 두어야 할 것이다. 또한 단순하거나 아무리 경미한 사건이라도 피해자 부모가 가해자 처리를 요구하였을 경우 간단한 화장실 청소 정도의 교내봉사도 학교폭력 행위에 해당한다면 선도위원회가 아닌 학교폭력대책자치위원회를 개최해 처리해야 할 것이다. 다만 경미한 사건을 인지한 것만으로 자치위원회를 개최할 필요는 없다.

얼마 전 서울 강서구에 있는 ㄱ중학교에서 발생한 열네 살 어린 학생의 '지옥에서 보낸 한철'이라는 일기장에서 발견한 충격적인 집단따돌림의 피해자 이 아무개군(14)은 지난해 3월부터 끔찍한 일을 당했다. 이른바 '일진'으로 불리는 학생들로부터 학기 내내 괴롭힘과 폭행에 시달렸다. 그런데 이 사건을 처리하면서 담임교사는 이군이 아이들을 괴롭혀서 상담한 것으로 되어 있다. '같은 반 학생들이 수업 시간과 쉬는 시간에 장난이 심하고 사소한 일로 툭툭 치고받는 것이 습관화되어 수차례 담임교사가 지도했다'라는 것이다. 그러니까 담임교사는 이군을 피해자가 아닌 가해자로 보고 상담 지도를 한 것이다.

이군과 이군의 부모는 학교 측의 이러한 태도에 분노했고, 학교 측이 축소, 은폐, 거짓말 등으로 일관했다고 하면서 관계 기관에 진정서를 냈었다.

이 사례는 학교폭력에 대한 정확한 조사가 이루어지지 않은 채 순간적으로 잘못된 판단을 하고 피해자 측에서 주장하듯이 은폐·축소하여 보고하게 되면 사회적 무리를 야기시키면서 담임이나 학교에 불이익이 갈 수 있다는 점을 시사해 주고 있다.

필자 역시 교사들을 대상으로 교육할 때마다 학교폭력예방 및 대책에 관한 법률 제19조와 제20조에 따른 보고와 신고에 대해서 강조하고 있다. 소속 학교에서 학교폭력으로 인한 여러 건의 사건 사고가 발생했다고 해서 현행법으로 담임이나 학교에 불이익을 줄 수 없기 때문에 은폐·축소하지 말고 정상적인 보고체제로서 재발을 방지하는데 힘써달라고 당부를 한다. 하지만 앞으로 학교폭력을 적극적으로 해결하려는 교사에게는 인센티브를 주는 동시에 학교폭력을 알고도 은폐·은닉하는 교사와 교장은 기본 책무를 다하지 못한 것으로 보고 책임을 강하게 묻고 있다.

또한 따돌림으로 인해 정신병이 발병하여 정신과 병원에 진료 하였다는 것이 증명되면 따돌림을 한 가해학생들은 상해죄로 처벌 받을 수 있고, 교사의 경우에는 이러한 상황을 알면서도 따돌림을 제지하지 않고 방치함으로써 가해학생들로 하여금 '선생님도 알면서 가만히 둔다'라는 생각을 하게하고, 이로 인하여 따돌림을 중단하지 않았다는 것이 증명되면 교사 역시 상해죄의 방조범으로 형사처벌 될 수 있다는 것도 알아야 할 것이다.

교사의 학교폭력 대처는 가해학생들을 내몰고 징계하는 것 보다 옐로우 카드의 삼진 아웃제를 도입하여 조금은 시간을 두고 그들의 입장에서 이해하고 사랑으로 대할 때 현저히 줄어들 것으로 믿어 의심치 않으면서 그 무엇보다도 예방교육과 사랑이 중요하다고 생각한다. 아울러 예방교육은 방학 전보다 새 학기에 실시하는 것이 효과적이며 공개수업에 맞춰 학부모 교육을 병행하는 것도 큰 도움이 될 것이다.

"내가 뭔데" 자문 통해 행복한 학창시절 보내야

와~~새 학기다. 그렇다 얼마 남지 않았다. 새로운 친구들, 새로운 선생님, 그리고 상급학교에 진학하는 학생들은 이때가 새로운 학교 등에 대한 꿈과 희망찬 기대로 손꼽아 기다려지는 시기다. 다 그런 마음은 아닐 것이다. 왠지 학교 가는 것이 두렵고, 아니 지옥 같은 마음으로 공포까지 느끼며 말 못하고 속 앓이로 밤을 지새우는 친구도 있을 것이다.

잠자는 시간 빼고는 하루 중 시간을 제일 많이 보내 곳이 학교이다. 그렇기 때문에 헌법 제10조에 주어진 행복추구권에 따라 행복한 시간을 보내야 하는 곳이 학교이기도 하다. 그런데 현실은 그렇지 못하기 때문에 문제가 되며 요즘처럼 심각한 사회적 이슈가 된 것이다. 어쩌면 다 같은 인간으로 태어나 왜 때려야하고 왜 맞아야 하며, 갈취를 하고 왕따를 하는데도 왜 당하고만 있어야 하는지 궁금하기도 하거니와 그 이전에 이런 일은 있을 수도 없는 일이다.

학창시절은 잠깐이다. 하지만 학교 친구들이란 평생을 두고 동문이라는 인연으로 이 사회에서 동반자가 되고 성인이 되어도 상부상조해서 살아 가야할 공동운명체이다. 따라서 학창시절을 보다 값지고 아름다운 추억의 장으로 만들어 승화시켜 나가야 할 것이다. 그러면 학생들은 어떠한 마음가짐을 해야 할까요? 우선 동급생은 물론 선후배 간의 우정이 돈독하도록 노력해야 할 것이며 서로 존중하고 인간의 가치와 존엄에 대해서도 이해해야 한다.

학교 내외에서 생활하면서 때로는 친구들과 의견충돌이 발생할 수 있고 각종 스트레스로 인하여 감정을 조절하지 못해 우발적인 폭행을 하여 친구들에게 상처를 줄 수 있다. 하지만 항상 입장 바꿔 생각하고 분노조절을 통하여 비수 같은 언행은 삼가야 할 것이다. 때로는 나보다 못하다고 무시하는 언행이나 따돌림(왕따)으로 인한 정신적인 피해(상해죄에 해당함)를 준다거나 불량서클에 가입하여 일생을 망치는 일을 해서는 절대 안 될 것이다. 물론 어느 곳에서나 갈등은 있기 마련이지만 다른 갈등과는 다르게 학교폭력은 가해학생, 피해학생 둘만의 화해로써 해결되는 문제가 아니며 학교폭력 상황을 보고 있는 여러 학생들에게 미치는 영향이 크다는 것을 알아야 할 것이다. 학교폭력을 숨기는 것은 해결책이 되지 않는다. 따라서 학교폭력 상황을 외부에 알리고 도움을 요청하는 것만이 가해학생들의 폭력 행동을 막을 수 있다. 그러한 도움의 요청은 학교폭력 피해학생 뿐만 아니라 여러 학생들의 몫이라는 것도 잊어서는 안 된다. 학교폭력을 없애기 위해 우리에게는 각각의 역할이 있고 그것을 적극적으로 행할 때 비로소 학교폭력은 우리 주변에서 사라질 수 있다.

지금까지가 학교폭력 문제에 대한 지적이었다면 학교폭력에 버금가는, 청소년시기에 나타나는 몇 가지 문제점을 짚어보고자 한다. 다른 청소년 문제로는 가출, 약물중독, 인터넷 중독, 흡연, 음주, 자살, 성폭력 등 다양하다. 먼저 어떤 이유에서든 가출을 하게 되면 돈이 필요하다. 그럼 어떻게 돈을 구할지가 문제가 된다. 이런 청소년들은 대개 자기보다 약한 친구들이나 후배들에게 폭행이나 협박으로 돈을 갈취하여 공갈죄나 또는 절도죄로 처벌 받고 범죄자가 된다. 특히 여학생들은 가출을 하게 되면 이 사회에는 짐승 같은 아저씨, 오빠들이 가출소녀들을 기다리고 있다는 사실을 알고 있어야 할 것이다. 이런 여학생들이 돈이 필요하다는 것을 알고 있는 이 사람들은 돈으로 성매매를 요구할 것이고 따라서 원치 않는 임신이나 성병에 걸릴 수 있기 때문에 절대 가출을 해서는 안 된다. 그리고 인터넷이나 게임에 빠져 오랜 시간 동안 컴퓨터를 하게 되면 수면이 부족하여 수업시간에 졸 수 밖에 없고, 특히 중독성이 있는 학생들은 밤에 또 컴퓨터를 해야 하기 때문에 하루 종일 졸다 자다하면서 수업에 지장을 초래한다. 컴퓨터는 정보를 공유하는 것 외는 1시간 이상 하지 말아야 할 것이다.

혹시 그동안 피해를 입었다든지 당하고 있는 학생이 있다면 지금이라도 부모님이나 학교(담임선생님 외), 전문기관을 통해 신고하거나 도움을 요청하여 앞으로의 학교생활이 즐겁고 행복할 수 있도록 적극 노력해야 한다. 반면 그동안 가해를 저지른 학생들은 법률 개정에 따른 처벌이 강화되고 가해학생의 부모님까지 교육을 받아 사회적 지탄의 대상이 된다는 것을 알아야 하며, 방관하는 학생들이 있다면 '가해학생 못지않게 나쁜 일이다'라는 것을 이해해야 한다. 우리 다 같이 가해, 피해학생을 도와주면서 즐겁고 행복한 학교가 될 수 있도록 서로 노력하며 새롭게 출발하는 새 학기가 되길 바란다.

끝으로 학교에서 아무리 잘해도 학부모의 관심이 없으면 학교폭력을 뿌리 뽑을 수 없으므로 학부모님들은 수시로 자녀들과 목욕탕에 동행하면서 신체에 대해 유심히 관찰하고 대화로서 피해를 입지 않았나 관심을 가져 주셔야 할 것이다. 우리 선생님들도 언론에 대해 너무 위축되지 마시고 소신과 철학이 있는 교사상을 가지고 생계를 위한 돈 버는 직장이 아니라 우리 학생들을 진정 사랑으로 감싸고 이해하면서 이 나라를 짊어지고 나갈 동량재를 길러 내는데 다 같이 노력해야 하지 않을까 싶다.

한류문화 진흥의 필요성

민족시인 **조성자** 목사

우리 한류문화는?

한류문화는 하늘 아래 제일은 사람사랑으로 이웃을 나의 가족으로 생각하여 나라에 충성하고 어르신보다 얼의 신을 존경하며 자연을 사랑하는 풍류인으로 모든 생활자체를 놀이(예술)로 대자연과 합류하는 문화이다. 따라서 한국인은 의식이 깨어있는 사람들로 천, 지, 인(天, 地, 人)이 어울려 살아가는 인류문화 시원(人類文化始原)의 장자가 되어 하늘문화 이어가는 참으로 대단한 역사문명유산을 가진 지구촌 유일의 국민이다.

한국인은 천륜대도(天輪大道)를 향한 천의무봉(天衣無縫) 백의민족(白衣民族) 태양 새의 깃발 높이 들고 세계만민을 다스릴 수 있는 지도자로서 온 세상 한 가족 공동체를 이루어야하는 투철한 사명이 있음을 21세기 시공을 초월한 사람들은 이미 알고 있는 사실이다.

그런데 우리는 숭고하고 웅대한 우리문화 역사를 제대로 정립하지 못하고 자기가 내세우는 인물만 최고라고 주장하는 자들의 중심 없는 역사교육 때문에 안타까운 작금의 현실에서 벗어나지 못하고 있다. 뿐만 아니라 서로 책임을 회피하는 한심한 지도자들로 인하여 충, 효, 예(忠孝禮)가 무너지고 천지인 상생의 법도가 파괴되어 자연과 인간성이 마구 무너지는 지금, 우리가 침묵만 지키고 있을 때가 아님을 서로 자각하여 왜곡된 우리의 역사를 바로 세워 진흥발전 시켜야 한다.

우리는 선조들에게서 찬란한 문화유산을 상속받아 '이화세계 홍익정신'으로 지탱하여온 무궁무진한 환인(桓人)나라 자손이다. 따라서 우리는 세상의 정신세계를 지배할 얼의 신 정신을 회복하기 위한 운동을 펼치고, 한류문화진흥과 발전을 이어나가야 한다.

잘못된 우리 민족의 문화의식

'우리는 반만년의 역사를 가진 단군 자손이다'라는 말은 잘못된 것이다. 그것은 그 위의 환웅나라 그 위의 환인나라는 없다고 인정하는 것이 된다. 우리는 지금까지도 그 옛날 세계 평화와 인류 행복을 외치셨던 단황 왕검의 동상 하나 세워놓지 않았고, 또 일본 침략자들이 동방예의지국인 우리 숭례문을 통하여 침략했다 해서 남대문을 국보 1호로 정했다고 하는데, 우리 민족의 자존심을 나타내는 세상에서 가장 작은 책 81자 천부경을 숭례문에 소장시켜 국보 1호로 정했으면 얼마나 좋았겠는가?

숭례문이 불타버린 지금도 그 일을 못하고 있으니 부실공사 계속하면서 하늘 뜻 알기나 하는가? 우리 역사를 찬란하게 보존하셨던 고조선의 국조단황을 겨우 우상으로 만들어 단군 종교의식으로 숭배했던 미련한 후손들! 우리 국조전을 종교에 빼앗기고도 모르는 멍청한 정치가들, 안다고 큰소리치는 교육자들!

더욱 황당한 것은 단기를 폐기 시켰으니 환기를 기록해야 할 지금의 시대에, 아버지 박정희 대통령이 폐기시켰던 단기를 딸인 박 근혜 대통령이 부활시켜야한다는 멍청이들의 아우성. 지금도 억울하여 가슴이 터진다.

지금도 야단법석인 그때의 반대자들을 설득하여 만년의 역사를 찾고자 했던 박정희 대통령은 위대한 결단력으로 우리 민족의 자긍심과 하면 된다는 창조정신을 일깨워주신 훌륭하고 앞으로도 영원히 감화 감동시키는 세계인의 영웅이시다.

삼천리금수강산도 잘못된 왜곡

삼천리가 아닌 구만리 금수강산에 사는 환인의 후손이라면 자연적으로 만년의 역사는 본심본태양(本心本太陽) 앙명인중천지일(昂明人中天地一)의 사상이 그대로 드러나는 일을 왜 지금까지도 못하고 있는지! 도대체 잘났다고 떠들어대는 지도자들을 보면 더 이상 보기 싫어 역겨움마저 든다. 세계인이 함께하는 지구촌을 아름답게 꾸며나가며, 한줄기로 피어나는 무궁무진한 강강술래의 평등을 함께 누리는 우리 한류인이 하늘 아래 제일은 사람사랑 위아래 질서임을 뜻과 정성을 다하여 소중하게 연구하여 진흥, 발전시키면 날로 변화하는 정보화시대에 세계인에게 새로운 감동을 주게 될 것으로 확신한다. 그러기 위해서는 대한민국에 한류 시조전이 세워져야 한다.

태초부터 지금까지의 수많은 국조님들의 기록과 연대를 잘 정립하여 삼천리가 아닌 구만리 금수강산! 이제는 제발 단군자손 아닌 환인의 후손으로! 반만년이 아닌 만년의 역사를 정립하는데 우리 민족의 편가름 없는 하나 된 화목을 온 세상에 떨쳐야 할 중요한 시대적 사명이 지금 우리에게 있다.

이제는 나만이 가지고 있는 진리를 주장해야 한다는 아집들을 내려놓고 누가 보아도 누가 뭐라 해도 인정할 수 있는 우리의 뿌리를 정돈하여

건립한다면 위대한 우리 선조님들의 역사가 바로 세계를 지배할 정신문화문명인 대한민국. 지금은 비록 작은 나라로 큰 이름 가진 나라이지만 역시 하늘문화 이어가는 천손민족이구나 하는 것을 세상 사람들이 알게 될 것이 분명하다.

세계 최초, 최고의 우리 국조님들의 영정과 연대의 사실 기록을 정리하고, 원래의 우리 환인과 환웅을 모셨던 대웅전을 다시 찾아, 세계인류가 갈급하여 목말라하는 자유민주주의 참자유를 수호하는 한류문화로 민족통일의식을 일깨우는 것만이 지금의 혼란과 혼돈에서 엉뚱한 문화의식이 발생하는 것을 차단하고 시대정신을 바로 선도해야 하는 우리의 사명이다.

한류 문화 진흥을 위한 솔선수범

사회 신용을 이름표로 하는 오묘, 신묘, 기묘한 21세기 정보화시대에는 가진 자가 베풀지 않으면 가지고 있는 재산도 못 지키는 문화가 형성되어야 하며, 권력을 가지고도 평등하게 분배하려고 하지 않는 당리당략 앞세운 정치가들의 작태는 꼭 사라질 것이라 확신한다.

특히 정치가들의 문화개혁혁명은 자신의 유익을 내려놓고 국가의 발전을 위하여 공익 정신을 철저하게 함양하는 방향으로 이루어져야만 하며, 국가의 녹을 먹는 지도자로서 그런 정신을 지닌 지도자가 아니면 감히 국민 앞에 나설 수 없는 시대를 우리 대한민국이 솔선수범해서 만들어야 한다. 국민이 뽑은 대통령이 국빈으로 초대된 그 먼 나라에까지 원정 가서 대통령을 모함하는 시위를 한다는 것은 초대한 그 나라의 존엄성마저 파괴하는 참으로 무지한 소치가 아닐 수 없고 국민의 한사람으로 분개하며 같은 생각을 하고 있는 자라면 분개함이 똑같을 것이다.

이제 새 시대 정보화시대

지도자라면 내가 하는 모든 일이 세계인을 향해 투시된다는 놀라운 사실을 깨우치며, 지나간 부끄러운 과거를 거울삼아 나라와 민족을 위해 새 비전을 제시해야 한다. 그리하여 몸소 실행하는 지도자라야만 살아남을 참으로 아름다운 찬란한 세상에 우리가 살고 있지 않은가?

그동안 우리 선조들이 피 흘리며 이루어놓은 살기 좋은 우리나라에서 더 좋은 나라 만들 수 있는 하늘문화 이어가는, 구만리 금수강산에서 환인의 후손으로 지구촌 새 시대를 열어갈 시대적 사명을 완수할 수 있는, 천지인 하나 되어 살아가는 방법으로 지구촌 인류의 풍요로운 안녕을 위한 한류문화 진흥, 발전에 솔선수범해야 할 우리의 사명 인식에 대한 절대적인 필요성을 강조하고 싶다.

5 사회

채바다   네델란드 국가 경쟁력과 성공신화의 교훈

임승룡   공무원은 국민을 기만하면 안 된다

성인제   나의 꿈, 나의 사명 대한민국이 세계 1등 국가가 되기를 소망하며 나와 민족과 인류를 위해…

박영숙   한국에서 ˙0년 내 추락하는 7가지는?

네델란드 국가 경쟁력과 성공신화의 교훈

하멜 리서치인문학센터 더표 **채바다** | 고대 해양 탐험가

네델란드, 일류국가 된 이유와 배경

 필자는 1996년~2001년에 제주에서 일본 나가사키항으로 두 차례와 전남 영암, 대불항에서 사가현가라스(唐津)항으로 한 번, 모두 3차례 통나무로 만든 떼배(뗏목)를 타고 항해하였다. 이 탐험을 준비하면서 "하멜 난파표류기"에 깊은 관심과 연구를 해 오면서 네델란드 성공신화는 한국인에게 많은 것을 시사하고 있다.

 하멜은 제주에서 난파되어 조선에서 13년 동안 온갖 역경들을 극복한 불굴의 도전정신은 한국의 청년들과 기업에게 나침반이 될 것으로 판단된다.

 성공과 실패는 개인과 기업은 물론 국가 발전에 중요한 경영전략이 아닐 수 없다.

 17세기 네델란드는 세계 해양 무역시장을 제패하여 그 정상의 자리에 오를수 있었던 것은 당시 청년들의 협동정신과 인내심들은 동료들과 함께 이루어낸 인간승리라 아니할 수 없다. 이 장에서 이 나라의 경쟁력에

대하여 간단히 기술하고자 한다.

성실한 기록정신과 책임감

하멜의 표류기는 폭 넓은 관찰력과 책임감 넘치는 성실한 기록정신에 큰 감명을 받게 된다. 조선의 사회제도와 풍습 그리고 지리와 물산에 대하여 상세히 기록하고 있다. 이러한 배경에서 유럽은 하멜의 표류기에 큰 관심과 주목을 받기에 충분했다. 동북아의 극동에 위치한 미지의 조선은 항해자들에게 중요한 신세계로 비쳤다. 그의 표류기는 유럽의 주요 나라에서 잇따라 번역 출판되어 세계적인 古典이 된 것은 이러한 인기를 반증하고 있다. 자국인 네델란드(1668년)을 비롯해서 불란서(1670년), 독일(1671년), 영국(1704년) 등에서 출판이 거듭 되었다.

인간은 기록의 존재이다. 기록 없이는 오랜 과거의 발자취를 찾아보기 어렵다.

하멜의 기록들은 국가 기록에서 볼 수 없는 조선의 일상들을 폭넓게 만날 수 있어서 그 친근감을 더하게 만든다. 기록의 힘은 개인과 기업을 막론하고 국가의 경쟁력이 되고 있다.

정보화 시대에서 기록은 공유를 통하여 경쟁력을 키워 가는 네트웍이 되고 있다 하멜의 표류기는 유럽 국가들에게 조선에 대한 정보 공유를 할 수 있는 중요한 기회를 제공하고 있어그 가치를 높이 평가 하게 된다.

유네스코가 정한 훈민정음, 조선왕조실록, 직지심체요절, 승정원일기, 해인사 대장경판, 조선왕조의궤, 동의보감은 자랑스러운 기록 유산으로 세계인들과 공유 할 수 있어서 우리나라의 국격을 더 한 층 높여 놓았다. 이처럼 기록은 국가 경쟁력에서 큰 의미를 부여 하게 된다. 기록하지 않는 목표는 환상에 불과 하다.

하멜의 인간승리를 만날 수 있는 것은 그의 기록정신에서 찾게 된다. 충무공 이순신 장군의 난중일기가 없었다면 그의 인간적인 고뇌와 전쟁에 관련한 수많은 충무공 개인의 이야기들을 어찌 만날 수 있으랴. 세계적인 발명가 에디슨의 성공 바탕에는 그의 기록정신과 메모 습관에서 찾을 수 있다.

기록 습관을 기르는 것은 꿈을 키워가는 자신과의 약속이다.

꿈이 있고 성공의 설계를 하는 사람은 일기를 써라! 그 첫 걸음은 곧 일기 쓰는 길이다.

기록을 어렵게 생각할 것이 아니라 한줄 부터 시작하면 다음부터 두 줄이 되고 옅 줄이 되는 성취감이 생긴다. 초심이 문제이다.

르네상스 시대 천재화가이자 발명가인 레오나르도 다빈치는 그의 스케치북에는 일상생활에서 사소한 관찰과 관심 사항들을 그림으로 그렸다. 그 결과 다빈치로 인하여 파급된 인프라는 상상을 뛰어 넘었다. 다빈치 코드로 이어지는 여러 콘텐츠들이 큰 경제효과로 나타나는 것은 기록의 영향력 때문이다.

협동심으로 경쟁력 키우다

"신은 세상을 만들었으나 네델란드 인들은 네델란드를 만들었다"

이 나라 국민들의 협동심과 자긍심을 알게 된다. 해수면 보다 낮은 땅에 살면서 마을은 수 많은 홍수와 허일로 재산과 인명을 앗아 갔다. 이들은 바다를 막고 제방을 쌓아 간척지를 개간하여 농경지로 바꾸어 놓았다. 오로지 협동정신으로 이루어 낸 것이다.

네델란드는 선박들의 난립과 과당경쟁으로 경쟁력을 잃고 있었다. 구조조정을 통한 조직적인 선단을 구성하여 경쟁력을 키웠다. 자금력의 열세는 상인들과 시민들이 나서서 모금운동을 펼쳤다. 정부도 나서서 더 한층 신뢰를 심어 주는 협동정신에 가세한 것이다.

이 결과 650만 길더를 모금하는데 성공 했다. 이 모금운동에 암스테르담 시장의 가정부까지 참여하여 지갑을 열 정도로 시민들의 적극적인 호응과 동참으로 역사적인 동인도 회사의 출범을 가져온 Seed Money가 되었다. 이러한 협동심으로 무적함대 스페인과 포르투갈을 추월하여 유럽과 세계 무역을 제패하는 성공신화의 초석이 되고 있다.

세계 꽃 시장 80%을 점유하고 있는 경쟁력 또한 이 나라의 오랜 역사와 뿌리에서 다져온 협동정신에서 찾게 된다.

'Good to Great'의 저자인 짐 콜린스는 영웅적인 리더는 "'우리가 함께 해냈다.' 라고 외치는 리더"라고 말하고 있다. 팀에서 자신들이 전천후의 팀원이 되어 높은 성과를 올렸다면 이것은 곧 함께 이루어낸 결과이다. 협동정신의 중요성을 말하고 있다.

협동정신은 개인과 기업은 물론 국가 경쟁력을 키워 가는 성공전략의 핵심 가치라 하겠다. 팀원들의 헌신적인 희생과 노력들을 협동심으로 녹여 낼 수 있어야 한다. 함께 힘을 모으고 협동심을 발휘한다면 높은 장벽도 쉽게 뛰어 넘을 수 있다. 이 보다 더한 경쟁력은 없다.

치열한 경쟁사회에서 성공법칙은 하나도 협동, 두 번째도 협동정신이다. 네델란드의 성공신화의 구심점이 되었다.

약속과 신뢰성

네델란드 국민들은 약속과 신뢰를 최고의 삶의 가치로 삼는다. 국제 무역질서에서 신뢰구축은 개인은 물론 기업으로써는 사활이 걸린 문제이다. 약속과 신뢰성은 그 나라의 성장과 투자에 미치는 영향은 크게 달라질 수밖에 없다.

바렌츠 선장 이야기는 전설처럼 전해 오고 있다. 그는 1506년 무역품을 싣고서 유럽 북해에 위치한 노바야 젬라섬에서 17명 선원들과 함께 빙하에 8개월 동안 갇혀 있었다. 영하 40도의 혹한에서 8명은 추위와 굶주림으로 이미 목숨을 잃었다.

이들은 굶어 죽으면서도 배에 싣고 있는 의약품과 식량 그리고 옷가지들이 있었지만 화물을 주인에게 안전하게 전달해야 한다는 약속과 신념으로 안전하게 전달하였다

생사을 오고 가는 긴박한 상태에서 희생을 감수하면서 지켜낸 네덜란드 상인들의 긍지와 자존심, 중심에는 신뢰와 약속정신은 뿌리 깊게 내려져 있다 목숨을 던지며 약속을 지켜낸 바렌츠 선장은 1주일 뒤 후유증으로 숨지고 말았지만 목숨으로 지켜낸 이들의 숭고한 약속 정신은 오늘날에도 세계인들을 감동시키고 있다. 목숨처럼 지키는 약속과 신뢰정신은 곧 네덜란드를 최고의 선진국가로 일으켜 세웠다.

영국출신 어네스트 새클턴(1874~1922)이 이끄는 인듀어런스 호는 1914년, 남극대륙 횡단에 나섰다. 그는 배가 얼음에 갇혀 난파되자 대원들에게 꼭 필요한 물건 외 에는 모두 버리게 하였다. 조금이라도 배의 무게를 줄이고 자신들의 생존에 방해되는 물건이 있다면 어떤 것이든 버려야 한다고 말했다.

각자 소지품을 2파운드밖에 가지고 갈 수 없다고 명령을 내리고 난 뒤 새클턴은 스스로 자신의 주머니에서 금으로 된 장식물들을 눈 속에 내 던졌다.

그리고 다시 금으로 된 담배 케이스를 던져 버렸다. 새클턴은 체력이 좋은 대원 몇 명을 이끌고 구명보트로 드레이크 해협을 통과했다. 항로

가 위험하다는 것을 알고 도끼 한 자루와 로프 하나로 아무도 밟지 않은 3,000m 산을 넘어 가서 포경선을 발견하여 구조를 요청해 극적으로 대원들을 살렸다.

그는 결정적인 순간에 말보다는 행동으로 대원들에게 신뢰감을 보여서 팀원을 살렸다. 조직에서 위기가 닥쳤을 때 리더가 솔선수범은 곧 신뢰감을 보여 주는 길이다.

네델란드 거상 시몬 미슈밤은 그의 자녀에게 이런 말을 남기고 있다. "나의 아버지의 성공 비결은 고객과의 약속은 어떠한 일이 있어도 지켜야 한다는 신념에 있었다. 비즈니스를 하는 것은 단지 빵을 얻고자 한 것이 아니라 약속과 신뢰를 쌓는 일이다." 약속과 신뢰가 빵 보다 먼저라는 이 나라 상인들의 신뢰정신은 우리가 그냥 넘길 수 없는 덕목이다.

현장에서 답을 찾다

네델란드는 청소년부터 자신들의 문제를 현장에서 해법을 찾는다. 매년 4월 30일 여왕 탄신일에 아이들 벼룩시장이 열린다.

전적으로 아이들에 의해서 운영되고 판매가 이루어진다. 집에서 자신들의 쓰던 장난감과 물건들을 가지고 나와서 자신들끼리 흥정하고 거래가 이루어진다. 고장난 장남감과 헌 옷가지들은 새것이나 다름없이 수리하여 판매 한다.

어른들은 이렇게 아이들의 독립심과 자립심을 현장에서 수련하고 있다. 부모들은 아이들 곁에서 열심히 응원할 뿐이다. 이런 현장에서 부모들의 돈 버는 고충을 배우는 전통으로 아이들에게 도전과 창의력을 갖게 한다.

우리 부모들도 정례적으로 시청 광장이나 광화문에서 열면 좋겠다. 우리 아이들의 마트와 백화점에 가서 비싼 장남감을 고르게 하는 것 보다 재활용을 통하여 절약정신을 심어주는 좋은 본보기가 될 것이다.

Eliot, 전 하버드 대학 총장은 유대인들의 강한 것은 "그들이 어렸을 때부터 부모와 교사로 부터 좋은 교육을 받은 결과이다. 모든 교육의 끝은 학식이 아니라 자기 훈련이다."라고 말하고 있다

네덜란드계 미국인 도지(M.E. dodge) 소설에 등장하는 한스 브링커(Hans Brinker) 소년 이야기가 있다 이 소년은 비가 오는 날에 뚝방을 지나다 작은 구멍으로 물이 세어 나오는 것을 발견하고 자신의 몸으로 물구멍을 막아서 마을을 홍수의 위험에서 구한 이야기는 네델란드 아이들에게 큰 감명을 주고 있는 명소가 되고 있다

네델란드 아이들은 이웃 나라 영국 BBC 방송을 자연스럽게 안방에서 보고 들으면서 영어 실력을 쌓아 간다. 우리 아들처럼 비싼 영어 학원을 가지 않더라도 가정생활에서 자연스럽게 부모을 따라서 공부한다. 중학생이 되면 가정 형편과 상관없이 신문배달로 자립정신과 독립심을 배운다.

고등학생이 되면 슈퍼마켓에서 아르바이트로 창고 정리와 재고파악 등 물류의 흐름과 판대요령을 현장에서 체험하게 된다. 또한 대부분 대학생이 되고 나면 이웃나라 독일, 불란서, 영국으로 가서 아르바이트로 이 나라의 풍습과 국제 감각을 스스로 배우는 기회를 만든다.

이처럼 그 나라에서 직접 체험하면서 상당 수준까지 익힌 언어 실력은 독일 사람을 만나던 독일어, 불란서 사람을 만나면 불어, 영국 사람을 만나면 영어로 대략 소통을 하는 수준에 이른다. 외국으로 비싼 어학 연수비를 들여서 공부하는 우리나라 학생들과 큰 대조를 이룬다.

학생들은 대학을 졸업하게 되면 최소한 3~4개 외국어를 하게 된다.

이런 실력 때문에 세계 일류기업들은 네델란드 학생들을 경쟁적으로

스카우트 하고 있다. 유럽의 한 설문 조사에서 네델란드 CEO 72%가 대부분 3개 국어를 하는 것으로 나타났다. 히딩크 감독도 4~5개 국어를 하는 것은 이러한 생활환경 때문이다.

오랜 동안 국제 감각을 현장에서 익힌 실력 있다. 네델란드 국민들의 90퍼센트가 하나 이상의 외국어를 구사 할 정도 이다. 이 나라의 글로벌 정신에서 비롯되고 있다.

하멜과 함께 선원으로 승선하고 있는 10대 청소년들의 명단을 들여다 보게 되면 또 다시 놀라게 된다. 이 배에서 포수와 급사로 승선하고 있다. 나이 많은 동료들과 생사고락을 함께 하고 있다. 우리 현실과는 상상을 뛰어 넘고 있다.

오랜 시간 폭풍의 바다 현장에서 항해를 마치고 무사히 귀환하는 사람은 절반에 불과 할 정도로 생사를 오가는 위험한 항해에서 인내심으로 극복하고 있다.

이들에게 13년 억류 생활은 자신들의 세상까지 바꾸어 놓았다.

*하멜과 함께 탈출한 동료들
 핸드릭 하멜(36, 서기), 호베르트 데니센(47세, 조타수), 마튜스 이보켄(32세, 하급선의), 얀피센테르에(36세, 포수), 게르트 얀세(32세, 포수), 코르네리스 디르케세(31세, 선원), 베네딕 트스 클레르크(27세, 급사), 데니스 호베르첸(25세, 급사)
 *훗날 일본정부의 송환교섭으로 귀국길에 오른 동료들
 요하니스 람펜(36세, 조수), 핸드릭 코르넬이스센(37세, 갑판원), 얀 크라센(47세, 요리사), 남원잔류 야코브 얀세(47세, 조타수), 안토니 울데릭(32세, 포수), 크레스 아렌첸(27세, 급사), 순천 잔류 산데르트바스켓(41세, 포수),

얀얀세 스펠트(35세, 하급수부장), 여수 잔류

　이처럼 청년들은 일찍부터 거친 바다 한복판에서 실전을 통해서 살아남는 용기와 지혜를 경험하고 네델란드가 세계 무역을 제패하는데 발판이 되고 있다. 또한 혹독한 현장에서 극복할 수 있는 사람만이 값진 승자가 된다는 것을 일깨워 주고 있다.
　디자인 컨설팅 기업 IDEO 톰켈리 대표는 "책상 위 보고서를 치우고 현장으로 나가라. 창조적인 아이디어는 시장조사가 아니라 당신의 만나는 사람들에게서 나온다."고 주문하고 있다. 그는 고객을 직접 현장에서 만나지 않는 시장조사와 설문조사 등은 많은 허점을 유발한다고 지적한다.
　17세기 네델란드는 200만 명 가운데 100만 명은 바다의 현장을 찾아 나서는 국가 경쟁력을 앞세워 나갔다. 현장에 답이 있기 때문이다.

토론 문화의 나라
　네델란드 사람들은 토론을 즐기는 사람들이다. 이 나라의 토론 문화는 아이들의 어릴 때부터 밥상머리에서 어른들과 마주 앉아서 자유롭게 이루워 진다. 이 나라 사람들은 꽃의 나라답게 논쟁보다 토론을 통한 설득으로 타협을 도출한다.
　작은 나라임에도 불구하고 덩치 큰 프랑스, 독일 등과 경쟁에서 EU 창립 의장국이 될 수 있었던 것은 성숙한 토론문화와 친화력에서 찾게 된다. 우리가 대체로 명분을 앞세우는 대화라면 이 나라 사람들은 명분보다 실리와 실용을 앞세운다. 아무리 시간이 걸려도 대화를 통해 합의를 이루어 낸다.
　빔콕 전 총리는 협상력을 통하여 네델란드의 경제기적을 이끈 인물이다. 그는 노사정 대타협의 바세나르(Wassenaar)협약을 이끌어 낸 주인공으로써 파업과 노사 간 반목으로 파탄 상태였던 네델란드 경제를 재건시키는데 크게 기여하고 있다.

그의 뛰어난 친화력과 협상력으로 경제 기적을 만든 '타협과 협상의 예술가'로 불리는 것은 이 나라의 대화 문화를 말해 주고 있다. 성공전략에서 커뮤니케이션은 소통을 위한 혈관이다. 대화 힘은 개인과 기업은 물론 국가 경쟁력에 크게 기여하게 된다.

차별화로 이루어낸 성공신화

15세기부터 청어 잡이로 암스텔르담과 로템담은 하루가 다르게 발전을 거듭 하였다. 어선들이 늘어나면서 조선업과 해운업의 급성장하여 최대의 청어 수출국으로 부상하였다.

이러한 성장 동력은 바다의 馬夫로 불릴 정도로 유럽에서 조선 산업은 물론 해상물류운송을 거의 독점해 나갔다. 차별화된 조선기술은 경제성을 살린 설계와 분업화로 건조기간을 앞 당겼다. 이로 인하여 주문한 선박들은 신속하게 고객들에게 인도 되었다.

배를 만드는 목재는 필란드에서 대량으로 싼 값에 들여와서 건조 원가를 낮추었다. 배는 더욱 견고하게 만들어서 스웨덴과 영국보다 절반도 않되는 1/3 가격으로 경쟁력을 앞세워 유럽의 조선 산업과 해상 문류 운송을 거의 독점했다.

아시아에서 싣고 가는 향신료는 폭발적인 인기를 끌었다. 식탁에 오르는 쇠고기 맛을 바꾸어 놓은 최고의 기호품으로 등장했기 때문이다.

당시 유럽은 감자. 토마토, 커피와 홍차도 알려지지 않았다. 심지어 설탕도 없었다. 후추와 계피 같은 향신료가 상류사회에 알려지면서 식탁문화에 대 변혁기를 맞을 때이다.

향신료는 항해자들에게 부을 축적하는 효자 상품으로 떠 오른 것이다. 시간이 흐를수록 부르는 것이 값 이였다. 동양에서 가지고 간 향신료는 항해 비용을 빼고도 4~5배에서 심지어 10배가 넘을 정도로 거래가 이루어 졌다.

종전에 향신료 시장은 이미 포르투갈, 스페인이 선점하고 있었다. 두 나라는 아메리카와 아시아 여러 곳에 식민지 확장에만 국력을 소비하여 유럽 소비자들의 불만을 크게 사고 있었다.

향신료 운송 과정에서도 품질에 문제가 생겼다. 심지어 자신들의 점령한 식민지에 필요한 물자조차 제대로 공급하지 못했다. 이런 틈새와 소비자의 불만에 적극적으로 뛰어 들었다. 품질 개선도 차별화로 전력을 기우렸다. 넓은 지역에 분산된 향신료 생산지를 특화하여 운송 보관 시스템을 신속하게 개선하였다.

생산과 관리 보관 운송을 체계적으로 구축한 것이다. 생산량 조절은 물론 안정된 가격으로 소비자들의 불만을 해소 시켜 나가는 경영 전략으로 유럽 소비자들의 불만을 신속하게 대처 해 나갔다.

회사의 지휘 본부는 본국과 멀리 떨어져 있는 현지에 신속한 일처리를 할 수 있는 재량권을 부여하는 혁신적인 책임제도 개선으로 경영 차별화 전략은 큰 성공신화에 불을 당겼다. 정부의 지원은 더 없는 큰 힘으로 작용하였다. 경쟁국들과 생산에서, 품질에서, 물류 운송에서.

이러한 차별화 경영은 유럽 어느 나라도 따라 잡을 수 없었다.

맺으면서

이상은 네델란드의 경쟁력에 대하여 살펴보았다. 약속과 신뢰성으로 세계 무역시장을 석권하는 중요한 덕목과 가치관으로 작용하고 있음을 알게 된다.

또한 이들은 어릴 때부터 현장에서 답을 찾는 교육과 훈련들은 우리가 본받아야 할 대목이다. 동인도 회사의 선원들은 천문, 조선, 항해, 무역, 의료, 총포, 화약 등 전문 기술을 가지고 있는 하이테크 집단들이다. 일찍부터 일본은 유럽의 선진 기술들을 들여오고 있었지만 세계의 무역질서에 조선의 왕실과 관리들은 이들에 대하여 제대로 파악하지 못하고 있다.

이러한 세계의 격변기에 네델란드 청년 인재들을 국가 에너지로 활용하지 못하고 억류시켜 놓는 역사의 큰 오점을 남기고 있다. 이러한 상황들은 하멜의 기록 없이는 만날 수 수 없었다. 기록의 힘 때문이다.

절망적인 억류상황에서도 좌절하지 않고 인내심과 협동심을 발휘한 불굴의 정신은 이들의 인간승리를 배우게 된다. 또한 이 나라의 성숙된 토론문화는 개인은 물론 기업과 사회 전반에 일류국가로 우뚝 서는 경쟁력으로 작용하고 있다. 대화의 부재로 갈등과 분열로 고민하는 우리에게 소통의 기회가 되기를 희망한다.

세계 정상에 올라 성공신화를 만들어 가는 것은 하루아침에 이루워지는 것이 아니다.

일류 국가의 초석이 되는 이 나라의 협동심과 국가 경쟁력에 주목할 필요가 있다.

저서

파도가 바람연들 어쩌겠느냐(시)

일본은 우리다(시)

저 파도에 부서지는 어머니 눈물.(시)외

일출봉에 해 뜨거든(수필)

성산포에서 띄우는 편지(산문)외

탐험연구

탐라국 탄생신화와 벽랑국 뱃길 탐험

백제 왕인박사- 뱃길 탐험

하멜 표착지 새로운 규명

고려 삼별초 뱃길 탐험

한국해양문화의 시원과 띠배의 역사적 고찰

공무원은 국민을 기만하면 안 된다

세금 바르게 쓰기 운동본부 대표 **임승룡** | 전 서울특별시공무원노동조합 위원장.

나는 대한민국의 자랑스러운 공무원으로 국가와 국민을 위해 최선을 다하고 있는가?

나는 대한민국의 자랑스러운 시민으로 국가와 국민을 위해 최선의 노력을 다하고 있는가?

나는 대한민국의 상징인 서울특별시청 공무원의 권익과 근무환경을 개선하는 노조위원장으로 조합원과 시민을 진정으로 사랑하고 있는가?

2012년 2월 29일 명예퇴직 전까지 나는 국가를 뜨겁게 사랑하고 조합원과 국민의 눈물을 닦아주는 그런 노조위원장이 되고 싶었다.

조합원이 억울해 하는 일이나 상급자의 부당한 행위에 대해 나는 열정적으로 잘못을 시정하기 위해 내 자신을 채찍질하면서 공무원 사회의 정의와 기회의 평등을 실현하는 작은 존재였다.

2006년 1월부터 공무원노동조합법이 시행되었다.

공무원노동조합에 대해 법에서 주는 사명과 과제는 근무환경 개선과 공무원의 복리증진이라는 추상적인 업무다.

공무원은 헌법에 명시되어 있는 직업군으로 국가와 국민에 대한 봉사자라는 점이 명시되어 있다.

그 어떠한 의무보다 국민에 대한 무한책임을 지는 봉사자라는 의미는 공무원노조 활동을 하는데 있어 공무원노조의 존재 이유를 분명하게 인식하게 해주는 내용이었다.

국민에게 필요한 것이 무엇인지?

국민에게 어떻게 행정편의를 제공해야 하는지?

국민에게 어떻게 희망을 주어 국가의 정책과 서울시의 정책에 호응하도록 관심을 높일 수 있는지에 대한 고민은 나로 하여금 새로운 관점에서 공직사회를 조망하도록 하고 있었다.

진정 내가 국가와 국민에 대한 충직한 봉사자의 마음자세를 갖고 있으며 작은 행동이라도 그것을 실천하는 사람인가에 대한 질문은 좀처럼 시원한 답을 내기가 어려웠다.

서울특별시공무원노조를 시작하고 약 6년 동안 우리나라와 서울시의 법과 제도는 여러 부분에서 자유와 평등과 정의를 증가시키는 긍정적인 변화가 있었다.

행정을 집행하는데 있어 차별 없는 환경조성은 우리나라가 선진국으로 안정되게 진입되도록 하기 위해서 꼭 필요한 과제다.

우리나라를 끌고 가는 주체는 국민이고 기업이다.

그러나 국가를 관리하고 효율적으로 경영하는 사람은 바로 공무원이다.

공무원은 서울특별시를 관리하는 지방공무원도 있지만 우리나라의 모든 법과 제도를 만들고 운영과 집행을 하는 모든 공공기관에서 근무하면 다 공무원이다.

대한민국 인구 5,000만 명 중에 공무원은 약 백만 명이다.

국회의원도 공무원이고 판사도 검사도 공무원이고 감사원도 공무원이고 세금을 징수 및 부과하는 사람도 공무원이다.

도로를 관리하고 하천을 관리하고 주차단속을 하는 사람도 모두 권한을 위임 받은 공무원에 준하는 일력이다.

국가와 지방자치단체가 100% 출자 및 일부 출자를 해서 운영하고 있는 공기업, 투자기관, 연구기관 등에서 법률에 의거 공적업무를 수행하고 있는, 공무원에 준하는 직원의 총수는 약 백만 명으로 추정된다.

대한민국 국민의 약 25분의 1이 공무원 및 준공무원의 대우를 받고 국가 및 지방자치예산으로 공적인 업무를 수행하는 사람들인 것이다.

그러나 언제부터인가 국민들이 공무원들에 대해 고맙다는 말보다는 부정적인 말을 하는 빈도가 점점 늘어 가고 있다.

무엇이 문제인가?

그 많은 공무원과 준 공무원들이 무엇을 잘못하고 무엇을 잘하고 있어서 국민들의 눈총이 따갑게 변하고 있는가.

① 양질의 일자리 부족으로 인해 국민들이 먹고 살기가 빡빡해지고 어려워진 환경이고
② 경쟁의 구도가 세계를 대상으로 하기 때문에 일이 어렵고 할 일이 많아진 결과이며
③ 사회와 조직에서 창의성과 지속적인 변화를 강조하는 속도의 세상에 살고 있으며
④ 예측가능성이 점점 약해지고 사회의 불안전성이 높아지고 있기 때문이며
⑤ 방송과 언론을 통하여 공무원 및 공기업 직원들의 비도덕적 문제 및

비리에 대한 내용이 보도될 때 마다 국민들의 신뢰는 땅에 떨어지고 실망감과 불안감은 좀처럼 사라지지 않는다.

왜 이런 일이 있어서 우리사회가 점점 각박해 지고 있는 걸까?

사회적인 현상은 차치하고 공무원 사회에 대한 국민의 실망감과 불신감을 어떻게 하면 긍정적인 마음으로 바꿀 수 있을까에 대한 나의 가슴 속 고민의 응어리가 책을 집필하도록 견인하고 있다.

국민에게 필요한 희망의 불씨를 만들어야 한다는 사명감을 갖고, 국민이 내는 혈세를 통해 급여를 받는 국회의원 및 공무원은 법률에 따라 자기에게 맡겨진 일을 할 때 항상 "국민이 보고 있다"는 경각심을 잃지 않고 업무를 해야 한다.

그러나 공무원도 나약한 인간의 본성을 갖고 있어 변화하기를 싫어하고, 대통령 5년 임기의 정치권력보다 무서운 30년 관료권력이 과거의 구습을 그대로 답습하는 행정형태를 가지고서는 국민에게 희망도 줄 수 없고, 공무원 자신들의 발전도 기대하기 어렵다는 생각이 나를 점점 냉정하고 냉철한 시민의 눈으로 공무원의 업무를 살펴보게 만들었다.

공직사회의 불합리하고 비효율적인 법과 제도는 물론이거니와 내부 업무 시스템에 의한 합법적인 낭비구조를 가장 많이 아는 사람은 바로 나이므로 나부터 변해야 한다는 생각이 들었다. 그것이 이 책을 써야 한다는 실천의지로 바뀌어 잠자고 있는 나 자신을 깨우고 있다.

우리 사회가 좀 더 정의롭고, 올바르고, 신뢰가 넘치고, 열정과 삶의 에너지가 넘치는 환경이 되기를 소망하면서 서울특별시 공무원으로 93년 2월에 입사하여 한강관리사업소, 구로구청, 서울특별시 도시계획과, 주거정비과, 택지개발과, 재개발과, 주택정책과를 통해 서울시의 도시계획과 주택 정책에 대한 실무자로서의 경험을 쌓았다. 이 경험들은 서울시

정책수립과 집행에 대한 소중한 경험으로 나에게 도시 문제를 종합적으로 볼 수 있는 시각을 제공했다.

서울특별시공무원직장협의회 회장 선거에서 2번의 실패를 거쳐 3번의 도전으로 6급 이하 하위직 공무원의 대표 역할을 하는 서울특별시공무원직장협의회 회장을 2005년부터 수행하였고, 2006년에는 공무원노동조합법의 시행으로 서울특별시공무원노동조합 위원장으로서 사명을 갖고 1대, 2대, 3대에 걸쳐 봉사를 할 수 있는 기회를 가질 수 있었다.

또 공무원노동조합위원장은 국민과 조합원의 꿈을 실현하는 움직이는 실천가라는 생각을 가지고 열정적으로 활동했던 기억이 난다.

7년간의 공무원노조 활동으로 인해 국가 및 지방행정에서의 정년차별 등 공무원간의 차별과 불평등은 많은 부분이 개선되었고, 서울시공무원노조도 조직 안정화가 되자 국민들의 필요와 어려움을 현장에서 더 느끼기 위해 NGO 활동이라는 새로운 도전을 결심하게 되었다.

2012년 2월 29일 서울특별시공무원노동조합 위원장 임기를 9개월 남기고 공무원을 명예퇴직 하고, 2012년 3월부터 세금바르게쓰기운동본부의 대표로 활동하면서 부정부패 예방, 공직사회의 바람직한 개혁, 낭비 없는 예산 집행, 국민의식 개혁 등에 대해서 국민의 목소리를 대변하고 있다.

나의 작은 노력이 정직하게 열심히 일하는 국민에게 꿈과 희망이 되고, 백만 공무원 및 백만의 준 공무원들이 자각할 수 있는 계기가 된다면 더 없이 기쁘겠다.

이명박, 오세훈, 박원순 전·현직 시장에 대한 단체교섭 당사자로서, 또 3선의 서울특별시공무원노동조합 위원장으로서, 내가 보는 현상과 본질 인식이, 지금까지 공직사회가 보지 못한 발상의 전환을 통해, 국가발전과 국민의 만족도가 안정적으로 성장하는 작은 불씨가 되었으면 좋겠다는 집필의 기대를 가져 본다.

필자가 경험한 환경을 기초로 3명의 서울특별시장을 평(評) 한다는 것은 사실유무를 떠나서 침소봉대의 누를 범할 수 있다.

또한 성실하게 근무하는 공무원의 헌신적인 노력과 이명박, 오세훈, 박원순 전·현시장의 공과를 필자의 주관적 생각으로 재단하는 과오를 범할 수 있기에 조심스러웠다.

그러나 시장과 공무원의 기만행위 하나가 조직 전체에 미치는 부정적인 영향은 예측이 쿨허하다.

이 글이 우리사회의 지도자 서울특별시장, 공무원조직, 국회의원들이 좀 더 겸손하게 법령에서 위임된 직무를 할 수 있기를 바라는 마음을 담고자 했다.

서울시의 다양한 이해관계를 조절해야하는 지도자 역량은 점점 더 높은 수준을 요구하고 있다. 이명박 전 시장이 대통령으로 성공하고 나서 서울특별시장에 대한 국민의 기대치는 더 커졌다. 서울특별시장은 바로 대권 후보가 점점 공식화 되고 있다.

3명의 서울특별시장을 평하면서 필자가 느낀 각 시장들이 가지고 있는 장점을 종합하면 좋겠다는 생각을 굿게 되었다.

우리사회에서 큰 역할을 하겠다는 리더는 필히 갖추어야 할 능력이다.

유권자들은 아래의 능력을 살펴보고 꼭 투표해야 한다.

서울특별시장은
첫째 용인술(사람을 쓰는 재주)이 있어야 한다.
둘째 통치술(나라나 지역을 도맡아 다스리는 방법)이 있어야 한다. 과거에는 용인술과 통치술이면 얼마든지 한 지역을 다스리는 리더 역할을 할 수 있었으나 앞으로는 어려울 것으로 판단된다. 지방재정이 점점 어려워지고 있으니 자립할 수 있는 재정에 대한 대책이 없다면 존경받는 시장은 기대할 수 없다. 따라서 서울특별시장은

셋째 재정술(국가 및 기타 공공단체가 공공욕구를 충족하기 위해 필요한 수단을 조달하고 관리·사용하는 경제활동의 각종 방법)이 있어야 한다. 그래야 후손들에게 빚을 남기지 않을 수 있다. 그리고 서울시는 세계의 유력 뉴욕, 런던, 홍콩, 토쿄와 경쟁하는 대도시다. 세계 10대 경제대국, G20의장국의 경험이 있는 우리나라 수도 서울의 시장은

넷째 외교술(외국과 교제하거나 교섭하는 수단)이 있어야 한다.

최소한 이 네가지의 덕목은 서울특별시장에게 꼭 필요한 것이다. 시장이 도덕성과 훌륭한 인격까지 갖추었다면 금상첨화(錦上添花)일 것이다. 능력 있는 시장이 많이 나오기를 희망하며 좋은 시장이 선출되기를 기대한다.

이는 필자만의 바람은 아닐 것이다.

(동 내용은 "존경받는 시장, 지혜로운 국민" 책의 서문임)

왜 세금바르게쓰기운동이 필요할까요?

"'풍요로운 국민, 알뜰한 정부'를 함께 만들어요."

국가를 운영할 재원이 부족하여 발생주의 기준에 의한 국가부채가 점점 늘어나 902조원이나 되었으며, 지방공기업의 부채 포함 지방자치단체의 빚도 416조원으로 빠르게 증가하고 있다. 국가예산과 지방예산의 사용 현황을 체계적이고 효율적으로 국민들이 감시 할 수 있는 감시시스템을 빠른 시일 내에 구축할 필요가 있다.

세금바르게쓰기운동본부는 국가와 국민을 위하여 납부한 세금을 정부와 지방자치단체가 적재적소에 적절히 집행하고 있는지를 감시하기 위하여, 서울시 퇴직공무원을 중심으로 만들어져 2011년부터 활동을 시작한 예산감시 운동 실천 NGO 단체이다.

각종 선거를 통해 정치권에서 발표하는 포퓰리즘 공약은 재원 조달계획 없이는 좋은 정책으로 제도화될 수 없다는 것을 우리는 너무나 잘 알고 있다.

정치권의 즉흥적인 발의와 정부와 지자체의 무사 안일한 행정처리 등으로 필요한 예산을 확보하지 못한 채 시행된 0~5세 아동 전면 무상보육사업이 예산 부족으로 일부 지자체에서부터 중단될 위기에 놓였다는 것은 그 좋은 사례가 될 것이다.

필요한 곳에 재원을 제대로 지출하겠다는 공약이 실행되도록 하기 위해서는 효과성이 미흡한 곳에 불필요한 재원이 낭비되지 않도록 국민이 깨어서 감시해야 한다.

국민이 낸 세금을 각종 사업이란 이름으로 지출하는 정부 기구를 감시할 수 있는 가장 훌륭한 방법은 지출에 대한 정보의 획득과 국가 전산시스템을 통합하여 지속적으로 국가발전에 사용하려는 실천의지와 노력이다. 정부가 예산수립 및 사용 관련 자료를 한 곳에 수합하여 두어서 시민들이 항상 공개적으로 감시할 수 있고 의견을 제시할 수 있는 시스템이 구축되어야 하는데, 이 시스템이 구축되기를 언제까지 기다리고 지켜봐야 하겠는가?

국민들 모두가 한마음으로 두 눈을 뜨고 함께 지켜보고 예산사용을 감시한다면 대한민국은 국민이 낸 세금을 효율적으로 사용하게 되고 예산 낭비적 요소가 현저하게 줄어들어 분명히 재도약할 수 있는 기회를 맞이

할 수 있을 것이다.

우리가 함께 걸어가야 하는 길은 무엇인가?

어느 소설가는 "길이 있어서 내가 가는 것이 아니라 내가 걸어감으로서 길이 있는 것이다"라고 하였다. 그렇다. 길이란 사람이 가고 또 지나가면 새로운 길이 생겨난다.

권력과 지위가 있는 사람은 모두 주민들의 감시 대상이어야 한다.

그 권력과 지위를 국민을 위해서가 아니라 자기 자신의 사리사욕을 위해서 사용하지 않는지 지켜보는, 공정하고 정의로운 감시창구의 길이 있어야 한다. 그래야 자본주의의 폐단도 잡히고, 부의 양극화에 따른 각종 사회적 문제도 풀 수 있는 노블레스 오블리주(사회 고위층 인사에게 요구되는 높은 수준의 도덕적 의무) 정신이 회복되어 우리사회는 다 함께 잘 살 수 있는 상생의 길을 모색할 수 있을 것이다.

사회 고위층의 공공봉사와 기부·헌납 등의 전통이 자발적이고 경쟁적으로 이루어져야 하며, 이러한 도덕의식이 살아날 때 우리사회의 큰 고민인 계층 간 대립 문제를 해소 할 수가 있을 것이다. 부도덕성으로 나타난 전력대란, 후손에게 빛 대신 빚을 물려주는 정부 부채, 지방자치단체의 이기주의적 행정, 국회의원 및 지방의원들의 직무 태만 등의 총체적 난국을 해소하기 위해서는 기득권층의 솔선하는 자세와 예산사용감시 시민운동이 지금 이 시대에 절대적으로 필요하다.

국민들이 참여하고 후원하려면?

국민여러분! 감시 받지 않는 권력은 부패합니다.

권력위에 잠자는 자 법의 보호를 받지 못한다고 했습니다.

지금 정부와 지방자치단체 및 국회의원 등의 권력 남용을 국민들이 막아야 합니다.

정부 및 지방자치단체, 소위 힘 있다는 권력기관의 제반 행정집행을 어디까지 신뢰할 수 있습니까?

공공부문(공무원, 공기업 등)의 문제점을 인식하고, 방치는 미필적 고의(未必的 故意) 죄에 해당된다는 각오로 공직자 출신 기존회원들은 봉산개도 우수가교(逢山開道 遇水架橋 : 산을 만나면 길을 트고, 물을 만나면 다리를 놓는다. 굳은 의지를 가지고 한 발 한 발 나아가자, 천천히 한 발 한 발 나아가자. 삼국지연의에 나오는 조조의 이야기)의 정신으로, 국가의 주인은 국민이라는 주인의식을 가지고, 작은 소망과 작은 의견을 정의감 있는 국민과 함께 수렴해 나갈 것이다.

깨어있는 국민들이 만들어 가는 세금바르게쓰기운동본부(www.hiseoul.or.kr)와 함께 손잡고 우리사회의 닫힌 곳은 뚫고 닫힌 곳을 열어 보자.

더 나은 세상을 향한 우리들의 목소리와 작은 행동 하나 하나가 모아질 때 아래로부터의 진정한 변화를 통해 투명하고 깨끗한 행정, 차별 없고 공정한 사회가 만들어지고 대한민국은 한 단계 더 선진국으로 변화될 것이다.

도산 안 창호 선생님의 어록에 "하루에 5푼이라도 나라를 생각해 본 일이 있는가"라는 말이 나온다. 지금은 우리나라를 생각해 볼 때이다. 깨어 있는 시민들의 행동하는 양심이 살아 있는 대한민국을 만든다. 우리함께 만들자. 대한민국의 역사를 재창조하는 소중한 일이다.

"풍요로운 국민 알뜰한 정부"를 함께 만들어요.
"올바른 세금집행이 경제민주화의 시작입니다."
이 길에 국민 여러분의 지혜와 사랑과 정의로움을 나누어 주십시오.
대한민국의 희망 불씨는 따뜻한 가슴을 가지고 행동하는 당신입니다.
limryong@naver.com

나의 꿈, 나의 사명
대한민국이 세계 1등 국가가 되기를 소망하며 나와 민족과 인류를 위해…

성인제

제2의 인생!
나의 재능을 강의와 힐링 및 봉사로
기부하겠습니다

성 인제라는 이름과 부모가 만들어 주신 교사

1952년 12월 24일 충청도 시골에서 성백능과 이신만님의 외동아들 늦둥이로 태어났습니다. 아들하나 얻으려는 부모님의 간절한 염원으로 세상에 나와 〈인제 됐다〉는 동리분들의 박수를 받고, 이름을 인제로 지었답니다. 든이냐? 육이냐? 바람 앞에 등잔불같이 사랑만 받고 고이 길러 교사를 만들어 주셨습니다.

교육과 민족혼 위한 반세기

교육만이 이민족의 유일한 희망이고, 대한민국은 교육을 통해서 세계 1등 국이 되어야 한다는 철학을 가지고 40년을 넘긴 교육의 세월들을 요약해봅니다.

교사 때는 혼신의 열정을 다해 아이들을 가르쳤습니다. 주말도 야간도 휴일도 없이 아이들과 몸으로 부딪히는 인간교육을 한 결과 많은 제자들의 주례선생이 되기도 하였습니다. 체육부장, 새마을부장, 연구부장, 교무부장 등을 할 때마다 새로운 창조성으로 교육을 혁신해 왔다고 자부합니다.

교사이후 충남교육연수원 교육연구사에 공채로 전직되어 교사출신 1호 전문직이라는 과분한 명예 속에 '교사개발 : 교육발전'의 슬로건을 내세우고 '교육은 교사의 질을 능가할 수 없다'는 John Dewey의 명언을 실현시키고자 교육관계자를 연수하는데 창설멤버로 일익을 다했습니다. 무엇보다 우선한 것은 대한민국 저명강사의 확보로 질 높은 연수운영과 교육관계자의 자존감 확보에 최우선 정책을 입안 기획하였습니다. 교육을 깊고 넓게 볼 수 있는 안목과 혜안이 그때 형성되기도 하여 무척 보람된 교육의 여정이었음을 고백합니다.

충청남도천안교육청 장학사로 부임하여 교육행정의 혁신을 화두로 내걸고 문턱 낮은 행정기관을 만들면서 평가방법의 혁신, 교육 자료전의 위상강화, 원어민영어교육의 획기적 전환, 체육교육의 인간화 등 혁신적 장학활동을 하면서도 교육의 관건은 교사에게 있다는 확신 하에 인간장학에 최선을 다하여 교사들이 자율 창조적으로 교육에 전력투구할 수 있도록 동기부여에 최선을 다하였습니다.

도시공동화의 대명사가 된 천안의 1번지 천안초등학교 교감으로 전직하고 보니 이 학교는 낙후된 도시환경과 지역경제의 퇴보로 아이들은 달동네보다 어려운 가정환경 하에서 많은 교육적 문제점을 안고 있었습니다. 그래서 학부모와 지역사회 특강을 통한 의식전환에 최 역점을 두었고, 동창회 등 외곽조직과 연대하여 후원회를 결성하고 교육환경을 일신하여 우범지대를 정화하고 지자체의 협조도 받아내는 등 충남교육의 새 학교 가꾸기 사업의 정책화에 시동을 걸기도 하였습니다.

천안 구성 초등학교 교감 재직 시에는 교내 임상장학의 새로운 패러다임으로 전 구성원의 연구의욕 고취를 위한 1인 1연구과제 수행, 업무담당

팀 운영제도 정착, 학부모회 장학회 등 외곽 후원 조직을 다양하게 육성했으며, 여러 기관의 협조체제 구축으로 교육공동체가 전력을 투구하는 분위기를 창출하는 등 많은 역할을 수행하였습니다.

  2000년 9월 1일자로 학교경영의 CEO가 되어 상처투성이의 천안북면 통합위례초등학교의 통합교장이 되어 부임하게 됩니다. 당시 전국 최연소 40대 교장이 되어 그 동안 못다 한 교육의 열정을 다시금 태우는 계기가 되었습니다. 학교 통폐합에 반대하고 일부는 찬성하는 양론 속에서 지역은 양분되었고 급기야는 원수 같은 관계가 형성되어 한 동리에서 두 개의 학교를 다니는 기현상이 발생한 곳에 첫 교장으로 부임하게 되었습니다. 고심 끝에 교육지표를 '우리 모두 한마음, 꿈을 펴는 위례인'으로 설정하고 화학적 용해에 경영의 초점을 두었지만 양분된 민심을 통합하기는 무척 어려웠습니다.

  지역민을 화합시키는 방법으로 지역을 개발하여 공동의 이익이 되게 하자는 아이디어로 창안한 '위례성역사문화바로세우기' 운동을 시작하여 지역민의 열렬한 환영과 성원을 받으며 '태고사학'이라는 학문으로 정립되기까지 온몸을 던져 지역발전을 위해 일을 한 결과 이것이 교육발전이라는 목표를 달성한 경우가 되기도 하였습니다. 오늘날 중국의 동북공정과 일본의 독도망언 등 역사전쟁이 국가적 대사가 된 지금 한민족이 한, 중, 일 3국의 종주국이고 동북아의 중심이며 세계의 중심이라는 태고사학을 세계만방에 전파하고 선양하는 길만이 우리나라가 통일을 이루고 세계의 중심국이 되는 길이라는 확신을 가지고 있습니다. 단군 이전의 역사인 태고사를 포함 1만년 역사를 국민역사교육에 필수 과목을 개설하여 민족혼이 살아 숨 쉬는 천손민족의 건국이념을 살리고 교육법에 있는 홍익인간의 이상을 실현해야 한다고 봅니다.

전국 벽지교육의 롤 모델을 내걸고 원어민 영어교육, 내부 직원을 활용한 방과 후 교육, 역사문화교실을 통한 지역사회교육, 유태평양국악캠프와의 연계적 국악교육으로 사물놀이 부를 창단하여 충남대회 7연패의 쾌거를 이루며 자연스레 '하면 되고 할 수 있는 일당백 위례인'이 화두가 되기도 하였습니다. 교장 1차 임기 4년이 지나자 초빙교장이 되어 2년을 더 있어서 6년간 위례초 교장을 한 후 2차 임기에 성남초로 명을 받아 다시금 학교 살리기 운동에 들어갑니다. 천안시청의 학교 숲 예산을 어렵게 지원받아 성남 에듀파크 야생화 공원을 만들어 학교 숲의 나아갈 방향을 제시하고 지역의 축제 속에 준공식으로 지역민의 교육에 대한 마인드를 바꾼 후, 과학실 현대화 사업, 문헌 정보실 현대화사업, 교실 신개축, 야구장 신설, 운동장 확장 및 자연전원학교 만들기, Happy School 협약, 시 연구학교 유치와 도 연구학교 유치, 송벌 프로젝트의 추진, 문화체육관광부의 예술 꽃 씨앗학교 유치, 승마학교 만들기 등 전국 교육 롤 모델 만들기에 집중몰입하면서 공모초빙포함 7년을 보냈고 지금도 성남초의 항구적인 발전방안을 고민하고 있는 중입니다.

　송벌프로젝트101 인적 네트워킹을 만들어 2016년부터 문화관광부 예산이 중단될 때를 대비하여 시스템화할 방안을 고민 중입니다. 왜냐하면 4년간만 투자되는 4억의 가치를 극대화하고 결론적으로 노벨상 등 교육의 결실을 맺으려면 투자가 10년은 꾸준히 한 방향으로 되어야 하기 때문입니다. 이러한 분위기와 문화는 지역의 보배가 되어 영원히 상승되어야 전국 명문의 전통이 자리 잡히면서 그 이후는 자생적으로 확대재생산 순환되기 때문입니다. 만가동의 성남초가 이름값을 할 날을 기대하며 오늘도 2명의 충남대표가 전국대회를 앞두고 작지만 큰 학교의 역할을 하고 있음을 자긍심으로 느낍니다. 또 후일 노벨상 이상의 인재가 여기서 탄생

될 것을 확신하는 마음으로 교육공동체의 꿈을 그려봅니다.

1972년부터 교육에 투신하여 교사 17년, 연구사 4년, 장학사 2년, 교감 5년, 통합 위례초 교장 4년과 초빙 2년, 성남 초 교장 4년과 공모교장 3년 도합 40년을 넘기며 다시금 교육만이 이 민족의 유일한 희망이며 세계 1등 국이 되려던 민족과 인류를 위해 큰 꿈을 갖는 교육이 되어야 한다는 교육관을 되새겨 봅니다. 교육의 마지막 불꽃을 태우고 싶은 열정이 아직도 타오르고 있음을 신에게 감사드리며, 정년퇴임 후 제2의 인생을 대한민국이 세계 1등 국가가 되기를 소망하는 마음으로 나와 민족과 인류를 위해 나의 재능을 강의와 힐링 및 봉사로 기부하겠습니다.

새로운 나의 비젼과 제2의 인생설계…… 나의 꿈, 나의 사명

㉮ 교육학특강 : 교사, 연구사, 장학사, 교감, 교장 등 현장 41년의 현장경험과 교육학 석사와 박사과정의 이론을 융합하여 바람직한 교육의 패러다임 전환과 즐겁고 행복한 교육실현을 위한 진솔한 교육이야기를 대상에 맞게 전달하고 싶습니다. 교육의 敎자는 효(孝)를 종아리를 때려서(攵) 가르친다는 의미이며, '매를 아끼면 자식 망친다.'는 속담도 재음미할 때가 되었습니다. 영어의 EDUCATION은 E+DUCO로서 OUT(밖으로) + THROWING(던지다)이 어원입니다. 그동안 교육은 밖에서 안으로 주입하고, 확인하고, 감시 하고, 통제하여 천부적인 재능을 끌어내야 하는, 교육의 어원에 반대되는 일만을 해왔습니다. 따라서 학생의 잠재된 내발적 동기를 끌어내어 스스로 즐겁게 큰 소명을 찾아 불타게 하는 일대전환이 절실한 시대가 되었습니다.

㉻ 효 특강 : 충절의 고장인 충청도에 충청효교육원을 설립하고 운영 위원장에 취임하여 효의 신 한류화에 노력하고 있습니다. 효〈孝 HYO〉는 대한민국에만 있는 고유한 단어로서 한자로는 子가 老를 받들고 있는 형태의 孝자가 이루어집니다. 孝 자와 攵 자가 합하여 教 자가 되는 원리를 알려 교육의 큰 뜻을 알려야 합니다. 한류문화로서 K-HYO를 글로벌화하는 방안으로 HYO=Harmony of Young & Old의 개념을 세계에 알려나간다면 새로운 세계의 정신지도국인 대한민국의 위상에 걸맞을 것으로 생각합니다. 성산 효대학원의 최성규 총장은 3통 7행의 효도 이론을 주창하고 있습니다. 시대와 종교 및 이념을 초월한 통시(通時), 통교(通教), 통념(通念)의 3통과 1. 하느님을 섬기고 2. 부모, 어른, 스승을 공경하며 3. 어린이, 청소년, 제자를 사랑하고 4. 가족을 사랑하며 5. 나라를 사랑하고 6. 자연과 환경을 보호하고 7. 이웃과 인류까지 사랑과 봉사로 대하는 7행의 정신덕목은 홍익사상과 함께 지구를 살릴 수 있는 위대한 철학입니다.

㉼ 국학과 뇌교육(腦, Brain Education)특강 : 국학원 홍보대사이며 국제뇌교육대학원대학교 박사과정을 하면서 Happy School 1호 협약을 하고 아동들에게 뇌교육과 민족정신을 교육하면서 교육의 롤 모델화를 할 수 있는 여러 가지 과학적 근거를 확보해 놓았습니다. 국학원 설립자이며 뇌교육을 창안해 세계에 수출하고 있는 이 승헌 총장은 뇌의 주인이 되어 모든 사람이 건강(Health)하고 행복(Smile)하며 평화(Peace)로운 HSP운동을 대한민국의 홍익정신과 융합하여 '한민족의 새로운 탄생과 지구경영'을 주창하고 있습니다. 이를

대한민국이 만든 세계최고의 작품이 되게 하려면 많은 사람의 공감과 공명이 필요합니다. 이는 건강학, 행복학, 평화학 특강이기도 합니다. 단월드 평생회원으로서 명상 호흡 기체조 등의 운동요법과 상담심리사로서의 이론 뇌파를 활용한 과학적 분석과 종합처치로 모든 사람의 몸과 마음의 문제해결에 봉사하여 삶의 질 향상에 기여하고 싶습니다. 100세 시대를 맞아 퇴임 후 제3의 인생을 주변사람들의 건강하고 행복하며 평화로운 삶을 위하여 안내자 조력자 협력자가 될 수 있다면 저의 삶도 행복할 것 같습니다.

㉣ 태고사학을 보급하여 한, 중, 일 3국의 공동연구 및 관심을 촉발하고 싶습니다.

위례초등학교 아동들이 향토연구 끝에 위례산(525M)이 없는 것을 발견하고 위례산 지명 찾기 범국민서명운동을 벌였으며, 위례문화제전위원회에서는 춘, 추분에 제천제를 거행하면서 전국적 홍보와 중국어 편 발행, 만화본 발행, 하버드대 한국학 연구소로 송부, 전국 초, 중, 고, 대학 도서관에 책보내기 운동, 위례산성 책자발행 등 많은 일을 했습니다.

현재 위례성 발굴 작업은 천안시와 충남의 정책이 되도록 하기에 이르렀으나, 삼국시대의 백제초도설 여부에 머물러 있습니다. 태고사학은 삼국시대의 이야기가 아니라 단군이전의 역사로 환웅, 환인, 마고성의 시원까지 1만년 한국사를 말합니다. 한, 중, 일 동양3국의 종주국이 대한민국이며, 중국과 일본이 우리의 후손이라는 사실을 세계만방에 알림으로써 중국의 동북공정과 일본의 독도망언을 원천적으로 차단하고, 중국과 일본의 후손들이 조상의 나라에 세배오고 성묘 오는 미래를 그려보는 스토

리텔링입니다.

신선의 본향 천안 위례성 신시! 단군신화 위례성! 단군신화 환웅의 천안! 일 만년 지명 한자와 천문지리! 충북 백곡의 풍백 신선! 천안 목천의 운사 신지! 천안 직산의 우사 신농! 3정승에 둘러싸인 단군과 천안시 북면 군단리! 이 장엄한 사실 앞에 우리는 무릎을 꿇고 하늘을 우러러 한 점 부끄러움 없는 천손민족의 후예답게 세계정신을 우리의 건국정신인 홍익으로 물들일 시대적 사명을 갖고 있습니다.

천안 위례성 관련 사학자의 결론 및 향후 과제

1995.5.4~7.12(70일간)까지 서울대학교 고고학 조사단(단장 임효재)에 의해 1차 조사된 후, 다시금 1996.9.4부터 현장 조사에 착수하여 1996.9.25~11.13(50일간)까지 같은 팀에 의하여 2차 조사되어 발표된 결론은

① 해발 525.9M인 위례산성은 차령산맥의 준봉인 위례산 정상부를 둘러싼 테뫼식 산성으로 서쪽으로는 멀리 서해안에서부터 안성, 천안, 직산, 입장 방면의 넓은 뜰을 한눈에 조망할 수 있는 전략적 요충지에 자리 잡고 있다

② 산성의 총 둘레는 950M 가량 되며, 석성과 토석 혼 축성으로 이루어져 있고 석성의 경우 40여M가 남아 있다.

③ 성내부에는 문지와 우물지가 각각 1개소식 있으며, 금년도의 조사에서는 새로이 석단시설이 확인되었으며, 제사를 지내던 곳으로 추정되어 중요하다.

④ 이 산성은 출토유물로 보아 백제시대에 초축 되어 통일신라시대에 수축되었으며 고려시대까지 중요한 전략적 거점으로 사용된 것으로

추정되며 연차적인 조사결과에 따라 복원하여 역사교육의 현장으로 활용하는 것이 바람직할 것으로 사료되며

⑤ 위례산성은 직산지방을 백제초도로 주장하는 학설과 관련하여 매우 중요하며, 연차적인 조사와 더불어 이를 유적공원 등으로 조성하여 역사교육의 장으로 활용하는 방안도 검토되어야 할 것으로 생각된다는 결론을 도출했다. 그 후 지역민의 무관심과 예산 부족 등으로 방치되던 중 민간단체인 "위례문화제전위원회"가 발족되면서 뜻있는 지역민의 성금으로 "위례산성"(충남대 백제연구소장 박순발)을 간행하게 되었는 바, 이 결론은 위례산성이

① 충남대 백제연구소에서 납안리 일대를 세부 조사한 결과 기존의 운용리 산 61번지 일대의 유적지에서 납안리 일대까지 확대됨이 조사되었는바 이번 조사의 가장 큰 성과라 할 수 있으며(위례산성 20~27쪽 참조) 기존의 산성구역보다 넓어진 유적지를 확인하였음

② 조사결과 유적의 분포도가 확대되었음을 알 수 있다.

③ 조사결과 이 지역이 고대 삼국의 쟁패지로서 후대에 조사, 연구 과제를 안고 있는 곳으로 판명되어 고대사 연구의 중요성을 제기하고 있다.

④ 이번 조사 결과 이 유적은 6~700년에 걸친 긴 세월 동안 전례 없이 다양한 선학들의 해석을 안고 있고, 이러한 점에서 이 산성이 지닌 전통 역사 지리학사적인 측면이나 사학적 의미가 매우 크다고 할 수 있으므로 이 유적은 국가사적으로 정비, 관리될 가치를 지니고 있다고 결론을 맺고 있다.

⑤ 지역에 위례문화제전위원회를 두어 관심을 두고 있으나 행정 재정력 등이 부족하여 지역주민 자체 보호 관리의 한계성이 대두됨에 따

라 행정의 지원이 필요하다는 결론이 내려졌다.

또 한편으로 재야 사학자인 일봉 곽 춘근은 9000년 한국사, 1만년 한국사, 배달문명의 뿌리와 유적, 단군신화 위례성, 태고사학 등 12권의 저작을 기술하였고, 천문학, 한자학, 지명학, 풍수지리, 성경, 고서 등을 종합하였으며, 현대과학자의 결론도 인용, 불모지인 태고사학에 연구 과제를 제시하였다. 그는 민족의 자긍심을 북돋우며, 식민사학자에게 일대 경종을 울렸는바 그의 결론은

① 1만 4~5백 년 전에 천지개벽이 있은 후
② 9200년 전 전남 벌교와 고흥을 시발로 인류가 시작되어
③ 충남 부여를 거쳐 5900년 전 천안 위례산 군단이에 "신시"를 이룬 후
④ 그로부터 800년 후 중국에 배달한 우리 배달민족이며
⑤ 일본의 뿌리는 물론 중국에 이르기까지 우리의 후손이라는 주장이다.

때마침 충남의 천안. 충북의 진천. 경기도 안성의 3도 접경지역 행정협력회가 발족되어(대전일보 10.9자) 문화, 관광, 산업 및 도로를 공동개발하고 지역 공동 관심 사업을 개발 추진해 나가기로 한 마당에, 위례문화제 전위원회에서는 3개 시, 군의 행정 재정력을 공동 투입하여 위례산 연구를 그 축으로 설정하기를 바라는 뜻과 함께, 모든 사학자의 결론을 수렴하고 더욱 연구 발전시켜 가부를 판명하고 정확한 결론을 도출함으로써 자손만대에 민족자존의 얼을 계승시키고자 하는 염원을 갖고 아래와 같은 사업들을 추진하고자 합니다.

① 위례성 지명 찾기 범국민 서명운동
② 위례성 알리기 전국 산악인 등탄대회
③ 위례성 역사학술 세미나
④ 위례성 춘추 제천제
⑤ 「우리문화 역사 교실관」신설
⑥ 태고사학 만화 제작 배포
⑦ 태고사학 5대 외국어 번역 작업
⑧ 태고사학 드라마 제작기획
⑨ 각종 축제 기획운영(허수아비축제, 장승깍기대회, 전국국악경연대회, 온조왕 위령제씻김굿)

위례성을 중심으로 한 금북정맥 공동연구 추진 요청

1. 귀 기관의 건승하심을 빕니다.
2. 충청남도 문화재로 지정된 천안시 북면의 위례산성은 백제문화의 원류로 사회각계의 연구와 발굴 작업이 계속되고 있음이 주지의 사실입니다. 그간 위례초등학교와 천북분교가 통합되면서 지역 위례 가족 화합의 잔치로 출발했던 "위례문화제"가 해를 거듭하면서, 위례문화제전우원회로 발전되고 천안지역의 문화와 역사를 바로잡겠다는 지역시민 교육 문화운동으로 확산되어 지역주민의 자발적인 성금으로 "위례산성" 단행본의 발간과, "태고사학" 간행 등으로 천안교육청 지정 "우리문화·역사교실"까지 설치하게 되었습니다.
3. 이에 위원회에서는 지역주민과 시민이 같이하는 전국 국악경연대회, 의례 허수아비축제, 천안지역 문화진흥 기금 마련을 위한 유태

평양 국악콘서트 "혼불" 공연 등을 성공적으로 개최 하였고, 백제 초도설의 재확인과 위례산 지명복원을 위한 대국민 서명운동을 전개하고 있습니다.

4. 아울러, 매년 "신시 5900년 위례산 춘추분제천제"를 개최하여 사회 각계의 많은 관심과 참여를 이끌면서 국태민안과 한민족의 세계중심국을 기원해 왔습니다.

5. 때마침 접경지역 3개 시, 군 행정협력회가 조직되어 위례성을 중심으로 공동연구를 추진하신다 하니 반갑기 그지없어 회원 1,000여 명의 뜻을 모아 요청하오니, 차제에 "삼국유사의 백제 초도14년" 이론과 태고사학 14권의 "위례성 신시 5900년의 이론"에 대한 심도 있는 연구를 추진하시어

6. 중국의 동북공정과 일본의 독도 망언 및 역사왜곡에 국제적으로 대처할 수 있는 이론 및 자료가 완성되어, 국가적인 관심과 지원의 계기를 만들어 주시기 바라는 마음에서 요청서를 송부하는 바입니다.

저자 약력(injesung@hanmail.net, 010-6747-5947)

교육반세기

교사 17년, 연구사 4년, 장학사 2년, 교감 5년, 교장 14년(천안 위례초 6년, 천안성남초 8년)

사회활동 및 자격증 수상

충청 효 교육원 운영위원장, 옳고 바른 마음 위원장, 국학원 홍보대사, 국혼·강사, 효지도사, 심리상담사, 공인중개사, 역사바로세우기, 태고사학회장, 위례성상임이사, 한민족세계평화포럼 공동의장 충남위원장, 좋은 정치인 추대연대 공동위원장, 한반도 세계 평화공원 도시추진위원, 영광의 충남인상, 한국 사도대상

학력

예덕초, 합덕중·고, 공주교대, 한국방송대 행정학, 단국대 교육행정학 석사, 국제 뇌교육 종합대학원 대학교 뇌교육학과 박사과정수료

한국에서 10년 내 추락하는 7가지는?

(사)유엔미래포럼대표 **박영숙** | 이화여대 디자인대학교 미래예측교수

인구 감소로 국가가 추락한다

2020년에 우리나라의 노동 생산 인구가 처음으로 감소하게 된다. 국내 실업률 상승과 이동성 강화 등으로 청년 실업 인구가 해외로 떠나면서 예상치 못한 실질 인구 감소가 시작되는 해다. 인구 감소가 이미 시작된 선진국은 예외 없이 국력의 감소가 나타났다.

일본의 '잃어버린 10년'은 2005년에 2만 5,000명의 실질적 인구 감소가 일어나기 10년 전부터 시작되었다. 한국의 인구 감소 시기로 예측되는 2020년의 10년 전인 2010년부터 한국의 경제는 일본의 잃어버린 10년을 닮아가는 모양새다. 유럽 역시 마찬가지인데, 특히 독일 경제가 통일 이후 급격한 성장률 둔화를 겪었듯이 한국도 2020년경에 통일된다면 신 성장 동력이 없는 상황에서 경제가 정점을 찍고 하강할 것으로 보인다. 다만 통일이 될 경우 인구 증가와 새로운 일자리 창출, 건설 산업의 부활 등 경제가 살아날 여지도 있다.

2013년 통계청 발표에 의하면 출산율이 다시 세계 최저로 추락했다.

한 사회가 현재 수준의 인구를 유지하려면 출산율이 2.1명을 넘어야 한다. 그런데 우리는 그 절반밖에 안 된다. 이런 추세가 계속되면 대한민국 인구는 현재 5,020만 명에서 2050년 4,200만 명, 2100년엔 1,900만 명으로 줄어들 것이다. 인구 감소는 노동력 부족과 소비 감소로 이어져 경제가 위축되고, 경제 침체는 세수 감소를 불러와 복지 정책의 폐기나 전면 재검토가 불가피해진다. 젊은 부부가 아이를 갖는 걸 기피하는 현상을 해소하려면 육아와 출산 부담을 파격적으로 줄여주지 않으면 안 된다. 스웨덴은 육아 휴직을 부부가 합쳐 430일 쓸 수 있으며, 프랑스는 임신에서 육아에 이르기까지 30가지 수당을 지원하는 데 GDP의 5%를 쓴다.

우리나라는 전 세계에서 인구고령화 속도가 가장 빠른 국가다. 자살률도 최고다. OECD 표준 인구로 계산한 2012년 우리나라의 인구 10만 명당 자살자는 28.1명으로 전년보다 조금 줄기는 했지만, OECD 평균치 12.5명의 2배가 넘는다. 자살은 암, 뇌혈관질환, 심혈관질환에 이어 우리나라 사망 원인 4위를 차지하고 있고, 10대와 20대에서는 사망 원인 1위다.

앞서 우리나라가 출산율 세계 최저 국가임은 이야기했다. 그런데 여기에 더해 청소년 자살률이 세계 최고다. 결국 고령인구는 많아지고, 이들을 부양해야 하는 젊은 층은 일자리를 찾아 이주, 그리고 자살로 인해 줄어들어 인구의 균형이 더욱 깨질 수밖에 없다.

자동차의 추락과 그 대안

20세기는 이동수단의 혁명으로 세상이 한결 가까워진 시대였다. 자동차는 걷거나 우마를 이동 수단으로 사용하던 인류에 1시간에 수십 킬로미터를 갈 수 있는 획기적인 이동수단이 되어주었다. 그런 자동차를 생산하는 사업 역시 번창해 전 세계적으로 100여 개의 자동차 기업이 존재했다. 하지만 2008년 서브프라임 모기지 사태로 시작된 미국 발 금융위기가 전 세계를 덮치며, 많은 자동차 기업이 파산했다. 현재 미국은 포드 등 3개 회사로 통합되었으며, 앞으로 석유를 연료로 하는 지금의 자동차를 생산하는 회사는 전 세계에서 10개 정도로 줄어들 것으로 예측된다. 2026년경에는 전기 자동차가 대세를 이룰 것이다.

2008년의 금융위기는 특히 자동차 업계를 힘들게 했는데, 미국에서 큰 판매고를 올리던 도요타가 이 영향을 받아 매출이 급감한 것도 모자라 대규모 리콜 사태를 맞으며 기업 자체가 흔들리는 위기를 겪었고, 세계적인 공업 도시이자 미국 자동차 산업의 본고장 디트로이트가 계속되는 불황을 견디지 못하고 2013년 7월 파산 신청을 하기에 이르렀다.

하지만 그런 미국도 자동차 산업의 신 성장 동력을 찾기 시작했는데, 영화 〈아이언맨〉의 모델이기도 한 엘론 머스크(Elon Musk)가 전기 차 상용화를 시도했고, IT 기업 구글은 무인자동차 개발에 착수했다. 발명왕 에디슨이 꿈꿨던 전기 차 개발은 100년이 지난 지금 머스크의 회사 테슬라모터스에서 이루어지고 있다. 테슬라 외에도 GM 등 여러 회사가 전기 차 개발에 앞 다투어 뛰어들고 있어, 2026년에 미국 전기 자동차 시장은 6조 3,000억 달러 규모가 될 전망이다.

2013년 10월 6일 동작 인식 기술 개발 기업 플러터를 인수한 구글은 구글 무인자동차 개발에도 더 속도를 낼 것으로 보인다. 플러터는 데스크탑이나 노트북 등의 웹캠을 이용해 사용자의 동작을 인식해 음악이나 영화 기능을 이용할 수 있는 어플리케이션을 제작한 곳이다. 이 기술은 무인 자동차에도 활용될 것으로 보이는데, 구글은 플러터 인수 하루 만에 자동차에서 동작인식 기능을 이용할 수 있는 특허를 신청했다. 자동차 천장에 장착된 카메라와 레이저 스캐너를 통해 운전자의 동작을 인식해 라디오, 와이퍼 등을 작동시킬 수 있는 기능이다.

무인자동차가 보편화되는 5~10년 후에는 도로의 자동차의 전체 숫자가 50% 정도 줄어들 수 있다. 자동차의 빨라지는 속도와 함께, 인류는 교통사고라는 비극도 얻었다. 그렇기에 부유한 사람들은 교통사고가 나더라도 더 안전할 수 있는 크고 비싼 차를 선호했다. 이것이 자동차를 부의 상징으로까지 변형시켰다. 하지만 스스로 장애물을 인지하고 피해가는 무인자동차는 안전성이 높아져 자동차 사고를 극단적으로 줄여준다. 이 때문에 굳이 안전을 위해 큰 차를 소유할 필요가 없어진다. 그 결과 자동차의 크기가 줄어들고, 심지어 자동차를 소유하기보다 빌려서 사용하는 트렌드로 이어질 것이다. 미국의 연구보고서들은 '미국의 젊은이들이 더 이상 자동차를 가지고 놀지 않고 스마트폰을 가지고 논다'고 발표하면서 젊은 층의 자동차 수요가 급감하고 있다고 발표하였다. 또 가장 가까운 길을 가장 효율적인 속도로 달려 더 빠르게 목적지에 갈 수 있게 되는 점이 부각되며, 자동차는 완전히 교통수단으로만 자리 잡는다.

전력공급기업의 추락과 대체에너지 부상

다빈치 연구소의 토머스 프레이 소장은 한국전력 같은 대규모 전력 공급 기업들이 2020년경에 소멸할 것이라고 예측했다. 미국을 비롯해 이미 여러 나라에서 소규모 지역 기반의 민간 발전 기업들이 등장해 지역의 전력을 공급하고 있다. 값도 저렴하고 원거리 전력 송신이 필요 없어서 에너지 낭비를 줄여주는 시스템이다.

기존의 전력 공급 기업들은 대규모 발전시설을 한군데 모아 지어서 수백만 톤의 이산화탄소를 배출하는 등 혐오시설이 되고 있다. 미래에 이런 혐오시설에 대한 반발은 더욱 커져서 살아남기 힘들 것이다.

유럽은 이에 대한 대안으로 스마트 그리드를 내세운다. 이는 소규모 마을 단위의 전력 네트워크로, 개인이 집에 다양한 에너지 자가발전 시스템을 갖추고 자급자족하되, 전력시장을 만들어 사람들 간에 모자라거나 남는 전력을 손쉽고 값싸게 사고팔도록 도와준다.

지구 궤도에 태양광 발전 위성을 띄워 태양 에너지를 지구로 보내는 우주 태양광 발전소는 미 항공우주국에서 처음 연구하기 시작했다. 2012년에는 차세대 연구기술 과제로 '우주 태양광 발전 위성'을 선정해 민간 연구소와 개발에 나서고 있다. 수천 개의 집열판을 깔때기 모양으로 촘촘히 매단 위성이 태양광을 모아 이를 전파 형태로 지상에 보내는 원리다. 프랑스 파리에 있는 국제 우주 항행 연구소는 연구보고서를 통해 우주 태양광 발전소가 21세기 지구 에너지 수요에 부응하는 역할을 하게 될 것이라고 예측했다. 경제적 불확실성 때문에 아직 민간 부문의 투자를 유치하기 어려운 만큼, 각국 정부가 초기 투자에 나선다면 30년 후에는 태양광으로 기존의 에너지를 대체할 수 있을 것으로 본다.

일본 정부도 가로·세로 2km의 대형 태양광 패널을 지상 3만 6,000km 궤도에 쏘아 올려 오는 2030년에 원자력발전소 1기에 해당하는 100만kW의 전력을 생산할 계획이다.

태양광 외에도 전 세계의 6%를 차지하는 늪지의 미생물로 에너지를 얻는 생체 연료 전지 등 전 세계의 국가들이 대체 에너지에 관심을 보이는 이유는 화석연료는 고갈되고 에너지 사용량은 급격하게 늘고 있기 때문인 것으로 보인다. 미국 에너지 정보국은 전 세계 에너지 사용량이 지난 2010년부터 2040년까지 30년 동안 현재보다 56%나 증가할 것으로 예상했다.

철강의 추락과 신소재의 부상

강철보다 단단하고 실리콘처럼 유연하며 열과 충격에 잘 변형되지 않는 첨단 소재는 많은 업계에서 개발을 꿈꾼다. 특히 환경오염을 줄이고 우주를 개발하기 위해서는 이런 신소재가 반드시 필요하다. 현재 그 가능성을 보이는 것들이 나노기술로 개발된 탄소나노튜브, 그래핀, 카르빈이다. 이들이 완전하게 개발되면 철강 산업을 일시에 추락시킬 힘을 갖게 될 것이다. 포스코를 필두로 철강 산업에 강세를 보이는 우리나라도 철강 이후의 시대를 염두에 두고 신소재 개발에 박차를 가해야 한다.

그래핀(Graphene)은 상온에서 구리나 실리콘보다 100배 높은 전류량과 빠른 속도, 강철 200배 이상의 기계적 강도를 갖는 탄소 신소재로, 이를 만든 영국의 과학자 콘스탄틴 노보셀로프(Konstantin Novoselov)가 2010년 노벨 물리학상을 수상하면서 세간의 주목을 받기 시작했다. 탄소 원자로 이루어진 그래핀은 강철보다 200배로 강하며, 원자 1개의 두께로 이루어진 얇은 막이다. 흑연에서 가장 얇게 한 겹 떼어낸 것이라고 보면 된다. 2차원 평면 형태를 하고 있으며, 두께는 0.2나노미터로 엄청나게 얇고 물리적·화학적 안정성도 높다.

구리보다 100배 이상 전기가 잘 통하고, 반도체로 주로 쓰이는 단결정 실리콘보다 100배 이상 빠르게 전자를 이동시킬 수 있다. 강도는 강철보다 200배 이상 강하며, 최고의 열전도성을 자랑하는 다이아몬드보다 2배 이상 열전도성이 높다. 또 탄성이 뛰어나 늘리거나 구부려도 전기적 성질을 잃지 않는다.

이런 특성으로 인해 그래핀은 차세대 신소재로 각광받는 탄소나노튜브를 뛰어넘는 소재로 평가받으며 '꿈의 나노물질'이라 불린다. 그래핀과 탄소나노튜브는 화학적 성질이 아주 비슷하고, 후공정을 통해 금속성과

반도체성을 분리할 수 있다. 하지만 그래핀이 탄소나노튜브보다 균일한 금속성을 갖고 있기 때문에 산업적으로 응용될 가능성이 더 크다. 그래핀은 구부릴 수 있는 디스플레이나 웨어러블 컴퓨터 등을 만들 수 있는 신소재로 주목받고 있다. 현재는 작고 민감한 금속성 디스플레이나 전자종이 컴퓨터를 만드는 데 사용되지만, 앞으로는 강철보다 강력한 특징을 살려 건축물에도 사용될 것이다. 따라서 2020년 이후 제철을 교체하는 신소재가 될 것이라는 전망이다.

우리나라에서도 한국전자통신연구원 그래핀소자창의연구센터의 최 춘기 박사가 그래핀 제조기술을 연구하고 있다.

또 라이스 대학교에서 컴퓨터 시뮬레이션을 한 결과 카르빈은 누르는 힘을 견디는 정도인 인장引張 강도 조사에서 천연물인 다이아몬드의 3배, '슈퍼물질'로 불리는 그래핀이나 탄소나노튜브보다 2배의 강도를 갖고 있는 것으로 나타났다. 카르빈은 강도 외에도 다양한 물질적 장점을 갖고 있어 유연성에서도 폴리머와 DNA의 중간 정도로 나타났다.

라이스 대학교의 연구원들은 원자 두께의 카르빈 체인을 대량으로 생산할 수 있게 되면 그야말로 세상이 바뀔 것이라고 강조했다. 탄소원자의 얇은 상단과 하단이 있는 2차원 물질 그래핀이나, 속이 빈 나노튜브와 달리 카르빈은 진정한 1차원 물질이다. 따라서 쌓아올리거나 건축, 교량 등의 자재로 활용이 가능하다는 장점도 있다.

제철산업은 아직도 다양한 산업에서 쓰이는 가장 단단한 소재를 만들어내는 사업으로 인정받고 있지만, 인건비가 더 싼 인도나 동남아, 중국 등에 주도권이 넘어갔다. 선진국들은 대부분 더 강하고 유연하며 안정적인 신소재 즉 그래핀과 카르빈 개발에 집중하고 있다. 바야흐로 석기시대, 청동기시대, 제철시대에서 그래핀과 카르빈의 시대가 오고 있다.

제조업 유통산업 추락과 3D 프린터

우리나라를 비롯해 세계에서 3D 프린터가 가장 먼저 사용될 곳 중 하나는 치기공 분야다. 환자를 위한 맞춤형 틀니와 임플란트용 치아 제작이 가능해지면, 훨씬 정밀도 높은 기술로 지금보다 저렴한 가격에 치과 치료를 받을 수 있게 될 것이다.

인공치아 임플란트나 인공관절 같은 보형물을 심으려면, 뼈에 공간을 마련하고 거기에 딱 맞는 보형물을 맞춰야 한다. 보형물이 너무 크면 다시 깎아야 하고 너무 작으면 보조물을 덧대 보완해야 한다. 환자의 몸에 100% 딱 맞는 보형물을 만드는 일은 거의 불가능했다. 하지만 3차원으로 뼈 모형을 프린트하고 뼈 사이에 있는 공간을 거푸집으로 삼으면 효율적인 보형물을 만들 수 있다. 현재 전문가들은 레이저를 쏘면 녹았다가 상온에서 굳는 티타늄 파우더로 인체 보형물을 만드는 연구를 하고 있다.

3D 프린터는 대량 생산하면서 가격이 많이 저렴해져서 미국에서는 1,200달러에도 판매되고 있다. 미국 정부는 3D 프린터가 가져올 제3의 산업혁명을 대비하고 있다. 21세기를 변화시키는 4대 기술 가운데 하나로 3D 프린터를 꼽았고, 아웃소싱을 인소싱으로 바꾸는 사회를 가져올 것으로 예측했다. 우리나라에서도 역시 창조경제 열풍을 타고 100만 원대 가정용 3D 프린터가 속속 출시되고 있다. 과거에는 3D 프린터가 산업용으로만 쓰였다면, 소자본 창업이 늘면서 보급형 3D 프린터에 대한 수요가 늘고 있기 때문이다.

미래 예측에서는 이미 3D 프린터에 투자하는 것은 어리석은 짓이라고 말한다. 3D 프린터는 IT 기계가 무료화되면서 아이패드를 학교에서 무료로 나눠주듯이, 조금 있으면 거의 무료화가 된다고 본다. 그래서 지금은 이미 3D 스캐너로 훌쩍 넘어가 버린 산업에 관심을 가져야 한다. 3D 스캐너는 이미 마이크로소프트 즉 빌게이츠가 여기에 뛰어든 지 수년이 되었고 미놀타 등 대기업들이 뛰어들었다. 3D 스캐너는 레이저 2개와 카메라가 달린 기구로 그 접시에 내가 원하는 물건을 놓고 스캔을 떠서 포토샵 같은 소프트웨어 프로그램에 베껴서, 그 물건을 내가 좋아하는 형태로 조금 뽀샵을 하여 3D 프린트를 하는 것이다. 그렇게 되면 수십 년간 개발한 제품을 내가 파는 동시에 지구촌에서 내 물건을 제깍 베껴서 조금 변형하여 프린트할 수 있다. 이렇게 되면 지적소유권이 소멸하는 시대가 올 수도 있다고 본다. 내가 내 물건을 변형시켜 팔았다고 찾아가면 이미 없거나 너무 가난하여 내 비행기 표만 아까워지는 시대, 즉 누구나 누구의 물건을 카피할 수 있는 시대가 온다. 미래는 항상 양날의 칼날이며, 가난한 사람들은 좋은 제품을 싼 값에 만들어 쓸 수 있어서 좋지만 개발하는 사람들은 개발 의욕을 상실하게 된다. 하지만 3D 스캐너 시장은 이미 포화상태로 진화하고 있다. 거대한 물결이 다가오고 있는 것이다. 제조업의 소멸과 누구나 다 자신의 물건을 오픈 소스로 내 놓고 사용하게 되면서 물건 값이 싸지면 결국 의식주의 값이 싸지게 되고 신복지사회가 다가오면서 부의 평준화가 올 수도 있다.

대학교 추락과 교육의 대변혁

미국 아이비리그 대학들이 경쟁적으로 무료 온라인 교육 서비스를 제공한다는 사실은 이미 여러 번 언급했다. 그런데 이것이 우리나라의 교육제도를 무너뜨릴 수도 있다. 국내에서 대학 교육을 이수하는 많은 학생들은 모두 형편이 된다면, 자신의 스펙을 쌓고 공부를 더 하기 위해 유학을 가고자 할 것이다. 만약 유학을 가지 않고도 아이비리그의 수준 높은 강의를 듣고 자격증을 딸 수 있다면 어떨까? 미국의 오픈 코스 웨어가 지금

이를 가능하게 해주고 있다.

오래된 전통적 교육기관이나 대학이 소멸되는 것을 슬퍼하기만 할 필요는 없다. 현존하는 교육기관이나 대학들이 오히려 우리나라의 발전에 걸림돌이 되고 있기 때문이다. 세상은 하루가 다르게 변해가고 있지만, 전통적 교육방식은 이를 따라가지 못한다.

우리는 현재 받는 교육의 한계를 여실히 느낀다. 배울 수 있는 시간은 한정되어 있고 그 시간에 다양한 분야의 학습을 진행해야 하는데, 그 학습량이 점차 더 많아진다. 이런 간극을 어떻게 극복해야 할까? 현재보다 10배로 빨리 지식을 습득하는 방법이 그 해답이 될 것이다.

2020년의 미래 교육시스템에서는 지금보다 훨씬 높은 속도로 학습할 수 있는 방법이 보편화될 것이다. 이 학습 시스템으로 보통 사람들은 2년 내에 학사 학위를 취득할 수 있는 지식을 얻게 될 것이라고 한다.

한편 이런 시스템이 안정화되면 2030년경에는 전 세계 대학의 절반이 문을 닫는다는 예측이 있다. 모든 산업이 그렇듯, 교육기관 역시 이 운명을 피할 수 없다. 급진적인 변화를 탐색하고 새로운 방법을 찾는 일부 교육기관만이 이 변화의 파도에서 살아남을 것이다.

미래에는 인터넷이 대학을 대체하게 된다. 미국에는 20만 명 이상의 학생들이 수업료를 지불하는 4,495개의 학위 수여기관이 있다. 이들의 흥망성쇠는 앞의 시나리오대로 변신하느냐에 달려 있다.

스마트폰의 추락과 사물인터넷의 부상

스마트폰의 주 소비층인 20~30대의 자동차 구매 비율이 갈수록 감소하는 추세다. 이는 차보다는 IT에서 '재미'를 찾는 소비 패턴 변화가 주요 인이다. 한국자동차산업협회가 2013년 상반기 자동차 시장 특징을 분석한 보고서에 의하면 20대와 30대의 승용차 신규 등록은 전년 동기 대비 각각 10.2%, 6.9% 감소했으며, 판매 비중 역시 20대가 9.5%에서 8.7%로, 30대가 23.4%에서 22.2%로 각각 줄었다. 경찰청 통계에 따르면 지난 2008년 전체 운전면허 소지자 가운데 47.4%가량을 차지한 20~30대가 2012년에는 41.4%로 줄었다.

이와 관련해 한 시장조사기관은 2012년에 재미있는 설문결과를 내놓았다. 응답자 중 46%가 '운전보다 인터넷이 좋다'고 답한 것이다. 24시간 상시 접속이 가능한 다양한 온라인 컨텐츠가 주는 재미가 운전하는 즐거움을 서서히 뺏앗고 있음을 보여주는 증거다. 무인자동차의 개발은 어떤 면에서 보면 이런 소비자를 붙잡기 위한 방편일 수도 있다.

이처럼 현재 한창 주가를 올리고 있는 스마트폰 역시 언젠가는 다른 산업에 밀려 추락할 수 있다는 사실에 주목해야 한다. 스마트폰 다음에 올 것이 바로 웨어러블 컴퓨터와 사물인터넷이며, 스마트폰 기술에서 앞서 나가고 있는 우리나라가 반드시 점검하고 연구에 박차를 가해야 할 부분이다.

스마트폰이 급속도로 퍼져나가는 것처럼 사물인터넷의 시대 역시 급속도로 올 것이다. 사물인터넷이란 우리 일상 속의 모든 기기가 인터넷과 연결되어 서로 교신하고 정보를 저장하는 기술로, 사람들이 어디서, 누구와, 무엇을 하는지 알 수 있게 해주기 때문에 특히 마케팅과 고객관리 영역에서 빅데이터 기술과 결합해 엄청난 혁신을 가져올 것이다. 한국방송통신전파진흥원에 따르면 사물인터넷 시장은 세계적으로 2011년 26조 8,000억 원에서 2015년에는 47조 원으로 늘어나고, 한국 시장의 경우 4,147억 원에서 1조 3,474억 원으로 급성장할 것으로 예상된다.

사물인터넷의 소프트웨어를 누가 주도하느냐에 따라 국가의 미래가 바

뀔 것이다. 우리나라는 그동안 하드웨어에 집중해 국내총생산GDP의 30
~40%를 ICT에서 얻을 정도로 성공적인 산업을 일궈왔지만, 미래의 가
능성은 기기 자체보다는 소프트웨어에 있다. 사물인터넷 시대에 소프트
웨어 분야에서 신 성장 동력을 키워야 한다.

　사물인터넷에서 온갖 정보가 모이는 빅데이터의 세상이 오면, 정확한
정보를 찾아내기 위한 검색이 매우 중요해진다. 검색기술은 어떻게 발전
할까? 그 답이 웨어러블 컴퓨터인 구글 글래스에 있다. 웨어러블 컴퓨터
는 키보드로 모든 명령을 처리하던 컴퓨터와 달리 말하고 생각하고 보는
것만으로 작동한다. 따라서 물건을 어디 놓아두었는지 모르겠을 때 구글
글래스에 명령하면 눈으로 스캔해둔 정보를 모아둔 데이터를 찾아 그 물
건을 찾아주는 방식이다. 또한 검색 기술은 훨씬 더 정교하게 발달해서
냄새, 맛, 진동, 질감 같은 다양한 속성 또한 검색이 가능해진다. 결국 검
색 엔진은 디지털 세계나 물리적 세계에서 찾지 못하는 것이 없어진다.